音律育青：中学音乐教育的行与思

蔡海珠　著

吉林文史出版社

图书在版编目（CIP）数据

音律育青 : 中学音乐教育的行与思 / 蔡海珠著 . —
长春 : 吉林文史出版社 , 2024.1

ISBN 978-7-5752-0051-6

Ⅰ . ①音… Ⅱ . ①蔡… Ⅲ . ①音乐课－教学研究－中学 Ⅳ . ① G633.951.2

中国国家版本馆 CIP 数据核字 (2024) 第 015188 号

音律育青 : 中学音乐教育的行与思
YINLÜ YUQING : ZHONGXUE YINYUE JIAOYU DE XING YU SI

著　　者：蔡海珠
责任编辑：程　明
出版发行：吉林文史出版社
电　　话：0431-81629359
地　　址：长春市福祉大路 5788 号
邮　　编：130117
网　　址：www.jlws.com.cn
印　　刷：河北万卷印刷有限公司
开　　本：710mm×1000mm 1/16
印　　张：15
字　　数：220 千字
版　　次：2024 年 1 月第 1 版
印　　次：2024 年 1 月第 1 次印刷
书　　号：ISBN 978-7-5752-0051-6
定　　价：88.00 元

前　言

音乐教育对于实现美育目标、促进个体的全面发展具有十分重要和积极的作用。特别是在中学阶段，音乐教育更是激发学生创新思维、磨砺学生情感情怀、提升学生人文素养的重要途径。中学生正处于人生的关键时期，生理和心理的成熟程度都会有显著提升，他们的参与意识和社交欲望日渐增强，获取知识和信息的渠道更为丰富，同时在学习过程中也积累了一定的经验。他们的情感表达方式与小学生相比，已经发生了显著的变化。为了应对这些变化，音乐教师需要用更多样的艺术实践活动来增强学生的音乐基本技能，扩大其音乐欣赏的领域，有意识地将音乐的人文内涵融入教学之中。此外，中学生正处于变声期，音乐教师在教学中也需要特别注意保护学生的嗓音，适当减少对他们唱歌数量的要求。音乐教育的目标不仅是增进学生对音乐的兴趣，让他们愿意主动参与音乐活动，还包括提升他们的音乐感知和鉴赏能力，帮助他们初步形成良好的音乐欣赏习惯。在中学音乐教育中，教师应锻炼学生表达音乐的能力，提升他们的艺术想象力和创造力，为他们的生活增添更丰富的情趣，培养他们的乐观态度。同时，还应增强学生的群体意识，锻炼他们的协作和协调能力。

本书共分为七章，主要研究中学音乐教育的理论与教学实践路径。第一章为音乐教育概述，重点分析音乐教育的特征、意义与功能。第二章为中学音乐教育的理论基础，主要阐述了建构主义理论、多元智能理论以及三大音乐教育体系的相关内容，这些理论都是中学音乐教师实施素质教育，开展各项教学活动的重要理论支撑。第三章为中学音乐教育系统设计与实施，主要从教育目标的确定、教学内容的设置、教学过程的设计、教学方法的选择、评价体系的建设等方面，对中学音乐教育的实施过程进行了深入探讨。第四章为中学音乐教育课程改革实践，重点研究基于核心素养、多元文化和审美教育的中学音乐教育实施路径。第五章为中学音乐教育中学生能力的培养，全面剖析音乐教师应如何培养学生的音乐素养和综合能力。第六章为中学音乐教育中的教师队伍建设，主要探讨教师的职业角色定位，提升教师综合素质和专业化水平的重要性。第七章为中学音乐教师的创新实践与未来展望，深入讨论现代技术在中学音乐教育中的创新应用，如何在中学音乐教育中保持并传承民族音乐，以及对中学音乐教育的发展趋势进行了分析，并提出一定的应对策略。

由于作者水平有限，文中出现疏漏在所难免，敬请广大读者、同人批评指正。

作　者

2023 年 5 月

目 录

第一章　音乐教育概述

音乐，自古以来就与人类有着紧密的联系，它不仅是一种审美的表达方式，也是人类心灵深处情感与思想的映射，能够满足人们精神世界的追求。从这一意义上看，音乐教育的真正目的并不仅仅是将学生培养成为具有高超技艺的音乐家，而更在于通过对音乐的教学与学习，提升学生的审美能力，丰富其内心世界，提升他们的情感表达能力，帮助他们建立与社会的联系。

第一节　音乐教育的本质与特征

在人类发展的历史长河中，音乐以其独特而强大的影响力，在社会演进、个体成长以及教育进步中发挥了不可或缺的作用。音乐将人类社会的历史变迁、精神发展和文化演进融入流动的旋律与和谐的和弦中，像一本生动的记事本，记录并传承着人类丰富多彩的文明历程。音乐的魅力不仅在于其艺术性，更在于其对人性的深刻反映。它肩负着探寻人生真谛的重任，那些动人的旋律、令人深省的歌词，无一不揭示着生命的价值和意义。在引领人们理解并走向更好的生活道路上，音乐起着至关重要的作用。它能触动人心，唤醒人们对于善良、美丽、真实的追求，引导人们在生活中寻找平衡、和谐和满足。音乐的这些特征使其在教育领域拥有特殊的地位。通过音乐教育，教师可以教导学生如何理解、欣赏和创作音乐，同时也可以帮助他们理解生活，丰富他们的情感世界，提升他们的人文素养和审美观。

一、音乐教育的本质

从广义上看，音乐教育是通过音乐影响人的思想情感、思维品质、增进知识技能的一种教育，它可以发生在学校、社会、家庭等各种场所。从狭义上看，音乐教育主要指按照一定的社会要求，有组织、有计划、有目的进行的学校音乐教育。本书所探讨的音乐教育，是指狭义上的学校音乐教育。

音乐是一种人本化的艺术，它既能感发人之性情，又能陶冶人的礼乐德行，与人的内心情感有着密切联系。因此，音乐在一定程度上对人们具有一种教化功能。这种教化功能的出现，便是音乐教育的前身。

从古代开始，人们就已经意识到了音乐的这种教化功能。正如《礼记·乐记》所载："乐也者，圣人之所乐也，而可以善民心。其感人深，其移风易俗，故先王着其教焉。[①]"音乐从民心而来，符合人们的心理需求，用音乐来教化人，可以陶冶身心，使民心向善，改变不良风气。这是对音乐教育功能的一种肯定。

音乐教育，不仅仅是要传授给学生一定的音乐理论知识和专业表演技能，更是培养和提升学生思想道德、价值观念等综合素养的一种重要途径。因此，音乐教育本质上是审美教育、人文教育、艺术教育、情感教育、差异化教育的综合体（如图 1-1 所示）。

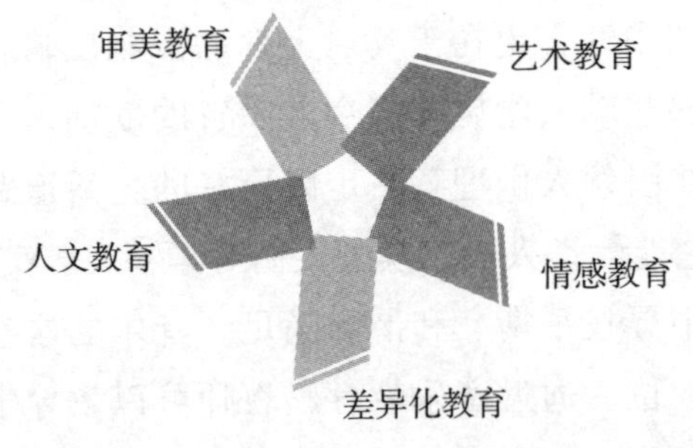

图 1-1　音乐教育的本质

① 吴世常，陈伟．新编美学辞典[M].郑州：河南人民出版社，1987：102.

（一）审美教育

音乐教育属于一种审美教育，它是学校美育中的重要组成部分。审美教育旨在培养学生感受美、鉴赏美、评价美、创造美的能力。音乐教育便是希望通过各种教育方法使学生能够充分感受到音乐的魅力，能够具备一定的音乐审美标准，并在此基础上具有创作美的音乐的能力。当学生对音乐的认识从单纯的“悦耳”发展到高层次的“动心”，这就代表学生的音乐教育审美理想已经得到了初步实现。然而这一过程并非一蹴而就的，它需要学生长期坚持积累音乐知识和实践经验。抛开音乐天赋不谈，如果学生没有持之以恒、日复一日的刻苦训练，必然无法拥有最高层次的审美，更无法创造出美的音乐。就像在声乐教学中，对于歌唱者来说，声乐的基础知识和基本演唱技法只是迈向艺术大门的第一步，当然它也是十分重要的一步，但更为重要的是培养和提升自身的演唱实践能力。因此，音乐教师要在教学过程中，注重培养学生的演唱实践能力和音乐表现能力，在演唱实践活动中增强学生的创造意识，开发学生的创造性潜质。

（二）人文教育

音乐教育本质上还是一种人文教育，它追求学生实现人格全面均衡的发展，有助于培养学生的音乐意志、音乐思维、音乐情感、音乐想象等人文素养，对学生的人格养成具有重要意义。虽然音乐教育是以审美为核心的娱乐性很强的艺术表现形式，但随着我国社会主义精神文明建设的开展，音乐对于开发学生的思维、塑造学生健全的人格、促进学生的心理健康发展都有着不可替代的作用[①]。人文教育是陶冶学生情操、培养学生人格的教育，它要求学生不能仅拘泥于本专业的学习，而且还要注重人格品质的塑造。比如在声乐教育中，许多优秀的声乐作品都体现着人格培养的重要性。如歌曲《我的中国心》表达了海外赤子热爱祖国的心声，歌曲《长江之歌》中高昂奔放的旋律抒发了作者对长江的赞美

① 李铭磊．音乐审美教育的重要性及实践研究[J]．北方音乐，2019，39（22）：139+141.

之情等。因此，在音乐教育中，教师可以让学生学习音乐作品中的高尚情操，从而达到净化心灵，塑造人格，实现人文教育的最终目的。

（三）艺术教育

从整体上看，学生音乐教育本质上还属于艺术教育的范畴。由于艺术教育不仅可以提高学生感受美和理解美的能力，还要培养他们对艺术的表现能力和创造能力，所以所有的艺术教育都必须包含技能训练。这也是所有艺术教育的共同特征之一。

音乐教育作为一种美育，不能仅停留在传授纯知识的阶段，而要认识音乐、欣赏音乐、表现音乐，这些都需要建立在掌握一定技能的基础上。任何形式、任何层次的音乐教育，都离不开聆听（欣赏）音乐、演唱（演奏）音乐和创作（表达）音乐。中学音乐教学有特殊的技术要求，如声乐乐器的演奏技巧、识谱技巧、音乐听觉能力等。而在音乐欣赏和音乐创作方面，也离不开“音乐耳朵”的训练，且“音乐耳朵”的培养是以各种听力练习为起点，以音乐知识和技能为主。因此，音乐教育作为一个整体，是一门技术性很强的学科。

另一方面，音乐是一门艺术，任何音乐技巧都是为一定的内容和形式服务的表现手段。背离审美表达的技术训练，必然是没有审美意义的纯技术教育。这种纯技术教育违背了音乐的特殊规律，不能达到美育的目的。因此，音乐教育的技术教育是一种艺术技术，也是一种提高音乐表现力的技巧。这种艺术技巧的特点，不仅有助于提高音乐的本质，而且可以达到美育的目的。

音乐教育的技能应该通过音乐实践环节得到体现和补充。没有音乐艺术的实践，音乐教育的技术性就没有了，美育的任务自然就无法完成。因此，音乐教育的特点之一就是通过实践过程体现技能，这比其他自然科学和人文学科更重要。

艺术教育在整个教育活动中扮演着重要的角色，它是通过指导学生进行艺术创作、艺术鉴赏等活动来使其获得全面的发展。艺术教育具有两个典型的特征：一是寓教于乐，主要强调在教育活动中，教师应当将思想教育融入轻松愉快的环境氛围中，音乐教育应从艺术的角度出发，指引学生发现美、获取美、创造美，引导学生树立正确的世界观、人生观、价值观。若想实现这一过程，教师需要在教学时，坚持寓教于乐，开展丰富的课堂活动，以形式多样、富有审美趣味的教学形式，充分调动学生的学习兴趣，引导学生积极思考，增强他们的学习主动性和积极性。二是潜移默化。艺术教育并不是强硬的知识灌输，也不是通过纪律规范而实现的，而是一种潜移默化的熏陶和渗透。音乐有着强烈的艺术感染力，对人们有着一定的潜移默化作用。这种潜移默化的力量作用于全身心，并且能够参与到各种素质的构建中。因此，音乐教育在一定的程度上可以促进学生身心健康，提升学生的思想情操，这种品格是在长期潜移默化的作用下形成的，具有更强的稳定性和延续性。

（四）情感教育

情感是人们对客观事物所表现出来的一种态度或情绪。在艺术教育中，感知审美对象是情感活动的基础。感性是审美感受最重要的特征，审美对象能否唤起审美主体的情感，是评价作品审美价值和艺术教育成败的重要标志之一。因此，情感在艺术教育中起着重要的作用。音乐是一种抒情艺术，它是对人类情感的直接模拟和升华，它的教育任务只有通过情感的感染和情感的共鸣才能实现。在音乐的审美过程中，人们可以通过情感表达和感受产生认知并形成道德素养，音乐的主要内容是表达人们在现实生活中的主观情绪，这种情绪既不是纯粹的生理情绪，也不是纯粹个人的自我表现，而是社会性和意识形态性的。音乐教育作为美育的重要组成部分，更注重培养美感。由于音乐教育中的音乐感知与情感体验的关系比其他艺术教育更直接、更密切，因此人们更容易在情感上接受音乐表演所呈现出的内容。一切有效的音乐教育教学都充满了丰富的情感表达和交流，因此忽视情感的音乐教育教学有悖于音乐的审美品质，是很难成功的。

以情动人的音乐教育规律应该贯穿于整个音乐教学过程。例如，在

歌唱、器乐、欣赏等教学教材的选择上，应强调艺术性与思想性的统一，使其具有强烈的艺术感染力，避免在教学中使用缺乏美感的或低质量的音乐作品。在教学方法上，根据学生的身心特点，采用多种生动活泼的教学方法，调动学生的情感（首先是审美情感），激发学生参与音乐学习的强烈愿望。

学生音乐教育本质上是一种情感教育，不仅由于音乐是人类情感的反映，还因为音乐能够对人类情感产生影响。好的音乐可以通过情绪感染和情感共鸣实现这一过程，人们在欣赏音乐或者演奏作品时，往往会凭借联想或想象将一个个理性的乐符、乐句转化为感性的音乐形象，进而带动自己的情感的变化。人们会因听到欢快愉悦的乐曲而感受到快乐，在听到舒缓放松的乐曲时会感到内心的平静，听到悲伤哀怨的乐曲时会感到伤心等，这些都是因为音乐会对人的情感产生作用。

其实，学生音乐教育中的情感体验，并不仅仅包括纯生理性的喜怒哀乐，还包括更深层次的思想倾向性和社会性的内容。因为，学生音乐教育中的情感是基于现实生活上的主观感受，它具有产生认识和提升道德素养的作用。因此，在学生音乐教育过程中，教师应注意发挥情感教育的功能，在选择音乐教材时，要考虑教材内容是否兼具艺术性与思想性，是否具有正确的价值观导向，是否有利于促进学生产生良好的情感倾向。在教学方法方面，教师也应根据学生的身心特点，选择适合学生全面发展、提升综合素养的教学方法，激发学生的内心情感，充分调动他们参与学习的强烈欲望。

（五）差异化教育

学生音乐教育实质上是一种差异化教育。差异化教育要求教师在教育过程中承认学生个体的存在价值，重视学生的个体差异。不同学生的音乐基础、接受能力、理解能力并不完全相同，如果教师在教学过程中，实施无差异的教学，那么可能就会影响某些学生的发展。因此，学生音乐教育要兼顾学生的共性与个性，也要根据学生的个性实施差异化教学。

实现音乐教育的差异化是使大学生回归生命本体的一种重要途径。为实现这一目标，教师在音乐教育中应更加关注学习者的心态、情绪与神态，以亲切自然、真诚平等的对话形式与学生沟通交流，探讨音乐问题，而不是通过说教性的语言给学生灌输理论知识。教师要让音乐教育的过程更加轻松愉悦，音乐教育的行为更加真实自然，音乐教育的内容更加简单易学，进而让每个学生都能体会到音乐教育的内涵，引导学生在学习与实践过程中发挥个性专长，在轻松愉悦的氛围下获得技能，提升品格。

二、音乐教育的特征

音乐教育的本质与其特征有着密不可分的联系。作为素质教育的重要组成部分，音乐教育一般具有形象性、愉悦性、主体性、情感性、技艺性等基本特征。

（一）音乐教育的形象性

音乐教育的形象性是其基本特征之一，主要体现在音乐能够激发人们的视觉、听觉和情感想象。通过音乐，人们能创造出一种特殊的语言，这种语言超越了文字和语言的界限，能够间接地表达出人类的思想和情感。音乐的形象性不仅体现在其本身的创造性上，也体现在它能够影响人们的想象力。比如，不同的音乐风格和乐器声音能使听者在心中勾勒出不同的景象和情感，从忧郁的蓝调到热情的弗拉门戈，从轻快的钢琴到深沉的大提琴，每一种音乐和声音都能使听者进入不同的情感世界。

在音乐教育中，学生通过学习和演奏音乐，不仅能够理解音乐的结构和理论，更能学会如何通过音乐来表达自己的想法和情感，感受音乐的形象性。音乐教育鼓励学生去探索和体验这种形象性，让他们能在音乐中发现和创造出属于自己的意象世界。对于音乐学习者来说，学习音乐的过程就是不断塑造各种音乐形象的过程。在音乐教育中，音乐形象并不是指音乐本身，如旋律、和声、节奏等，而是指由音乐激发出的情感和想象。比如，一段轻快的旋律可能会让听众感到快乐和兴奋，一首悲伤的歌曲可能让人感到伤心和难过，而一段强烈的节奏可能激发人们的斗志和决心。这些都是音乐形象的一部分。音乐学习者在学习音乐的过程中，通过理解音乐的结构和表现方式，演奏和创作音乐，感受音乐带来的情感，可以不断塑造和理解这些音乐形象。音乐学习者要学习如何使用音乐来表达个人的想法和感情，学习如何在音乐中找到自己的声音和身份，并学习如何通过音乐与他人和世界建立联系。

（二）音乐教育的愉悦性

音乐教育的愉悦性主要是指音乐教育能够带给人们独特的满足感和欢乐。音乐本身就是一种普遍的快乐源泉，无论是聆听音乐、演奏音乐，还是创作音乐，都可以为人们带来深深的满足感和愉悦感。

音乐教育通过引导和教学，让人们能更好地理解和欣赏音乐，从而引导人们更深入地体验音乐带来的快乐。在学习音乐的过程中，无论是理解一个复杂的音乐理论，掌握一种新的乐器技巧，还是成功地演奏一首乐曲，都可以为学习者带来成就感和满足感。而这种成就感和满足感，是音乐教育的愉悦性的重要表现。

在音乐教育中，愉悦的教育氛围能够使教师获得良好的教学效果。音乐本身具有提升人的精神状态，促进情感表达和建立人际连接的特性，而当这些元素融入教育环境中，它们可以显著增强学习者的学习动力，提升他们对音乐教育的投入力度。音乐教育的目标不仅仅是教授技术和知识，更重要的是激发学生对音乐的热爱和欣赏。一个充满愉悦和积极情绪的教学环境能够鼓励学生去探索，去尝试，去挑战自我，这对于他们技能的提升和对音乐的理解都是非常有帮助的。在轻松愉悦的环境中，学生更愿意积极参与到学习过程中，积极地去挑战新的音乐技巧，积极地去参与合奏和表演，这对于他们的学习动力和学习成果有显著的提升作用。

（三）音乐教育的主体性

音乐教育具有主体性特征，主要是因为音乐艺术具有主体性的特点。以音乐艺术作为教学内容的各种音乐教育活动，无不包含着浓郁的主体性色彩。在音乐教育的过程中，学生并非仅仅是旁观者或听众，他们是音乐活动的积极参与者，同时也扮演着音乐创作家、表演者、欣赏者和评论者的角色。这种参与的形式虽然千变万化，但是受教育者的主体性地位始终处于核心位置。学生在这一过程中主动地与音乐交流，他们以音乐创作家的身份迸发灵感，创作出独一无二的旋律；以音乐表演者的身份感知并呈现音乐的深度；以音乐欣赏者的角度感受、解读音乐所带来的情感和思考；以音乐评论者的眼光批判性地分析音乐的结构和风格。学生的这些主动参与，使他们的学习过程充满了探索和发现的可能性，也使他们的学习更加充满动力和生命力。在音乐教育中，每一个学生都能够体验到自身的价值和影响力，他们的观点和创意都被重视和尊重。这种强调主体性的教育方式，使学生们有机会全方位地、有深度地体验和理解音乐，从而使音乐教育更具意义和价值。

音乐教育的主体性主要体现在音乐教育鼓励和尊重学习者的个体性、创造性和自主性。在音乐教育中，学习者不仅仅是被动接收知识和技能的对象，更是参与到学习过程中的主体，他们的感受、想法和表达都是教学过程中的重要组成部分。一方面，音乐教育强调个体的独特性和差异性。每个学习者都有自己的音乐喜好、乐器技能和创作能力。音乐教育鼓励学习者发现和发展他们的音乐兴趣与才能，教师应尊重他们的音乐选择和表达。这种对个体差异的尊重和鼓励，使音乐教育具有鲜明的主体性。另一方面，音乐教育还鼓励学习者的创造性。音乐本身就是一种创造性的艺术，无论是创作新的音乐作品，还是对已有作品的独特演绎，都需要学习者运用他们的想象力和创造力。在音乐教育中，学习者可以自由地发挥他们的创造性，挑战新的音乐理论和实践，创作出属于他们自己的音乐作品。此外，音乐教育还强调学习者的自主性。音乐教育并不是单方面的知识和技能传递，而是一个双向的、互动的学习过程。

学习者在这个过程中可以根据他们的兴趣和需求，自主选择学习的内容和方式，参与到教学活动的设计和实施中。

（四）音乐教育的情感性

音乐教育的情感性是其核心特质之一，因为音乐本身就是一种强烈的情感表达方式。音乐能够触动人的内心，唤起人们的情感反应，是理解和表达感情的重要工具。在音乐教育中，情感的体验和表达是一种基本的学习活动，它能够帮助学习者更好地理解音乐，同时也能够帮助学习者更好地理解和处理自己的情感。

音乐教育中的情感体验，可以通过音乐的听觉体验和表演体验来实现。通过听觉体验，学习者可以感受到音乐的节奏、旋律与和声对情感的影响，他们可以通过音乐来理解和体验各种不同的情感状态，比如喜悦、悲伤、激动、宁静等。学习者可以通过自己的演奏和创作来表达和处理他们的情感，这不仅能够帮助他们更好地理解音乐，也能够帮助他们更好地理解和表达自己的情感。音乐教育中的情感表达，不仅包括表达个人的情感，也包括理解和表达他人的情感。通过学习和表演音乐，学习者可以体验到他人的情感世界，理解他人的情感体验，这有助于他们建立和他人的情感连接，培养他们的同情心和共情能力。

（五）音乐教育的技艺性

音乐不仅是一种情感和思想的载体，同时也是一种需要精细技艺才能精确表达的艺术形式。在音乐教育中，学习者需要掌握各种音乐技能，包括乐器演奏技巧、音乐理论知识、音乐欣赏能力、音乐创作技能等，这些技能的掌握和运用，都需要反复的实践。

音乐教育旨在培养学习者的音乐实践能力。通过学习和实践，学习者可以掌握乐器的演奏技巧，理解和运用音乐的基本元素，如旋律、节奏、和声等，这些都是音乐实践的基础。在这个过程中，学习者不仅可以增强他们的音乐表达能力，也可以提高他们的技艺水平和审美素养。音乐创作是一种技艺性较强的活动，它需要创作者运用他们的音乐知识和技能，结合自身的创新思维和独特视角，创作出新的音乐作品。音乐教育鼓励学习者发挥他们的创新能力，挑战音乐的边界，创作出独一无二的音乐。

第二节　音乐教育的目标与原则

音乐教育的目标和原则是指导音乐教育实践的核心理念，是音乐制定音乐教育策略和方法的重要依据。因此，本节主要探讨音乐教育的目标与原则，以便更好地揭示音乐教育的本质规律。

一、音乐教育的目标

音乐教育的目标是人们期望通过音乐教育达到的理想状态和准则，它同时也代表了音乐教育在某一特定阶段的起点和终极追求。音乐教育目标是人们在实践过程中的理想图景，它既能反映出人们的社会集体意志，也能揭示出教师个体的教学期待。因此，广义上讲，教育目标具有多重性质，它可以包括国家政策，也可以是某种教育理念的体现，甚至还包括个人的教学期望。所以，音乐教育的目标既是一个客观存在，也是人们教育理想的具象化表达。

纵观音乐教育发展史，音乐教育的目标总是随着教育实践的进步而逐渐发展的。每个历史时期的音乐教育目标都具有其独特的时代特征和阶级特征。因此，音乐教育的目标不仅代表了特定的教育理想，也受到当时的政治、经济、科学、文化等各种发展状况和条件的影响。一个与社会进步和音乐学科规律相协调的教育目标，能为音乐教育提供有力的指引。音乐教育目标既能体现出先进的教育思想，又能推动当代音乐教学的进步，对音乐教学的内容和方法具有科学的指导意义。如果音乐教育缺乏明确的目标，音乐教育就会变成一种盲目的教学，导致教学出现主观性和片面性，产生一些不良的教学行为。同样，如果目标设定不恰

当或有偏差，也可能导致音乐教学方向的偏离，甚至产生负面的教学效果。因此，确立音乐教育的目标对于整个音乐教学过程具有重大的意义。

音乐教育的目标与具体的学校音乐教学实践紧密相关，它指导着学校音乐教学实践的进行，包括教学内容的安排、教学方法的选择、教学过程的设计等。了解学校音乐教育目标，有助于教师开展音乐教学实践活动。音乐教育目标具有多层次、全面性的特点。从学生个人发展上看，学校音乐教育的目标包括音乐学习目标、美育目标和社会性发展目标，它主要关注学生个体知识技能、人格塑造、社会交往等的全面发展。从社会文化发展方面来看，音乐教育目标还包括文化传承目标、提高国民素质目标等。

（一）学生个人发展性目标

音乐教育具有多重内涵和多样的呈现方式，在促进学生个人发展方面来有着得天独厚的优势。音乐教育不仅关注培养学生的音乐技能和知识的掌握，还强调学生审美能力和社会交往能力的提升，旨在帮助学生实现社会性发展。

1. 音乐学习目标

在音乐教育中，音乐学习目标主要包括以下三个方面（如图 1–2 所示）：

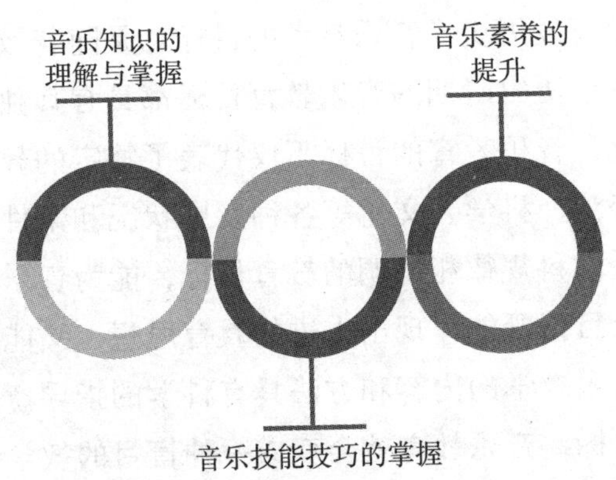

图 1–2　音乐学习的主要目标

（1）音乐知识的理解与掌握。学生应对各类音乐作品、音乐家及其代表作风格有更为深入的了解，同时也需要对音乐基本元素有专业性的认识，如调式和音阶等。这些知识是理解音乐和欣赏音乐的基础，也是进一步掌握音乐技能的重要前提。

（2）音乐技能技巧的掌握。如歌唱、演奏、聆听、创作等。音乐创作技巧的提升，是音乐学习目标的重要部分。无论是创作自己的音乐，还是对现有音乐作品的改编和演绎，都需要学生拥有一定的创新思维和创作技巧。这种创作过程可以帮助学生深入理解音乐的内在规律，同时也可以锻炼他们的创新能力和审美判断力。

（3）音乐素养的提升。较高的音乐素养要求学生在聆听音乐、表现或表演音乐的过程中，不仅能理解作品的内涵，还能准确把握音乐的基本要素，如音高和节奏。这种素养代表了学生对音乐的深度理解和欣赏，也反映出了学生通过音乐教育，对美的感知和表达的提升。

音乐学习目标的实现并非简单的音乐技巧或理论知识的灌输，而是一个更为全面、深入的理解和运用音乐的过程。比如，学生通过掌握乐器演奏技术，乐谱阅读以及音乐的创作和演绎，能够更好地理解音乐的构成和演变。学习这些技术和理论能够让他们从音乐中寻找到自我表达的方式，也能更理解音乐不仅仅是声音的组合，而是情感的载体和精神的表达。同时，通过对不同类型、不同风格音乐的学习，学生可以扩大他们的音乐视野，增强他们的音乐素养和审美观念。

2. 美育目标

作为一种艺术形式，音乐本质上是对美的追求和表达。在追求音乐知识和技能的同时，人们也在追求对美的认识和理解。

美育目标的实现需要学生从音乐的欣赏和创作中感受到美，理解美，并在这个过程中不断提升自己的审美能力。在欣赏音乐的过程中，学生可以感受到音乐中的节奏美、旋律美、和声美以及音乐表达的情感美等。感知这些美不仅让学生对音乐有了更深的理解，也让他们对生活有了更多的感悟。美育目标也需要学生在音乐创作和表演过程中寻找和创造美。通过

自我创作，学生可以将自己对音乐的理解和感受转化为实际的音乐作品。在这一过程中，学生不仅可以实践与应用自己的音乐知识和技能，还可以体验到音乐创作的乐趣和满足感。同时，美育目标还包括培养学生对各种美的欣赏和理解，比如音乐美、绘画美、雕塑美、诗歌美等。这样的欣赏和理解能够拓宽学生的视野，丰富他们的生活，提高他们的审美水平。

因此，美育目标的实现让学生在追求音乐知识和技能的同时，也能感受到音乐的美，理解美的内涵，提升自己的审美观，这对学生的人格发展和人生观的形成有着重要的影响。

3. 社会性发展目标

社会性发展是指个体在其生物特性基础上，在与社会生活环境相互作用的过程中掌握社会规范，形成社会技能，学习社会角色，获得社会性需要、态度、价值，从而更好地适应社会环境。社会性发展的实质就是个体由自然人成长为社会人的过程，包含亲社会行为、同伴关系等。

音乐教育的社会性发展目标，强调的是通过音乐教育推动学生全面成长，培养学生积极参与社会生活的能力。音乐教育不仅是一种技能训练，更是一种情感的表达，一种文化的交流，通过这种方式，学生能够更好地理解和参与社会。音乐作为全人类共享的艺术语言，无须借助文字即可跨越国界、文化差异进行交流。通过学习音乐，学生可以理解虽然在各种文化背景下的音乐形式可能存在差异，但其表达的情感和人性的共鸣是相通的。这种理解和体验有助于学生建立对不同文化的尊重和理解，提高他们的跨文化交际能力。此外，音乐教育中的各种音乐活动如合唱、乐队演奏等都需要团队的配合和协作。在这样的活动中，学生能够学习到如何与他人沟通协调、如何互相支持、如何共同完成一个目标等，这些都是社会生活中必备的能力。因此，培养和提升学生的沟通能力、合作能力也是音乐教育的主要目标。

（二）文化发展性目标

从较为宏观的角度来看，音乐教育被赋予了促进社会文化发展的重任，它不仅是文化传承的重要方式，还是提高国民素质的主要途径。因此，音乐教育的目标应涵盖以下两个方面的内容。

1. 文化传承目标

音乐教育强调的是文化教育的独特性，它肩负着传承古代和现代音乐文化的任务，特别是优秀的民族音乐文化。在全球教育创新和发展的大趋势中，国际音乐教育的一个显著特征是对民族音乐文化的继承和发扬。文化资源的拓展已经成为了各个民族寻求生存和发展的重要手段，同时，提高学生的综合素质也越来越受到人们的重视。因此，学校音乐教育需要深化民族音乐文化的理念，并致力于加强学校民族音乐文化基础的建设。

音乐教育被视为保护、发扬和传递我们音乐遗产的关键途径。各种类型的音乐，无论是古典的、流行的，还是民族的，它们都是特定文化和历史背景下的产物，反映了人类多样化的经验和情感。通过音乐教育，教育者可以帮助新一代学生理解和欣赏这些音乐作品，同时向他们传达其背后的文化和历史知识。这样，音乐教育就成为了一种文化传承的方式，确保音乐的精髓、艺术的价值以及相关的文化知识得以流传并在未来继续繁荣。

2. 提高国民素质目标

音乐教育可以提高个体的审美能力、创新思维和社会交往技巧等，这对于提升国民素质具有积极的作用。音乐教育不仅可以帮助个体发展其潜在的音乐技能和欣赏能力，更能激发他们的创造力和想象力，培养他们的情感敏感性，鼓励他们以更积极、更理解他人的方式进行交流。从这个意义来看，音乐教育是建设更和谐、更具包容性的社会的重要手段。

实际上，我国对义务教育阶段艺术课程的教育目标，提出了明确的要求。义务教育中的艺术课程应以立德树人为核心，注重培养学生对社会主义核心价值观的理解和实践，着力加强社会主义先进文化、革命文化、中华优秀传统文化的教育，旨在让学生深入理解和欣赏这些文化的精髓。义务教育阶段艺术课程应坚持以美育人、以美化人、以美润心、以美培元，引导学生在充满正能量的审美实践中去感受、体验和理解艺术，进而提升他们感受美、欣赏美、表现美和创造美的能力。义务教育阶段的艺术课程还应引导学生树立正确的历史观、民族观、国家观、文化观，增强他们的爱党、爱国和爱社会主义情感，从而坚定他们的文化自信。教师应提升学生的人文素养，帮助学生树立人类命运共同体的意识，为实现中华民族伟大复兴而不懈奋斗。

作为艺术课程的重要组成部分，中学音乐教育同样应积极落实与贯彻上述各项目标，引导学生积极践行社会主义核心价值观，培养学生的音乐学科核心素养，坚持以美育人，开设艺术选项，帮助学生掌握1~2项艺术特长，为高中阶段的教育工作做好衔接。

二、音乐教育的原则

音乐教育的原则是诸多音乐教育者在长期的音乐教育实践活动中总结归纳出来的基本准则和原理，能够有效指导音乐教学实践。在教学过程中，教师遵循音乐教育的基本原则，对于提高音乐教育质量具有十分重要的指导意义。音乐教师应当在深入把握音乐教育基本原则的理论内涵基础之上，正确运用音乐教育原则来指导个人的音乐教学活动。

（一）科学性与思想性相统一的原则

科学性原则要求音乐教育活动应以严谨的理论为依托，将教育方法和技术应用得恰到好处。音乐教师要了解音乐的基本规律，科学地安排教学内容和教学过程，根据学生的个体差异和特点进行针对性的教学。

音乐教育的科学性原则，对音乐教师的具体要求主要包括以下内容：第一，音乐教师必须以教材内容为依据，理解并灵活地应用音乐理论知识，并将这些理论知识传授给学生。第二，音乐教师需依据教学大纲要求，科学合理地策划音乐教学计划与内容，教学步骤应按照循序渐进的原则，引导学生循序渐进地学习和掌握音乐知识及技艺。第三，音乐教师需要遵从由近及远、由浅入深、由易到难、由简到繁、由现象到本质、由具体到抽象、由已知到未知的教学规律，根据学生的身心发展特点，设计和实施音乐教学活动，使学生能更好地理解和掌握音乐。

音乐教育还应体现思想性原则，因为音乐本身就是一种充满情感和思想性的艺术形式。另外，音乐教育还需要揭示音乐作品中的思想内涵，启发学生的思维，鼓励他们理解并表达自己的情感，引导学生用心去感受音乐、理解音乐、享受音乐，这样才能激发他们的创造力和想象力，从而提升他们的音乐素养和审美能力。

通过科学性与思想性的相统一，音乐教育才能更好地满足学生的音乐学习需要，更好地激发他们的音乐潜能，更好地提升他们的音乐素养。而音乐教师在教学过程中，也需要灵活运用这一原则，科学地组织教学活动，同时鼓励和引导学生深入理解音乐的情感和思想内涵，使音乐教育既有严谨的科学性，又有丰富的思想性，从而提升音乐教育的质量和效果。

（二）理论知识与音乐实践相结合的原则

这一原则强调在音乐教学过程中，音乐理论知识和音乐实践技能不应割裂，而是相辅相成，相互渗透的。学习理论知识，学生可以更深入地理解音乐的本质和形式，更好地把握音乐的结构和风格；而通过实践的过程，学生可以对音乐理论知识有着更深入的感知和体验。把音乐理论知识应用到实际的演奏、创作和评价中，学生不仅可以巩固所学的理论知识，还可以在实践中发现问题、解决问题，从而进一步加深理解和掌握音乐理论。同时，实践活动也可以培养学生的实际操作能力，激发他们的音乐创作热情，提高他们的音乐欣赏和批评能力。在这一过程中，理论知识为实践提供指导和支持。音乐理论知识是构建音乐实践的基础，学习理论知识不仅有助于学生理解和把握音乐作品的内涵，还可以为他们的音乐实践活动提供理论依据，使实践更具科学性和针对性。

（三）教师主导与学生主体相结合的原则

这一原则着重强调音乐教学既需要教师的专业引导，也需要尊重和发挥学生的主体作用。

音乐教师在教学过程中发挥着主导作用，一是他们以丰富的专业知识和经验，引领和指导学生的学习，设计和组织教学活动，帮助学生理解和掌握音乐知识，提高学生的音乐技能，培养学生的音乐欣赏和创作能力；二是他们通过合理的教学策略和方法，激发学生的学习兴趣，引导学生进行深入的思考和探索，培养他们的自主学习能力和创新能力。在学习音乐的过程中，每个学生都是学习的主体，他们以自己的方式理解和感受音乐，通过积极参与音乐活动，如演奏、创作、欣赏等，体验和创造音乐，展现自我，发挥自我价值。

教师主导与学生主体相结合的原则要求音乐教师在尊重和激发学生的主体性的同时，也要充分发挥自己的专业优势，为学生提供必要的教学指导。这种教学方式不仅可以让学生在教师的指导下更好地学习和理解音乐，也可以让他们在主动探索和体验过程中培养自身的独立思考和创新能力，提高自身的音乐素养，实现音乐教育的全面发展。

（四）统一要求与因材施教相结合的原则

音乐教师在确立清晰的学习要求的同时，也要尊重学生的个体差异，为每一名学生提供符合其特点和需要的教学。

音乐教育的统一要求原则体现在对所有学生设定共享的学习目标和基本标准，比如必要的音乐知识、基本的技能技巧、良好的音乐欣赏和表演习惯等。这些统一的要求是每一个接受音乐教育的学生都需要努力达成的目标，也是教师评价学生音乐学习成果的基础。

但是每个学生都有自己独特的个性、兴趣和学习能力，因此，音乐教学不能简单地将同样的教学方式和内容应用于所有学生。因材施教的理念强调尊重和关注每个学生的个体差异，即通过了解和分析每个学生的特点和需要，设计和实施符合其实际情况的教学活动，帮助他们在满足统一要求的同时，发展自己的特长和兴趣，实现全面的个人成长。

教师在音乐教育中，应遵循统一要求与因材施教相结合的教育原则，不仅可以提高整体的教学质量和效果，也能更好地满足每个学生的发展需要，实现音乐教育的个体化和人性化。

第三节　音乐教育的意义与功能

作为一种意义深远、目的明确的培养人的实践活动，音乐教育具有多个方面的意义，并在社会生活中发挥着重要作用。本节将详细讨论音乐教育的意义，分析它是如何通过各种方式提升个人素养和社会文化的，并在此基础上分析音乐教育是如何成为一种教育工具的，可以促进各种技能的发展和价值观的塑造，对人类社会产生深远影响。

一、音乐教育的意义

音乐教育对学生的发展有着极为重要的作用，它不仅有助于促进学生提高个人审美能力和文化素养，还能够促进学生思维能力的发展，丰富学生的内心世界。

（一）音乐教育是审美教育的重要途径

审美活动是揭示人类精神生活核心部分的一种心理和社会现象，其形式多样，包括欣赏自然美、感受社会美以及创造艺术美等。作为艺术的一种表现形式，音乐对于激发人们的审美意识发挥着关键的作用。因此，从某种意义上看，音乐教育实际就是审美教育。感受音乐之美是音乐教育的本质，教师可以运用各种音乐形式，让学生表达美好的情感，塑造美丽的音乐形象。音乐教育的目的在于教师通过音乐教授学生如何感知美、欣赏美、理解美和表达美，从而让他们变成懂得审美的人。

音乐教育不仅仅是传授给学生一定的技能或技巧，更重要的是让学生从心灵深处产生对美的热爱和欣赏。音乐是社会生活的反映，而社会生活中充满了各种复杂的元素，正如高尚和庸俗、真理和谬误、美丽和丑陋等。而音乐教育的目标之一就是帮助学生发展出对美的敏感和欣赏，

让他们可以喜爱那些包含高尚情感和具有艺术价值的音乐，同时也能够区别出优秀和平庸的音乐作品。

在音乐教育中，培养学生的音乐审美情趣是一个潜移默化的过程，它需要教师在教材选择、环境创设等多个方面综合实施。教师是影响学生能否产生审美情趣的关键因素，只有具备良好审美修养和高超审美能力的教师，才能有效地引导学生走向美的世界。好的教材应当包含那些富有感情、艺术价值出众的音乐作品，学生的审美情趣和欣赏能力可以通过接触这些作品得以启迪和提升。此外，一个良好的审美环境也是不可或缺的，教师要为学生创造良好的音乐审美环境，例如定期播放有益健康的音乐，举行音乐欣赏会和音乐演唱会，甚至开设音乐画廊等，让学生始终沉浸在美的海洋中。

在音乐教育中，教师需要尽力激发和培养学生丰富多样的音乐审美情感。音乐审美情感的形成有两个主要途径，一是通过音乐本身引发情绪，由感性的欢愉向理智的美感逐渐深化；二是通过非音乐性的艺术形式，如绘画、诗歌、文学等，引导学生体验和欣赏音乐。例如，音乐与诗歌就有着紧密的联系，两者互相补充，共同构建了一个丰富多彩的艺术世界。教师可以引导学生积极地欣赏这类诗歌，培养自己感受美、创造美的情感。

（二）音乐教育是文化教育的主要内容

音乐教育不仅仅是单独的音乐技能训练，它是紧密地与各类艺术形式相联系的，且无论是在社会视角还是在文化视角，都是文化教育的重要组成部分。通过音乐教育，学生能够拓宽视野，丰富自己的知识面，提升个人的文化素养。以我国作曲家丁善德的《长征交响曲》为例，这部作品的灵感源于伟大的历史事件——长征，它以音乐的形式展现了历史的壮丽。同样，大合唱《红军不怕远征难》也再现了这段历史的丰富内涵。通过欣赏这些作品，学生不仅可以受到革命传统的教育，同时也能更深入地学习历史知识。

许多音乐作品都与大自然有着紧密联系，众多的音乐家都以自然为灵感之源，用音乐来表达对自然的热爱和敬畏。比如，无论是《长江之歌》的宏伟气势，还是《黄河颂》的豪放情怀，又或是《伏尔塔瓦河》对民族精神的描绘，都是音乐家通过音乐与自然和谐共生的表现。这些作品让人们在欣赏音乐作品的同时，无形中也受到了文化的熏陶。音乐与文学的联系也是十分紧密的，许多音乐作品也都源于文学作品。比如，肖邦的《降 A 大调第三叙事曲》便是受到德国诗人的作品《洛列莱》的启发而创作的，比才的歌剧《卡门》改编自法国作家梅里美的同名小说，我国的《明月几时有》《月满西楼》《蝶恋花》等作品也都源于古代诗词作品。在音乐教育中，让学生学习和了解这些音乐作品，也会有助于提升学生对文学的兴趣和爱好，增强学生的文学素养。

此外，音乐教育的文化意义还可以表现在培养学生对民族音乐的审美意识上，比如民族的调式、风格、演奏方式和情感表达等都可以成为学生学习的内容。音乐文化教育，对于提升学生的文化素养起着至关重要的作用，学习文学知识能够使他们更为深入地理解和热爱自己的民族音乐。

（三）音乐教育是培养学生思维能力的必要手段

音乐教育不仅为学生提供了欣赏美的平台，还是培养学生思维能力的必要手段。在音乐教育活动中，学生们通过唱、奏、听的训练注意力得到集中，调动起记忆、想象、思考以及情感等积极地参与，提高了学生反应力的敏捷程度和整体记忆能力，激活了学生的思维发展[①]。

人的思维能力，尤其是思维的敏捷性，是衡量其素质的一个重要指标。人的思维通常可分为两种形式：形象思维和抽象思维，两者相辅相成，相互渗透，共同构成了人的综合思维能力。形象思维是借由事物的形象联想、想象引发的一种比较感性的思维方式。抽象思维又称为逻辑思维，其特点是以抽象的概念、判断和推理作为思维的基本形式，以分

① 王婷．中小学音乐教育现状评析[J]．中国教育学刊，2012（S1）：97-98.

析、综合、比较、抽象、概括和具体化作为思维的基本过程，从而揭露事物的本质特征和规律性联系。只有通过逻辑思维，人们才能达到对具体对象本质规律的把握，进而认识客观世界。

音乐，作为一种以形象思维为主的艺术形式，主要由右脑负责处理。形象思维是音乐家充分发挥直觉、想象等思维模式，将个人内心世界与乐曲蕴含的内涵情感紧密联系起来，将乐曲生动形象地表现出来的一种思维形式。实际上，音乐中的情感和想象元素对创新思维有着至关重要的推动作用。形象记忆是右脑的功能之一，加强形象记忆可促进形象思维的发展，比如在听音乐时可以听记旋律、记忆主题、默读乐谱、反复欣赏、活跃思维。形象思维被视为创造思维的基础。学生学习音乐的目的并不只是为了成为一名音乐家，更重要的是通过音乐教育来推动思维能力的全面发展，尤其是对形象思维的提升。音乐教育的进行不仅可以提高学生对音乐的欣赏能力，还可以有效地训练和提升他们的思维能力，尤其是形象思维，以期培养出具有全面思维能力的优秀人才。

二、音乐教育的功能

在学校教育中，音乐教育占据着不可忽视的重要位置。音乐教育是提高学生素质水平，培养学生综合能力的重要途径。音乐教育在塑造学生的思想道德、智力、情感、以及身心健康等方面发挥着其他学科无法替代的关键作用。音乐教育有着推动心理与情感和谐发展、塑造优秀校园文化、提升现代道德价值等众多功能。在当今社会，越来越多的教育者开始关注全面的通识教育，更加重视人文的关怀，以及全面提升学生的人文素质，这些因素都使得音乐教育体现出其独特的价值和功能（如图 1–3 所示）。

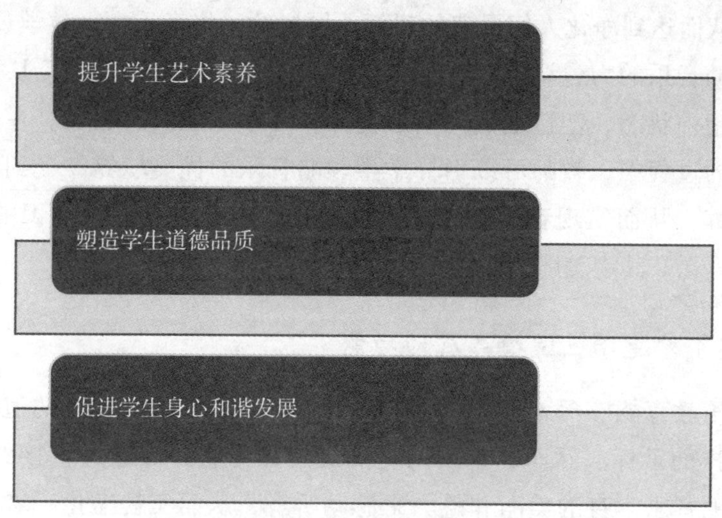

图 1-3　音乐教育的功能

（一）提升学生艺术素养的功能

人类对于自然界和社会现象的情感活动的反应是一种内在的、本能的感知过程。而充满丰富情感表达的音乐作品，更能深深触动人们的内心，就像一种灵魂的“滋养剂”。从艺术视角来看，音乐是所有艺术门类中情感表达最为丰富的一种形式。悦耳的音乐作品有能力塑造人的情感态度，调和学生的精神状态，并在音乐课堂上对学生进行情感教育，达到极佳的效果。为了让音乐更深刻地触动人心，教师与学生可以共同进行音乐的欣赏与创作，营造在课堂上优雅的艺术气氛和深厚的情感环境。这样一来，学生不仅能更好地享受艺术的愉悦，还能更自由地表达自己的情感。通过这种方式，我们不仅可以创造出具有艺术特色的气氛和情调，让音乐从纸面文字中脱颖而出，更是为学生们赋予了飞翔的翅膀，让他们在音乐的天空中自由翱翔。

音乐作品潜藏着净化人心灵的艺术美感，深藏着无尽的艺术魅力。音乐通过其独特的艺术魅力，有力地调节着人们的情绪，影响着人们的

思维，从而达到净化人们灵魂的目标。同样的，将音乐融入教学过程中，可以借助音乐的力量调整学生的情绪，影响他们的思考方式，从而改变学生的精神状态，塑造他们的情感世界，并净化他们的心灵。在进行音乐教育的过程中，教师可以引导学生领略音乐的优美境界，受到音乐情感的滋养，从而实现音乐教育的目标，让学生在学习音乐知识的同时，帮助学生提升其审美能力和艺术修养。

（二）塑造学生道德品质的功能

音乐教育能够深入人心，影响人的道德品质，这与传统的道德教育有着同样的目标。然而，音乐的特殊之处在于它并非通过直接的教诲，而是借助音乐本身的美丽和魅力来感动听者，从而实现净化听者灵魂的目标。

在音乐活动中，教师可以通过运用旋律、节奏、音色、和声等方法，构造出一种艺术形象。学生们通过对音乐的感知和体验，可以理解作者所要表达的思想感情。这种体验不仅令他们在愉悦的状态中接受教育，而且是自主的，自然的。学生们不再是被动接受知识的容器，而是主动参与、主动思考的个体。音乐活动通过音乐作品的熏陶和感受，对学生的心灵和精神进行滋养和影响，这也是音乐教育的一种重要功能。音乐教育不仅是艺术教育，它同时也承载着思想政治教育的任务，它有着培养学生高尚道德品质的重要职能。

（三）促进学生身心和谐发展的功能

音乐教育对学生的全面发展，尤其是身心的和谐发展具有深远影响。在生理层面，音乐教育对青少年的健康成长起着积极的促进作用。通过欣赏那些充满优美旋律的歌曲和乐曲，学生可以享受到轻松愉悦的审美体验，这种体验能够帮助他们缓解疲劳、调整心态，达到身心放松的效果。具体的音乐活动，例如听觉训练，可以提升学生的视听感知能力，使他们的听觉和视觉反应更加敏捷、准确，并能协调地进行同步反应，从而实现提高听说能力，达到“耳聪目明”的效果。而歌唱教学则可以提高呼吸器官的功能，增强肺活量。同时，通过发音训练和咬字吐词的练习，可以提高学生的发音清晰度。此外，音乐教育中的乐器和律动训练也能为学生的身心健康提供支持。演奏乐器或参与律动活动能锻炼学生手指的灵活性和身体整体的协调性，这种全身心的参与不仅可以提高身体的灵活性和力量，还能促进大脑各区域之间的协同工作，帮助学生形成良好的身心协调能力。

音乐教育以其独特的方式，为学生的身心和谐发展提供了全方位的支持。通过参与音乐活动，学生们不仅可以提升艺术素养，更能在音乐的陪伴中健康快乐地成长。

第二章　中学音乐教育的理论基础

中学音乐教育是指在中学阶段，教师通过音乐的教学与活动，以提升学生的音乐技能、艺术欣赏能力，培养其音乐素养，同时通过音乐对学生进行道德、情感、身心等方面的教育。在中学阶段，开展音乐教育活动必须遵循一定的教育原则和规律，并以建构主义理论、多元智能主义理论等理论基础为依据。

第一节　建构主义理论

建构主义理论是认知心理学派中的一个重要分支，是在认知主义学理论基础上逐渐形成并发展起来的一种理论，它在教育心理学领域产生了较为深远的影响。

一、建构主义理论的产生与发展

建构主义理论有着较为悠久的思想渊源，并在20世纪80年代逐渐发展成熟。传统的建构主义主要源自两个维度的思想：一是哲学观点，二是心理学观点。从哲学的角度考察，建构主义思想的先行者是18世纪初的意大利学者维柯，他是“真理即创造”这一观点的提出者。随后，康德对建构主义思想进行了深化和拓展。他提出，我们无法观察或推断世界的本质，人们只能依靠自身的内在认知来理解经验。到了20世纪50年代，美国科学哲学家托马斯·库恩提出的非理性主义理论开始流行，他主张知识是主观的，科学只是一种理解世界的范式，而且其发展是非理性的。在非理性主义的推动下，理性主义的绝对地位受到挑战，主观性、相对性和实践性成为了许多哲学家追求和推崇的观点。

在心理学的领域，瑞士心理学家让·皮亚杰提出了生成认识论。他认为，儿童的认知发展是由内在因素和外在因素共同影响的结果，儿童是在与环境的互动过程中获取知识、构建认知的。他强调，知识既不完全来自于主体，也不完全来自于客体，而是在二者互动的过程中形成的。学习的过程可以被看作是主体和客体相互构建的过程。新的知识构建依赖于现有的知识基础，而新知识的引入又会对原有的认知体系产生调整效应。个体的认知发展需要经历同化、顺化和平衡三个相互作用的过程。在皮亚杰的理论基础上，美国心理学家劳伦斯·科尔伯格对认知结构的特性和认知发展的条件进行了更深入的研究；英国生理学家伯纳德·卡茨等对个体在建构认知结构过程中的主动性进行了探索；美国著名心理学家约翰·杜威强调了经验在认知过程中的关键作用，他视教育为以经验为基础的经验生成和改变过程，学生在已有经验的基础上发现问题，这些问题又反过来激发他们探索知识。苏联心理学家维果斯基提出的“文化历史发展理论”强调了学习者的文化历史背景的重大影响，并通过“最近发展区”理论揭示了学习的本质是刺激潜在的、尚未完全发展的心理功能。以上所有这些研究都为建构主义理论增添了深度和完整性，为将建构主义理论应用于教育过程提供了可能性。

建构主义各流派的主要观点见表 2–1：

表2-1 建构主义的主要流派及理论内涵[①]

主要流派	理论内涵
激进建构主义	知识是由认知主体积极建构的，建构是通过新旧经验的互动实现的； 认知的功能是适应，它应有助于主体对经验世界的组织
社会建构主义	将群体放在个体之前，将人与人之间的关系置于首位； 个人建构的独有的主观意义和理论只有在与社会和物理世界"相适应"时，才有可能得到发展； 强调意义的社会建构、学习的社会情境，强调社会互动、协作与活动等
社会建构论	将社会置于个体之上； 真实性/经验是依靠对话的方法建构起来的，对话是形成新意义的心理工具，应成为关注的中心。知识根本不存在于个体内部，而是属于社会的，是以文本形式呈现的，每一个人都可以用自己的方式解释文本的意义
社会文化认知	人的心理功能处于文化、历史和制度情境之中； 关注学习的社会方面，注重对一定的社会文化背景中的知识与学习的研究，将不同的社会实践视为知识的来源； 提倡在真实的情境中通过对专家活动的观察、模仿进行主动的认知学徒式的学习
信息加工建构主义	坚持信息加工论的基本范型，但反对信息加工论中的客观主义传统； 强调知识是由主体积极建构的，外来信息与已知知识之间存在双向的、反复的相互作用，但不同意知识是对经验世界的适应
控制系统论	强调认识主体不是旁观者，而是置身于行为之中的积极主动的观察者和反省型的参与者； 特别重视不同观察者之间存在的复杂的互动关系，重视对提问方式、看与听等方式各种循环过程的再认识；重视交互的、协作的学习方式

① 钟志贤．建构主义学习理论与教学设计[J].电化教育研究，2006（5）：10-16.

尽管建构主义包含了各种流派，例如激进建构主义、社会建构主义、社会文化认知以及信息加工建构主义等，但它们在基本观点上仍然存在着显著的一致性，且对于积极的思想政治教育研究都具有极高的参考价值。首先，积极的思想道德的建立过程在本质上是基于原有经验的主动构建过程。教育受众在接受积极的思想政治教育前，已经形成了一定的认知模式，对现象世界也有了基本的认识。积极的思想政治教育需要在教育受众现有认知的基础上，对他们的认知模式进行优化。这个过程并非简单的刺激—反应过程，也不能由他人代替完成，而需要教育受众主动地对思想政治教育信息进行反思、选择、整合、内化等。因此，积极的思想政治教育需要确认教育受众的主体地位，充分发挥教育受众的主体作用，在主客体互动、筛选的过程中构建新的认知模式。其次，积极的思想政治教育应该为教育受众创造新的认知模式。教育受众积极的思想道德建立，更多的是源于人际交往和社会互动，故积极的思想政治教育需要重视教育受众个体或集体间的对话、交流、合作，强调在社会互动的基础上进行学习。最后，积极的思想政治教育需要注重建立积极的教育关系。教育者在进行思想政治教育时，应避免以居高临下的态度去对待教育受众，而应更多地注重建立平等、民主、和谐的教育关系，在与教育受众进行平等的交流、沟通、对话的过程中，引导他们对积极的思想道德进行自主建构。

二、建构主义理论的主要观点

建构主义理论强调以学生为中心，但不忽视教师的指导作用，它认为学生是学习的主体，是认知和信息加工的主体，是知识意义的主动建构者。

（一）建构主义理论的知识观

建构主义理论强调，知识并不是对世界的客观、完整的映射，它不仅仅是人们对于客观存在的事物的一种固定的解释或假设。相反，任何一个承载知识的符号系统都不是绝对真实的表征，它仅仅是人们在特定时期内，对于客观世界的一种相对性的理解。随着人们对客观世界的不断探索与认识，知识的解释和假设也会呈现出多元的、不断更新的特点。知识在每个学习者头脑中的意义不是客观的，它是每个学习者通过主动参与认知活动而主观创造出来的，是每个学习者的一种主观经验、解释、假设①。

建构主义进一步主张，知识不是一种包罗万象、能够解答所有问题的普适法则。面对具体事件，没有一种既定的、固化的知识可以直接适用，而是需要学习者对原有知识进行动态的再加工的。这种知识的处理过程强调了实践性，即知识的形成和发展过程是一个不断尝试、修正、完善的过程。

尽管知识通过文字、图像等方式被记录下来并表现出一种“固化”的形态，但实际上，知识并不是以实体的形式存在的。同样的知识，在不同的学习者那里可能会有不同的理解和解读，这说明知识的理解和消化是需要学习者投入自己的主观努力的。只有通过实践，将知识与自己的经验相联系，才能实现真正的理解。简单的死记硬背并不能达到这种理解的深度。

建构主义观认为，书本上的知识并非绝对的真理，而是在某一时期内，人们对客观世界的一种相对性的反映。随着社会的发展与科技的进步，知识的表述和理解也会随之更新与变化。因此，学习者在学习过程中，不能机械地接受知识，而应以主动、批判的态度去分析所学到的知识，从中吸取精华，舍弃糟粕，通过自我构建的方式，形成自己可以理解的新知识。这是一种对知识持续发展的理解，也是一种对知识生动、动态性质的肯定。

（二）建构主义理论的学习观

建构主义理论主张，学习不是一种被动的接受过程，而是学习者基

① 冯维．高等教育心理学[M].重庆：西南师范大学出版社，2020：39.

于自身已有的知识和经验，对新的知识和信息进行主动的甄别、加工、分析和处理的过程。这种观点明显背离了传统的教育模式，即教师单向传授知识，学生被动接收的模式。在建构主义的视角中，学习者不是知识的接收者，而是知识的主动构建者。

建构主义强调，学习不仅仅是对新信息的简单接收，而是新信息与已有知识经验的相互作用，是学习者与学习环境之间互动的结果。每一位学习者根据自身已有的经验和知识，会对同样的新知识进行不同的解读和理解，从而形成自己独特的知识体系。这种学习的过程充分体现了学习的动态性和多元性。

建构主义理论提出了“最近发展区”的概念，强调学习者需要在自身的经验范围内，不断挖掘自身潜能，建立与周围环境的联系，实现自己对学习的深度理解。这种学习的过程是一种创造性的过程，只有学习者自己才能完成这一过程，不能依赖他人的代劳。

建构主义学习观的核心是主动性。学习者不仅仅是知识的接收者，更是知识的主动构建者。他们需要对新的信息和知识进行主动选择、加工和理解，从而构建自己的知识体系。这种主动性和创新性使得学习成为一种具有主体性的、自我驱动的过程，而不仅仅是被动的、简单的信息接收。

（三）建构主义理论的学生观

建构主义理论坚持学生是知识建构的主体，他们并不是一张白纸，空空如也地等待着被知识填充。学生在日常生活中已经积累了丰富的知识经验，他们对周围的世界充满了好奇和疑问，对各种事物都有自己独特的理解和观察。因此，教育过程不能忽视学生的这些已有经验，教师不能简单地将知识“灌输”给学生，而应该尊重学生的个体差异，借助学生的已有知识经验，引导他们去探索、去发现、去建构新的知识。

建构主义理论强调教育的过程是知识的处理和转换过程，而非单纯的知识传递。学生在教学过程中并不是被动的知识接收者，而是活跃的知识处理者和转化者。他们需要对新知识进行分析，融入自己的已有知识体系，从而构建自己的知识体系。

建构主义理论把学生看作主动的知识建构者，而非被动的知识接收者。学生拥有独特的经验和观点，他们能够通过自我探索和思考，构建出自己的知识体系。这种观点充分尊重了学生的主体性，强调了他们的经验性和创新性，为实现个性化和有深度的学习提供了理论支持。

（四）建构主义理论的教师观

建构主义认为，教师的角色不再是传统的知识传递者，他们是学生知识建构过程中的积极引导者、协助者和合作者。他们不是只位于讲台上的权威，而是学生在学习探索旅程中的伙伴和指导者。他们与学生共同参与到知识的探索与建构过程中，鼓励学生独立思考，培养学生解决问题的能力。教师在课堂中的任务之一是创设一个富有挑战性和真实性的学习环境。他们应提供足够复杂的问题，以便学生在解决这些问题的过程中实现知识的建构。在这样的环境中，学生能够通过实验、探究以及合作学习等多元化的方式来学习，使他们的学习更具参与性和实践性。教师也是学生知识建构的激发者和引领者，他们要唤醒和维持学生的学习热情，通过设置符合教学内容需求的情境，帮助学生找到新旧知识之间的联系。教师的任务是在激发学生的兴趣和动机的同时，指引他们发现知识间的关联，促使学生将新的知识融入自己已有的认知体系中，形成具有深度和广度的理解。

为了更有效地促进学生的意义建构，教师应鼓励和组织协作学习，引导学生进行有深度的讨论和交流，这不仅能促进知识的建构，也有助于培养学生的团队协作和沟通技巧。在这个过程中，教师是引导者和调解者，他们需要确保在协作学习过程中，学生是朝着有利于知识建构的方向发展的。

教师在建构主义理论的指导下进行教学，需要不断地进行知识的建构，并随着社会的不断变迁，对自己的教育教学方法进行及时的调整，以便适应社会的快速发展和学生需求的持续变化。在这样的教学过程中，师生之间的关系应当是对等的合作关系，而非传统的教学环境中的单向灌输与被动接收的关系。在建构主义教学理念中，教师需要根据知识的性质设计出适合学生建构知识结构的教学环境。教师要积极组织和参与学生的学习活动，通过协作和交流，推动教学活动的顺利进行，并引导学生进行有效的知识建构。在这一过程中，教师应主动适应环境的变化并转变角色，从传统教学模式的中心角色转变为新的教学模式中的配合者和指导者。建构主义的教学理念主张教师应通过具体情境和问题的设置进行教学，并鼓励学生通过团队间的互动交流进行学习。对于特定的学科，教师需要深入研究该学科知识的特性以及学生的学习方式，以便更好地设计和实施教学活动，让学生在教学活动中成为主角。总的来说，建构主义理念主张教师在教学过程中，应以学生为中心，鼓励学生主动参与和探索，以实现知识的有效建构。

学生已有的经验具有多样性，这就要求教师的教学策略和方法同样要富有多样性，因此产生的教学结果也将是各异的。建构主义的教学理念要求教师在进行教育和教学过程时，把学生已有的经验作为起点，关注学生的内在潜能，尽可能在教育教学的过程中培养其良好的学习习惯，例如勤于思考、积极交流和善于总结；始终让教学活动以学生为中心，深入了解和掌握学生的认知结构，创建“最近发展区”，以保证每位学生都能取得进步。

在建构主义理论的指导下，教师对学生的学习成果评价，不应该只依赖于学生的学业成绩，而应该从学生在小组活动中的活跃度，对小组的贡献程度以及学业成绩等方面进行多角度、全方位的评估。教师在开展教学活动的时候，应始终以培养学生的全面能力和提升他们的综合素质为目标。

（五）建构主义理论的学习环境

建构主义理论主张，学习者的个人认知发展与其学习过程是密切相

关的，知识的构建需要特定的环境和他人的指导，而教师可以通过运用一定的手段创建出这样的特定学习氛围。这样的学习氛围应该包括四个关键要素：情境、协作、会话和意义构建（如图 2–1 所示）。在整个学习环境中，教育活动应将学生置于核心，而教师则扮演着组织者、协调者和催化者的角色。通过这四个核心要素，教师能激发学生的创造力，充分挖掘他们的积极性和主动性，最终实现学生对知识的自主建构和理解。

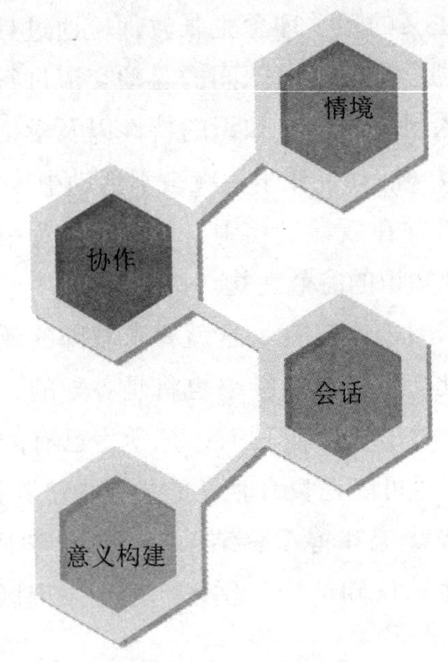

图 2–1　建构主义理论中学习环境的四大要素

1. 情境

情境是一种与学习主题和内容紧密相关，或者与其相似的环境或背景。教师能通过为学生提供与所学知识紧密相关的经验，帮助他们更为顺利地建构新知识的意义，从而降低他们在理解新知识过程中可能遇到的困难程度。因此，在学习环境中，有效的情境对于学生理解新知识以及对知识主题的意义建构起到了至关重要的作用。建构主义理论非常强调情境的重要性，这是因为这种情况能有力地助推知识的呈现和应用。

同时，真实且生动的情境能够激发学生的思维活动，使他们能够基于已有的知识经验，深度理解新知识，灵活地处理和分析新旧知识之间的联系，并赋予新知识特定的意义。

2. 协作

协作是指在学习过程中，教师与学生，以及学生之间，建立的一种友好、平等的合作关系。在这个过程中，所有人共同参与信息的收集、假设的提出与验证、学习成果的评价以及知识意义的建构。这个协作过程也是一种交流过程，整个团队能共享每个成员的学习成果。知识的建构不是由某一个或者少数几个个体单独完成的，而是通过全体成员的共同努力得以实现的。建构主义理论强调，在学习过程中，协作活动是教师与学生以及学生之间的互相配合，共同创设出一个积极、活跃的学习共同体。每一个成员都能在协作过程中充分、积极地发挥自己的作用，课堂气氛也能够实现民主化、开放化与和谐化。

通过协作学习，学生能在已有知识的基础上更新认知，学习他人的知识理解，即能学习他人之长以补己之短，又能发展个人的特性，进而减弱教师在传授知识过程中的权威地位，更突出了教师作为指导者、引领者的作用。协作学习能够形成积极的伙伴关系，有利于发展学生的智力和非智力因素，同时也能培养学生的团队意识、合作精神、集体观念和竞争能力，实现学生的全面发展，达到提升学生综合素质的目标。

3. 会话

会话是协作学习过程中的重要环节。在自我学习阶段结束后，协作小组的成员们通过互动讨论来完成学习任务。在此过程中，每个成员都能自由地表达他们独特的观点。这种会话被视为学习者达成知识意义建构的关键手段。美国学者威尔斯指出，协作会话有助于学习者对知识意义的建构和理解。学习者间的对话交流促使他们能够达成对事物和知识理解的共识。同时，会话也有益于学习者思维能力的发展。通过这种方式，整个团队可以共享每个学习者的思考成果，从而有利于学习者对所学知识信息的全面和深入理解，以便更顺利地完成知识意义的建构。

4. 意义建构

意义建构，是整个学习过程的终极目标。教师在学习中引领学习者进行知识构建，是为了帮助他们深入理解所学的知识，引导他们深刻领悟知识所反映的事物的本质、规律以及各事物间的内在联系。在传统教学过程中，教学目标被视为教学活动的一切，一旦目标确定，便意味着教学内容的设定；教学目标也是衡量教学效果的评估标准。然而，在建构主义学习环境中，"以学生为中心"成为核心理念，教师关注的是学生作为认知主体如何进行知识构建。因此，意义建构的学习目标转变为学习者通过何种途径实现知识的构建。在这种学习环境下，教学设计的出发点不再是教学目标的分析，而是如何创造对学习者有利的情境和氛围。因此，在整个教学过程中，教师应围绕"意义建构"这一核心要素，实现学习者的自主探索和合作学习。总的来说，意义建构的整个学习过程中的所有活动都需要紧扣这一核心要素，以推动学习者的知识构建。

三、建构主义理论对中学音乐教育的启示

中学音乐教育是培养中学生音乐素养、音乐才能的主要途径之一。中学生正处在青少年阶段，他们的求知欲旺盛，个性特点和兴趣爱好更加明显，对各种新鲜事物和知识都有着强烈的好奇心。随着年龄的增长，中学生的审美态度和审美趣味都会发生改变，他们参与的音乐活动均与社会交往和情感需要产生联系。因此，在中学音乐教育中，音乐教师必须遵循中学生的身心发展规律，以建构主义理论为指导，以学生为中心，因材施教。

具体来看，建构主义理论对中学音乐教育的启示主要包括以下几点内容（如图 2-2 所示）：

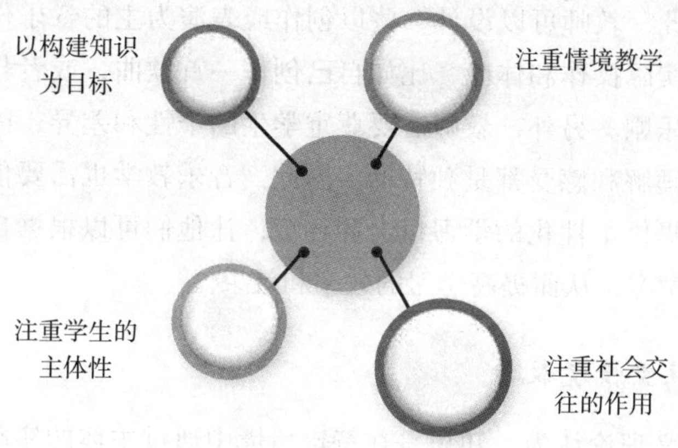

图 2-2　建构主义理论对中学音乐教育的启示

（一）以构建知识为目标

建构主义强调学习过程中的知识构建，而非单纯的知识传递，教育者应让学生通过实践、探索和反思来建立自己的音乐知识体系。因此，在中学阶段开展音乐教学，教师应注重引导学生构建和整合音乐知识，通过实践、探索和反思，发展他们的音乐思维和创新能力。例如，教师可以设计丰富多样的教学活动，使学生有机会深入参与和实践，如自我表达、小组合作创作音乐作品等。这种参与和实践的方式，有助于学生建立个人的音乐知识体系，同时也能培养他们的音乐思维和创新能力。

（二）注重学生的主体性

建构主义认为，教育不是单纯的知识传递过程，而是一个以学生为中心，强调学生主体性的过程。这一理论认为，学生不应被视为被动的知识接收者，而是主动的知识建构者。因此，在中学音乐教育中，教师应注重学生的主体性，引导学生主动参与音乐的学习和创作，鼓励他们通过自我探索、实践和体验来构建与拓展自身的音乐知识。在建构主义理论下，音乐课程的设计和实施不再是教师单方面的讲授，而是需要考虑如何让学生深度参与，如何通过活动和任务让学生在实践中学习和理解音乐。对此，教师可以设计一些以创作或表演为主的音乐任务，让学生有机会去实际操作和体验，比如自己创作一首歌曲，或者与小组合作排演一部音乐剧。另外，教师需要尊重学生的个性和差异，因为每个学生对音乐的理解和感受都是独特的。因此，音乐教学也需要借鉴这一理念，为学生提供个性化的学习机会和环境，让他们可以根据自己的兴趣和能力进行学习，从而提高学习的效率和效果。

（三）注重情境教学

建构主义理论认为，知识是在特定情境中通过主体的实践活动建构起来的。在中学音乐教育中，注重情境教学的理念意味着教师需要把音乐教学内容融入富有生活气息和现实意义的情境中去，将学生在真实或仿真的音乐实践活动中理解和掌握音乐知识。同时，学生在情境中的实践活动也有助于培养其音乐实践能力、创新思维和审美情感。

情境教学在音乐教育中的应用可以是多种多样的。比如，教师可以设计一些关于音乐创作的项目，让学生在完成这些项目的过程中理解音乐创作的过程和技巧。比如，学生可以模拟一个音乐节，学习如何策划和组织音乐活动，甚至自己演唱、演奏音乐。在这些情境中，学生不仅可以理解和掌握音乐知识，也可以体验音乐活动的乐趣，提升自己的音乐创造能力。或者，教师也可以将音乐教学与其他学科的学习结合起来，构建跨学科的学习情境。或者，学生在学习历史的同时，可以通过学习同一时期的音乐来更深入地理解那个历史时期的社会和文化。在这种情境中，音乐不仅是一种艺术形式，也是学生理解和探索世界的工具。此外，利用现代信息技术进行教学，如虚拟现实、增强现实等技术，也可以创设丰富多样的音乐学习情境，让学生有更真实、更直观的音乐学习体验。

（四）注重社会交往的作用

建构主义理论强调学习是一个社会性的过程，而音乐作为一种重要的社会文化现象，其学习过程自然也不能脱离社会交往的背景。在中学音乐教育中，教师应充分利用社会交往的作用，提升音乐教育的效果。

音乐教学并不仅仅是教师传授知识，更重要的是教师应引导学生在交往中体验音乐，理解音乐，享受音乐带来的快乐。例如，教师可以引导学生组成乐队或合唱团，通过共同排练、演出，让学生在实际的音乐活动中增强对自身音乐的理解和体验。通过团队的合作，每个学生都能找到自己在音乐中的位置，了解自己的作用，并从中获得成就感。此外，团队的合作也有助于培养学生的团队精神和协作能力。另外，教师也可以通过社会交往的方式，激发学生对音乐的兴趣和热爱。例如，邀请音乐家来校举办讲座，让学生亲身接触音乐创作的过程，或者组织学生参观音乐会，让学生深入理解音乐的魅力。这些活动不仅能增加学生对音乐的认识，也能激发学生的学习动力，让他们更加热爱音乐。再比如，教师还可以引导学生将学到的音乐知识和技能应用到实际生活中，如参与社区活动、公益活动等。这种将学习和实践相结合的方式，能让学生深入理解音乐的社会价值，同时也能提升学生的社会责任感和公民意识。

第二节　多元智能理论

多元智能理论是由哈佛大学心理学家霍华德·加德纳（Howard Gardner）在 1983 年首次提出的。他反对传统的单一智能观，认为智能不仅仅是通过学习、理解和适应环境的能力，而且包括多种独立但相互关联的智能。多元智能理论强调了音乐智能的重要价值，为中学音乐教育实施个性化教学提供了理论依据。

一、多元智能理论的产生与发展

传统的认知理论主张智力应以语言技能和数学逻辑技能为主，将智力视为一种单一且整体的存在。从这个观点出发，智商便成了衡量一个人智力水平的标准，这种说法主要源自法国智力测验创始人比奈·阿尔弗雷德发明的智力量表。然而，随着社会的发展和科学研究的推进，多元智能理论逐渐浮出水面，挑战了传统的智能观。斯皮尔曼的二因素论、艾森克的三维结构模型、斯坦伯格的三元理论等，都是多元智能理论的典型代表。他们主张，人类拥有各种不同的智力，每种智力都与某个特定的认知领域或知识类别紧密关联，且都是独立存在的。这些观点，为多元智能理论的产生奠定了一定的理论基础。

多元智能理论是由哈佛大学心理学家霍华德·加德纳在1983年首次提出的。在他的经典著作《智能的结构》一书中，他初次提出了七种智能：语言智能、逻辑—数学智能、空间智能、身体—运动智能、音乐智能、人际智能和自我内省智能。这是对传统的单一智能观的重大挑战，他强调了智能的多样性和相对独立性。实践证明，每种智能在我们理解和改变世界的过程中都发挥着关键性的角色，并具有相同的重要性。加德纳进一步指出，每个人从出生时就具有七种智能的潜力，而环境和教育对于激发和培养这些智能都起着至关重要的作用。他的研究揭示了一个重要现象：过去流行的智商测试过于偏重课堂学习，对社会实践的重视不足。仅仅依赖标准化的测试来评定一个人的智力水平，甚至预测其未来的成就和贡献，是非常片面的。这样的做法实际上过度强调了语言和数学逻辑智能，而忽视了其他同样重要且对社会有所贡献的智能。这导致许多学生的重要潜能未得到认可和发展，即便有些学生在考试中取得了优异的成绩，他们也可能无法独立解决实际问题。这种情况无疑是对人才的巨大浪费。

霍华德·加德纳在20世纪80年代到90年代对这个理论进行了深入的研究和发展。1990年，他在《创造心智：多元智能的未来》一书中，探讨了每种智能的应用、发展和教育方面的问题，并对未来的多元智能进行了展望。在书中，他强调了教育的个性化，即教育应该尊重每个人的独特性，并提供各种不同的学习方式，以满足每个人的特殊需要。在21世纪初，霍华德·加德纳又进一步扩展了这个理论。他在2006年撰写的《多元智能：新视野》一书中提供了一种智能：自然观察者智能，使得多元智能理论更加完善。多元智能理论的产生和发展对于心理学、教育学等领域产生了深远的影响。这个理论不仅改变了人们对智能的认识，也对教育实践、课程设计和教学方法等方面产生了重要的指导作用。至今，多元智能理论仍然是教育领域中的重要理论，并且在全球范围内得到了广泛的应用和推广。

二、多元智能理论的主要观点

（一）多元智能的内容

目前，多元智能理论认为人类主要包括以下八种智能（如图 2-3 所示）：

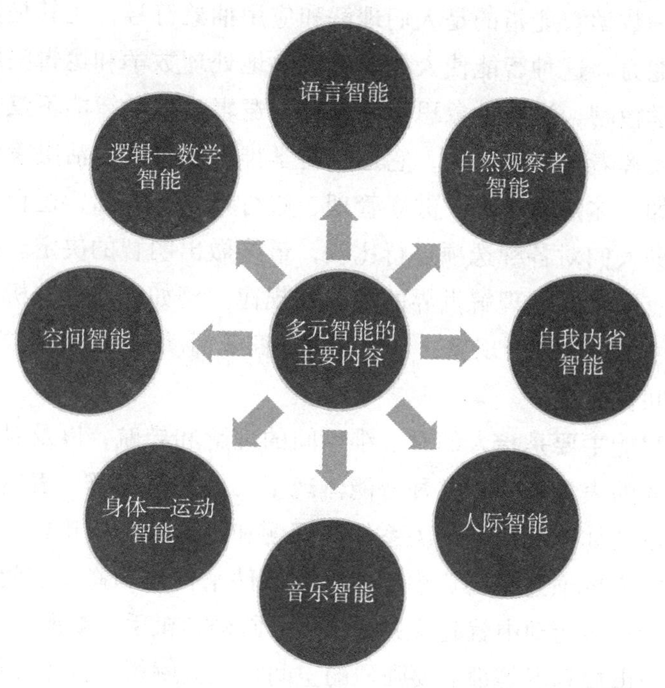

图 2-3　多元智能的主要内容

1. 语言智能

语言智能是人类的一种基本智能，是使用文字、口语和体态语言等方式来理解和表达思想、感情与信息的一种能力。它是人类最主要的交流方式，是人们进行社会互动、学习和工作的基础。语言智能不仅包括语言的理解，也包括语言的生成，即如何组织词汇和语法结构来表达个人的想法或情感。语言智能对人们的日常生活至关重要，无论是在个人还是在职业领域，强大的语言智能都可以帮助人们更好地理解他人的观点，清晰地表达自己的观点，更有效地解决问题。此外，语言智能不仅仅局限于口语和书面语，也包括人们理解和使用非言语的形式，如肢体语言、面部表情和音调等。这些非言语的表现形式可以提供大量的情绪和情境信息，帮助人们更好地理解交流的含义。

2. 逻辑—数学智能

逻辑—数学智能指的是人们理解和应用抽象符号，尤其是数字和逻辑推理的能力。这种智能使人们能够有效地处理数学和逻辑问题，理解和构建数学模型，进行抽象思考和推理。逻辑—数学智能不仅在解决数学问题中发挥着重要的作用，它还是科学推理和日常生活决策中的重要工具。例如，在购物决策、健康管理、旅行计划等方面，逻辑—数学智能可以帮助人们对各种选项进行比较，最终做出明智的决定。逻辑—数学智能还有助于人们理解世界的模式和规律。例如，通过分析和理解数据，人们可以发现社会现象、自然现象或商业活动的趋势和模式。

3. 空间智能

空间智能主要是指人们对三维空间的理解和导航，以及对二维平面和抽象空间的表象能力。这种智能体现了人们如何理解、表达和使用空间信息，以及如何利用空间关系解决问题和创新思考。比如，艺术家和设计师通常需要通过草图、模型或电脑软件来构建和修改空间设计，而空间智能在这些活动中就起着关键作用。同样，棋手、航海员、飞行员、建筑师、城市规划者等都需要强烈的空间智能去解析、操作和创造空间。此外，空间智能也对日常生活具有重要影响。例如，人们在读地图、规划行程，甚至在装饰家居、摆放家具时，都需要利用空间智能去处理空间信息，解决空间问题。

4. 身体—运动智能

身体—运动智能体现在人们对身体运动的控制以及对手势、动作的使用和理解，它是一种通过身体行动和对环境的感知来理解世界的方式。运动员就是身体—运动智能高度发达的典型例子。他们需要通过强烈的身体感知和精准的动作控制去获得竞技优势。例如，体操运动员需要深度理解和控制自己的身体，才能完成高难度的体操动作。同样，篮球运动员必须对自己身体在空间中的位置和动作有着精确的认知和控制，才能在高速移动中投篮得分。此外，身体—运动智能也有助于人们理解和学习一些抽象的概念和过程。例如，我们可以通过手势、动作和体验活动来学习数学、科学、历史、语言等学科的知识。

5. 音乐智能

音乐智能主要是指人们对声音、音调、节奏、和声以及音乐构造的敏感性和理解力，它涵盖了创造、表达和欣赏音乐的能力，以及人们对于感知和生成音乐的节奏、旋律、和声等元素具有天然的敏感度。音乐家和作曲家的音乐智能显然发展得较高。他们能够从简单的旋律中发现和创造美，能够用音符来表达复杂而细微的情感。他们在创作过程中，不仅需要理解和掌握音乐的基本要素，还需要有创新思维和独特的艺术观念。

另外，音乐智能并不仅仅局限于音乐家和作曲家。任何人都可以通过聆听和参与音乐活动，去培养和提高自己的音乐智能。比如，人们可以通过聆听不同类型和风格的音乐，去欣赏音乐的美，体验音乐的情感，理解音乐的文化和历史。人们也可以通过学习乐器、参加合唱团或乐队、创作歌曲或乐曲等活动，去掌握音乐技能，体验音乐创作和表演的乐趣，发展音乐的创新和批判思维。

音乐智能还可以与其他类型的智能相互作用和整合。例如，音乐可以用来表达和理解语言和数学的概念，可以用来疗愈和舒缓心理和身体的压力，可以用来增强社区和团队的凝聚力和合作精神，可以用来探索与创新科技和艺术的边界。因此，音乐智能不仅是一种艺术性和情感性的智能，也是一种跨学科和综合性的智能，它在我们的生活、教育和社会中发挥着独特而重要的作用。

6. 人际智能

人际智能是一种理解他人，与他人建立有效沟通和良好关系的能力。它包括感知他人的情绪、意愿、动机和意图，解释和预测他人的行为，解决人际冲突和问题，协调与领导团队和群体的工作。而且，人际智能也包含了理解与应用社会和文化规则与角色，尊重和欣赏他人的差异和多样性。比如，成功的领导者、管理者、咨询师、教师、医生、社工等都需要高度的人际智能，才能理解和满足他人的需求，与他人建立和保持有效的人际关系，推动与实现组织和社会的目标与任务。

人际智能并不仅仅是专业能力或职业素质，它也是生活能力和道德素质。我们在日常生活中，也需要人际智能与家人、朋友、同事、邻居等建立和维持健康的关系，参与和贡献到社区和社会的活动中，理解与解决个人和社会的问题，实现个人和公共的利益与价值。

7. 自我内省智能

自我内省智能是指个体理解自身内在状态的能力，包括理解自己的情绪、意愿、动机、目标、强度与弱点，以及自我认知、自我评价与自我调节。具有自我内省智能的人，能够清楚地理解自我，知道自己是谁，了解自己的想法、感情以及行为方式，以及这些会如何影响到自己的生活和工作。在实际生活中，自我内省智能在诸多领域中都发挥着至关重要的作用。比如说，在进行决策的时候，自我内省能力强的人能清晰地认识到自身的情绪和欲望会如何影响他们的决策，从而做出更为理智、符合长远利益的选择。在团队协作中，自我内省能力强的人能更好地理解并调整自身的行为，以适应团队的需求，促进团队合作。在个人发展方面，自我内省智能也起到了重要作用。通过对自我进行深入理解和反思，我们可以更好地了解自己的优点和弱点，明确自己的生活目标，了解自己的价值观和信念，进而有针对性地进行自我提升和发展。

8. 自然观察者智能

自然观察者智能是指个体对生物、生态系统和自然现象的敏锐观察力和理解力。拥有这种智能的人，能敏锐地感知自然环境，包括生物的特征、行为和习性，自然现象和生态系统的变化以及它们之间的相互关系。这种智能在日常生活中体现为对自然的深刻理解和热爱。拥有自然观察者智能的人，例如植物学家、动物学家、环保人士等，他们能以更细致的眼光观察到自然中的细微变化，同时，他们也能理解这些变化背后的科学原理和自然规律，因此他们在户外活动、农业、环保、野生动植物保护等领域都表现出色。

自然观察者智能也在科学研究中发挥着关键的作用。通过对自然环境和生物的观察和理解，科学家可以揭示生命的起源、进化和多样性，环境的变化和影响，以及地球的历史和未来。这种智能也推动了许多重要的科学发现和技术创新，比如生物多样性的保护、环境污染的治理、全球气候变化等。

（二）多元智能的特征

根据加德纳的观点，人类智能具有以下特征（如图 2–4 所示）：

图 2–4　人类智能的主要特征

1. 智能的普遍性

每个人都拥有多种智能，只是这些智能的成熟程度和组合形态会有所不同。智能并非孤立地存在，它们可以通过组合或整合，在特定方面表现出显著的优势。每个人都有自己独特的智能组合，这使得每个人都有自己独特的学习方式和解决问题的方法。人们在生活中运用这些智能解决问题、处理信息以及创新发展。人们所拥有的多种智能，不仅仅包括语言和逻辑数学智能，还包括音乐、空间、体感运动、人际、自我反思等其他智能。这些智能通过不同的组合，可以使个体在某个或多个方面表现出特别突出的能力。因此，教育者需要考虑到每个学生的个体差异，寻找合适的教育方法来激发和发展学生的各种智能。智能的普遍性也提醒我们，评价一个人的能力，不能仅仅以单一的标准或指标为依据，而需要全面考虑其各种智能的表现。

2. 智能的差异性

智能的差异性不仅体现在不同个体之间的差异，也表现在同一人的内部差异。每个人都拥有多种相对独立的智能，但这些智能的组合方式、发展顺序、表现形式以及发展程度在每个人身上都是各具特色，这就构成了智能的差异性。这些差异并不仅仅源自遗传因素，更多的是环境和教育的影响。然而，这种差异并不能单纯地以聪明或者不聪明来划分。高智商的人可能是数学专家，也可能是歌唱高手，抑或运动健将，甚至可能是熟练的手艺人。

在面对多样的任务时，大多数学生往往首先展示出自己的智能优势，同时也会揭示出他们的智能弱点。因此，教育的重要任务就是尽早发现并发展学生的智能优势，同时也要找出学生的智能弱势并着手提升。

3. 智能的发展观

智能的发展观即人的智能并非天生固定的，它可以通过后天的教育和学习得到提升和进一步强化。作为生命个体，每个人都拥有多种智能，但这些智能的发展程度却因人而异。有些人在各种智能中表现出色，几乎每种智能都达到了较高的水平。然而，也有一些人可能由于发展障碍，只具备基本的智能，其他类型的智能表现不甚理想。但大多数人都处在这两种情况的中间，某些智能表现突出，另一些智能水平一般，甚至有的智能则较为薄弱。这种独特性是由于每个人的智能都是通过不同的方式和程度组合而成，使得每个人都有自己独特的智能特点。在多元智能的组合中，各种智能并没有高低之分，它们在每个个体中以不同的方式表现出来，具有各自的独特性。每个人都是独特的存在，都用自己独特的方式来为人类文化做出贡献。这种独特性源于人脑的可塑性，使得每种智能都有可能被强化和提升。如果能给予适当的鼓励和引导，为个体提供丰富的教导和学习机会，实际上每个人都有潜力将任何一种智能发展到一定的满意程度。

4. 智能的组合观

智能的组合观即智能之间并非完全孤立，无关紧要的。相反，各种智能会相互影响，以组合的方式共同作用，发挥综合效果。多元智能理论承认智能是由同样重要的多种能力，而不是由一两种核心能力构成，各种智能是多维度地、相对独立地表现出来，而不是以整合的方式表现出来[①]。当人们做某件事时，通常需要几项智能相互作用。尽管每项智能在大脑中都有各自对应的功能区，且在表面上看似相对独立，但它们在功能表现上却具有高度的整合性。对于个体而言，全面发展各项智能是极其重要的。一个人在面对问题时，不能仅仅依赖于自己的优势智能，弱势智能的发展也会成为解决问题的重要补充。

三、多元智能理论对中学音乐教育的启示

（一）音乐是人类的普遍本能

音乐是人类的普遍本能，这不仅体现在人们自然而然地对音乐的喜好和热爱，还体现在音乐的普遍存在，无论在社会生活中，还是在历史

① 张恺．教育信息管理理论与模型研究［M］. 天津：天津科学技术出版社，2016：28.

文化中，到处都有音乐的影子。人类自出生就有音乐的感知和认知能力，即使是婴儿也能感受到音乐的韵律和节奏，随着年龄的增长，这种能力会逐渐发展和完善。因此，从中学开始音乐教育具有重要的意义。中学阶段的学生处于生理和心理发展的关键期，他们的认知能力、感知能力、表达能力和创造能力都在迅速发展和成熟。音乐教育能有效地调动和引导这些能力的发展，提高学生的感知力、创造力和表达力。音乐教育不仅可以帮助学生提高音乐素养，感受音乐的美，还能通过音乐活动，让学生参与到集体中来，学习合作和分享，培养良好的人际交往能力。同时，音乐教育也能培养学生的审美能力，丰富他们的精神生活，提高他们的生活品质。此外，音乐教育还能通过提升学生的音乐素养，帮助他们更好地理解和欣赏音乐，培养他们的音乐兴趣，引导他们积极地参与到音乐创作和表演中来，发挥他们的创新能力和实践能力。中学阶段的音乐教育能够全面发展学生的多元智能，促进他们全面发展，这是符合人类发展的规律，也是适应社会发展需要的。

（二）音乐智能可以直接或间接地开发和培养其他多种智能

音乐的特性使得它能够跨界影响其他的智能领域。当人们欣赏音乐、创作音乐或者演奏音乐时，实际上已经在激发和运用自身的其他智能。例如，语言智能就可以在音乐中得到很好的训练。歌曲的词句、乐谱的标记以及音乐的节奏和韵律等，都涉及语言智能的运用。对乐曲的理解和表达，其实也是对语言理解和表达能力的一种训练。音乐和语言的相互关联，使得音乐智能能够在无形中提高语言智能。此外，音乐对数学智能的影响也是非常显著的。音乐节奏的掌握、音符的计算以及音乐的比例和构造，都需要数学智能的支持。音乐和数学在结构与形式上惊人地相似，两者的关联性也正是音乐教育能够提升数学智能的原因。

这种音乐智能与其他智能的关联性，为中学音乐教育提供了重要的启示。音乐教育不再仅仅是音乐知识的教授，更是一种能力训练，一种素质教育。音乐教育可以从多角度、多层面培养学生的多元智能，促进学生全面发展。同时，音乐教育的方式也应当更加灵活和多元化。音乐教育不仅可以通过传统的音乐理论和技能教学，还可以通过创作、表演、欣赏等多种形式，让学生主动参与，体验和感受音乐，从而提高他们的音乐素养，同时也锻炼了他们的其他智能。

（三）音乐智能是培养个体创造性最重要的途径

音乐智能无疑是培养个体创造性的最重要途径。音乐本质上就是一种具有创造性的艺术，它鼓励个体挖掘自己的创意，发现新的声音组合，创作出独一无二的音乐作品。同时，音乐演奏和欣赏也需要运用到解决问题、批判性思考和创新的能力。无论是进行音乐创作，还是在演奏中对音乐的解读，都需要创新的思维和个性化的表达。此外，音乐活动常常要求个体在一定的框架内自由创新，如即兴演奏，这无疑对培养学生的创新能力大有裨益。在音乐的世界中，没有固定的答案，每个人都可以根据自己的理解和感受去创造和表达自己的想法。这种不拘泥于规则的创造性活动，能够激发个体的创新思维，提升他们的创新能力。

在传统的教学模式下，音乐教育往往偏重于技术的训练和理论的学习，忽视了对创新思维和创造性能力的培养。然而，随着社会的发展，创新已经成为社会发展的主要驱动力，音乐教育也需要适应这一变化，更加注重培养学生的创新思维和创造性能力。因此，中学音乐教育应当充分利用音乐智能来激发学生的创造性。教师可以设计更多的创作、演奏和欣赏活动，让学生在实践中运用创新思维，实现自我表达。同时，教师也可以利用对音乐创作和演奏等探索和体验活动，培养学生的批判性思考和问题解决能力。

在我们的社会中，不只是需要音乐艺术家，更关键的是需要众多具备一定音乐艺术修养的公民。音乐教育的极高价值在于通过激发和开发个体的音乐智能，培养出个性完整、发展和谐的个体。因此，多元智能理念为学校重视音乐教育提供了重要的理论指导。音乐教育是教育体系中的重要环节。多元智能结构理论的形成是受到加德纳对艺术兴趣的驱动，因此，当加德纳提出“多元智能理论”时，艺术界的反应是热烈的，尤其是在音乐智能被认定为一种智能后，许多音乐教育学者对该理论产生了强烈的研究热情。音乐智能在众多智能中可以独树一帜，这或许是连音乐教育者都未曾预见到的，因此，我们没有理由否认或轻视音乐教育的价值。

第三节　三大音乐教育体系

奥尔夫音乐教育体系、柯达伊音乐教育体系、达尔克罗兹音乐教育体系三大音乐教育体系，在世界范围内都有着较为深远的影响，并对我国音乐教育事业的发展都有着极为重要的推动作用，特别是在中小学音乐教学中都有着较高的应用价值。这三大音乐教育体系有助于中学音乐教师科学地设计和组织实施教学环节，有助于训练学生听觉器官的敏感度，培养学生对音乐的感受力，促进学生的全面发展。

一、奥尔夫音乐教育体系

奥尔夫音乐教育体系是德国作曲家、音乐教育家卡尔·奥尔夫（Carl Orff）从理论原则、教材、教法及成功的教学实践等多个方面，设计的一个完整的音乐教育体系。这一教学体系在世界范围内产生了深远影响，并被许多国家广泛采用。

（一）奥尔夫音乐教育体系的提出过程

卡尔·奥尔夫从小就受到了良好的音乐教育，并表现出浓厚的创作热情和求知欲。1914 年，奥尔夫毕业于慕尼黑音乐学院，并对民间音乐、19 世纪流行歌曲，特别是舞蹈和戏剧音乐产生了兴趣，这为他以后提出的音乐教育体系提供了坚实的基础。（在 20 世纪初，达尔克罗兹与舞蹈家 D. 军特共同创立了“军特学校”，他们将音乐和舞蹈融为一体，探索新的动作和节奏形式。）为了推进新的节奏教育，奥尔夫在借鉴原始民间打击乐的基础上，设计了一套现在被称为“奥尔夫乐器”的节奏性乐器，这成为奥尔夫音乐教学体系的一个显著特征。在他的训练中，歌者、舞者都要演奏乐器，奏乐器者也是歌者、舞者。这种教学一经问世就大获成功，吸引了音乐教育领域专家的关注，并决定在柏林的一所小学进行大规模试验。同时，奥尔夫也产生了进行儿童教育试验的想法。

受到巴伐利亚州电台儿童音乐栏目编辑的邀请，奥尔夫开始为儿童创作类似军特学校唱片的乐曲，并在电台播放，这标志着他对儿童音乐教育的正式实验开始。从 1950 年到 1954 年，随着五卷《学校音乐教材》的逐步出版，奥尔夫的教学思想日臻完善，奥尔夫教学体系也逐渐发展成熟。在《学校音乐教材》中，奥尔夫提出了“元素性音乐”的艺术思想。1961 年，奥地利萨尔茨堡的莫扎特音乐学院设立了奥尔夫学院，吸引了来自全球的学生前来学习奥尔夫教学法。

（二）奥尔夫音乐教育理念与原则

1. 教育理念

奥尔夫的音乐教育理念是基于全人类教育的观念，强调音乐教育应注重发展个体的创造力。他提倡使用简单的方式来引导学生自我表达，并积极参与到音乐的创作过程中。奥尔夫的音乐教育理念强调节奏、乐器、运动和舞蹈的整体融合，旨在培养学生的音乐感。在奥尔夫的理念中，音乐不仅仅是要被听的，更是要被做的。他鼓励学生通过实践活动亲身参与到音乐创作中来。这些活动包括唱歌、跳舞、演奏乐器等，让学生在动手做中感受音乐的魅力，提升自身的音乐感知和理解能力。此外，奥尔夫教育方法强调学生应在音乐教学中体会乐趣和自由，而不是机械地按照既定规则进行。他提倡让学生在课堂上自由发挥、发现和创新，以激发他们对音乐的兴趣和爱好。对于奥尔夫来说，音乐教育的目标不仅是培养学生的音乐技巧，更是通过音乐活动来促进他们的个人发展。

“元素性音乐”是奥尔夫音乐教育理念中的一个重要概念，它代表着

一种基本、直观和自然的音乐形式。在奥尔夫的理念中，音乐教育的目标并非只是为了培养技术熟练的音乐家，而是帮助所有的学生体验和理解音乐的基本元素，如旋律、节奏与和声。元素性音乐强调音乐的原始性和直观性。它不依赖复杂的技巧或理论知识，而是基于人类对音乐的基本感觉和自然的反应。例如，跳动的节奏、简单的旋律、易于理解的和声，都是元素性音乐的重要特点。奥尔夫音乐教育方法使用的许多教学手段和材料，如身体打击、歌唱、跳舞以及使用奥尔夫乐器，都是为了帮助学生直观地感受和理解音乐的元素，提高他们的音乐素养。

2. 教育原则

奥尔夫的教育原则主要包括以下内容（如图 2–5 所示）：

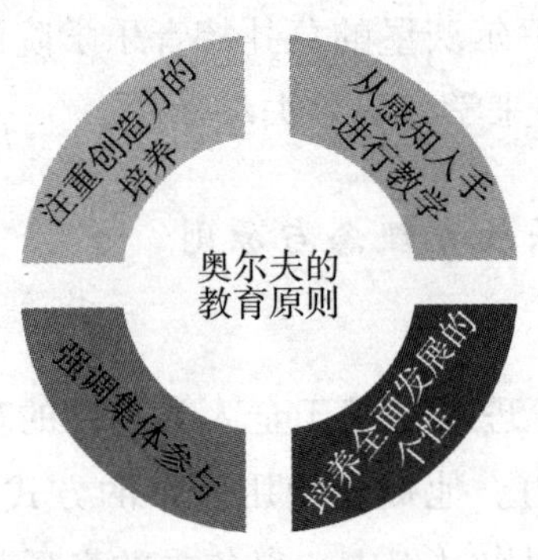

图 2–5　奥尔夫的教育原则

（1）培养全面发展的个性。奥尔夫教育方法是以孩子为中心，将音乐、舞蹈、诗歌、美术和戏剧等多元艺术融为一体，旨在通过音乐传递“真”“善”和“美”，让孩子们在学习音乐的过程中净化心灵、陶冶情操，成为全面发展的个体。

（2）强调集体参与。奥尔夫倡导“做中学”和“玩中学”，他主张将复杂的理论简化，以此唤起孩子们学习音乐的热情，培养他们的自信和表达能力。

（3）从感知入手进行教学。奥尔夫主张音乐发展的方向应回归原始，与语言、动作、舞蹈和舞台表演结合。因此，奥尔夫的教学方法采用了一种自然、以感知为入口的教学方式，即通过音乐游戏和即兴演奏，让孩子们自然地，以音乐的方式表达自己的感受和情感。在学习过程中，奥尔夫强调孩子们应先学会“做什么”，然后再理解“为什么”。

（4）注重创造力的培养。奥尔夫鼓励孩子们积极参与到音乐的演奏中，他认为孩子们不应只作为听众，而应成为参与者。他主张让孩子们亲自动手，以体验激发创造欲望。奥尔夫教学法被视为音乐学习的过程，这一过程包括探索、模仿、即兴和创新四个阶段。从感知入手，让孩子们通过探索找出动作与声音的各种可能性；然后通过模仿来发展学生的基本技能；接着，学生将模仿得来的技能扩展，进入即兴创作阶段。

在奥尔夫教学中，教师的角色并非只是传授技能，而是通过各种教学手段，发挥学生的即兴能力和想象力，因此，无论是节奏、肢体动作还是打击乐器的演奏，往往都是即兴的活动。

（三）奥尔夫音乐教育的主要内容与特点

奥尔夫音乐教育的核心包含节奏、旋律的练习，基本形体动作的教学，以及即兴创作等元素。奥尔夫主张通过集体教学的方式，鼓励学生主动参与到音乐的演奏中，将朗诵、歌唱、律动、器乐合奏、即兴创造和表演等多种形式融为一体，展现出元素性音乐教育的特征。

1. 教育内容

奥尔夫音乐教育的主要内容包括以下几方面（如图 2–6 所示）：

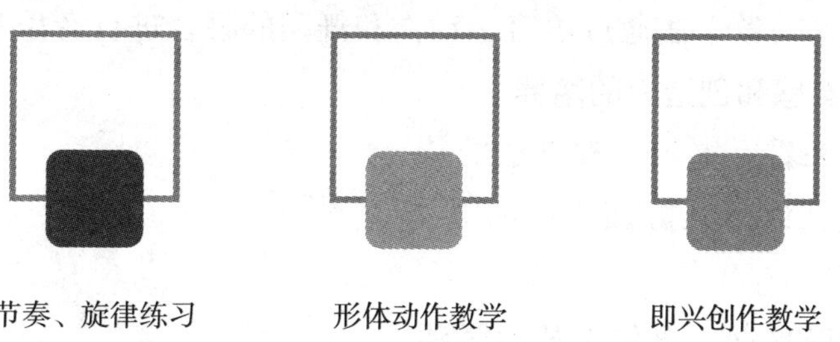

图 2–6　奥尔夫音乐教育的主要内容

（1）节奏、旋律练习。节奏是音乐中最基本的元素，无论在专业音

乐教育或是普通学校的音乐教育中，节奏训练都是必不可少的基础部分。在奥尔夫的儿童音乐教学中，他采用语言、歌唱、动作和演奏等方式进行节奏和旋律的训练，这种方法将多种活动形式巧妙地联系在一起，营造了生动、活泼和热烈的教学气氛。

（2）形体动作教学。奥尔夫强调元素性音乐并非纯音乐，而是与动作、舞蹈和语言的结合。因此，形体动作和舞蹈教学是奥尔夫教学法中的重要组成部分。奥尔夫的形体动作教学与达尔克罗兹的体态律动教学有所不同，因为它不仅是学习音乐的一种手段，也是学习音乐的目的，而达尔克罗兹的体态律动教学作为学习音乐的一种手段，旨在提高音乐表现能力。

（3）即兴创作教学。奥尔夫的教学法与许多传统的音乐教学方法有所区别，最主要的差异在于：他将创造性活动贯穿于整个教学过程。在进行即兴创作之前，他会要求学生“预知”，也就是要进行充分的创作准备。创作教学的目的不在于音乐本身，而是通过让学生亲身参与的方式进行教育和培养。创作教学遵循“小苗长成大树”的教学原则，即从一个微小的动机（或素材）开始，通过重复、变化，使音乐素材不断延长、加深，变得复杂和困难，最终完整地建立起一幢“元素性音乐的大厦”，就像幼苗最终会长成大树一样。

2. 教学特点

奥尔夫教学方法主要以偶然学习为主，注重创新性、想象力以及即兴创作。这一教学法通过语言、动作和舞蹈的融合进行音乐教学，并特别强调节奏感和创造力的培养。

具体来看，奥尔夫教学法的特点主要包括以下几方面（如图 2–7 所示）。

图 2–7　奥尔夫教学法的特点

（1）即兴性。奥尔夫的教学法是一种以节奏和即兴演奏为基础的实践方法。奥尔夫主张所有的音乐教学应从“游戏”开始，并通过即兴演奏达到教学目标。在教学过程中，孩子们可以通过日常教学的积累和教师的引导进行各种形式的即兴演奏、编排和表演。例如，他们可以用简单的节奏演奏各种打击乐器，进行乐曲的即兴伴奏；或者根据音乐的节奏跳跃，按照音乐的形象去想象，并由学生自由设计、编排自己理想的动作等。这一系列即兴练习能激发孩子们的创作冲动，并能帮助他们获得更深刻的造型意识。因此，即兴演奏既是教学手段，也是教学的目的之一。

（2）综合性。奥尔夫教学法的最大特色是进行综合性的音乐教育，他将各种元素有机地结合在一起，如音乐与语言、形体动作、表情的结合，音乐的原始节奏、旋律、曲式结构、声乐和器乐的结合，音乐与文学、舞蹈、戏剧的结合等。例如，在音乐欣赏教学中，教师常将一首乐曲用图形符号来表示，再根据乐曲的旋律、力度、速度等设计出不同的符号，将乐曲的结构清晰地展示出来。这种综合性音乐教学使孩子们能够更深入地体验和理解音乐。

（3）寓教于乐。奥尔夫把游戏融入音乐教育中，课堂上有歌唱也有演奏，让学生觉得音乐课是最有趣的课。他主张每堂课都做游戏，他设计的游戏都具有很强的音乐性，学生可以通过游戏来学习音乐知识，从而在欢乐和愉悦的课堂气氛中发展自己的创造精神。

奥尔夫认为，全世界各民族的音乐都有其独特的文化价值，也都有不可替代的意义和作用。因此，他的教学内容都是建立在全人类的音乐文化之上，而不仅仅局限于某一国家或某一地区的音乐。奥尔夫的音乐教育体系呈现出开放和包容的特性，具有无限的开放性和发展性，这使得奥尔夫的教学体系能够保持持久的生命力，可以适应不同历史时期、不同国家地区的音乐教育发展需求。

（四）奥尔夫音乐教育体系在中学音乐教育中的应用建议

奥尔夫音乐教育体系以即兴性和创造性为基本理念，这与中学音乐教育的目标有着较高的契合度。在中学音乐教育中，教师可以运用奥尔

夫音乐教育体系的相关原理实施教学，充分尊重中学生的身心发展规律，可以更好地推动中学音乐教育改革，实现素质教育的目标。为进一步提高学生的综合素质，教师在教学过程中运用奥尔夫音乐教育体系时，可以参考以下建议：

1. 运用游戏教学，培养学生兴趣

在中学音乐教学中，一项至关重要的任务便是激发学生的学习兴趣，让学生在游戏中获取知识，而非单纯的学习音乐。强化学生的感知能力，是引导学生理解世界、提升智力、进行创新活动的基石。优质的音乐教育能提升学生听觉的灵敏度，激发他们独特的音乐创新能力。

奥尔夫教学法的核心理念之一便是游戏教学。在中学音乐课程中，学生对游戏充满兴趣，游戏是他们喜爱的学习方式之一。因此，教师可以采用以游戏为中心的教学模式，调动学生的积极参与度和学习主动性。例如，在记忆歌词时，教师可以运用游戏教学法，将全班学生分为几个小组，每组选出一个代表依次唱出歌词，并以比赛形式进行。中学生的竞争欲与好奇心往往比较强烈，这样的游戏活动能够唤起他们的学习热情，让他们更主动地参与，使得课堂氛围活跃起来。在教师的引导与驱动下，学生很容易对音乐课产生热爱。将奥尔夫教学法融入中学音乐课堂，可以培养学生成为具有一定音乐技巧的音乐爱好者。中学音乐教师要让学生在音乐中体验到快乐和乐趣，通过音乐教育提升他们的表达力和创造力，提高他们的审美能力。

2. 结合动作语言，增强学生节奏感

在开展音乐教学时，教师可以充分利用奥尔夫音乐教学法的“元素性音乐”理念，结合动作语言，培养学生的节奏感。奥尔夫主张，节奏是比旋律更为关键的基本元素，音乐可以在没有旋律的情况下存在节奏，但音乐不能在没有节奏的情况下存在旋律，节奏是音乐的生命线和动力源。

处于心理发展较为成熟阶段的中学生，更愿意在轻松愉快的环境中学习音乐知识。因此，教师在教学过程中应兼顾多元素的结合，不应只是传授音乐知识，更应注重培养学生的节奏感。奥尔夫认为，音乐不仅仅是一种艺术表现形式，它具有综合性。他强调，从语言节奏和动作节奏两方面训练学生的节奏感，引导他们通过一系列逐步深化的表演活动，掌握一些基本的节奏和音乐词汇。在具体实践中，教师可以采用“接龙”形式的节奏练习，让他们在活跃和愉悦的学习环境中主动地去感受和体验节奏。在体验音乐的过程中，学生可以通过身体动作来表达音乐的基本节奏特点，比如利用基本节拍手势来感知和理解节奏特性。中学音乐教师要以培养学生的想象力和创造力为教学重心，鼓励他们在音乐课上创作自己的节奏，并为学生提供充足的自由创作空间，引导学生根据歌曲内容，跟随音乐的节奏移动，或者创作自己的动作，以此激发学生的学习热情和创新能力，打造出一个既高效又有趣的音乐教学课堂。

3. 开展即兴教学，激发学生创新思维

奥尔夫教学法中的即兴教学理念，对于激发学生的创新思维具有深远影响。在中学阶段开展即兴教学，教师要充分发挥学生的自主性，解放学生的天性，让学生将自己的感受和对音乐的理解表达出来，让学生真正做到有感而发。每一首音乐都有其独特的韵律和旋律，学生们可以通过即兴创作，发掘音乐中的各种可能性，而非仅仅停留在模仿和复制层面。教师可以引导学生们通过即兴演奏，自由探索和尝试各种音乐元素。这种自由的即兴创作过程，能让学生们在探索和尝试中发现新的音乐元素和表达方式，进一步开拓他们的音乐视野和创新思维。教师要引导学生感受音乐创作的乐趣，鼓励学生通过音乐表达自己的情感和想法。这种个人化的表达方式，正是创新思维的体现。教师在引导学生进行即兴创作时，可以鼓励他们敢于尝试，敢于挑战，这样不仅有利于培养学生的创新思维，也有利于培养他们的自信心和决断力。在中学音乐教育中，教师通过运用奥尔夫教学法，引导学生自由探索和尝试，能够开拓他们的音乐视野，激发他们的创新思维，让他们在音乐创作中找到乐趣，表达自我。

二、柯达伊音乐教育体系

柯达伊音乐教育体系是由匈牙利作曲家兹尔特·柯达伊提出的一种较为科学的音乐教育体系。他倡导以歌曲为教学媒介，尤其是通过儿童歌曲和民歌来进行音乐教育。

（一）柯达伊音乐教育体系的产生背景及影响

柯达伊自幼受到欧洲古典音乐的熏陶，并学习了小提琴、钢琴、大提琴等多种乐器。青年时期，柯达伊对匈牙利的民族音乐产生了浓厚的兴趣。在进行深入研究后，他意识到人们对于具有匈牙利独特特质的元素理解得不够深入。于是，他决定立足于传承匈牙利的民族音乐文化，为提升全体匈牙利人的文化艺术水平，发展音乐教育事业。

1906 年至 1908 年，他与挚友 B. 巴托克（Béla Bartók）一同在全国各地游历，收集了许多当地的民歌，并在日后的教材编写中大量引用了这些歌曲。柯达伊综合国外音乐教学法的优点和匈牙利本地的教学经验，创立了一套完整的音乐教育体系，即“柯达伊教学法”。

柯达伊教学法现在不仅是匈牙利音乐教育的基石，而且已经成为如今全世界最具影响力的音乐教育体系之一。柯达伊对匈牙利的音乐教育事业的卓越贡献，主要表现在他将音乐教育变成为学校课程的重要组成部分。他倡导青少年参与唱歌活动，改革教学材料，以此来普及音乐教育，从而提升匈牙利的文化水平。在柯达伊的倡导和努力下，匈牙利全民的音乐修养和音乐趣味都有了显著的提高。他编写的音乐教材被许多国家翻译和出版，甚至被改编成适应本国情况的版本，他的音乐教育理念对全世界的音乐教育产生了深远的影响。

（二）柯达伊音乐教育体系的基本思想

柯达伊音乐教育体系的基本思想主要包括以下内容（如图 2–8 所示）。

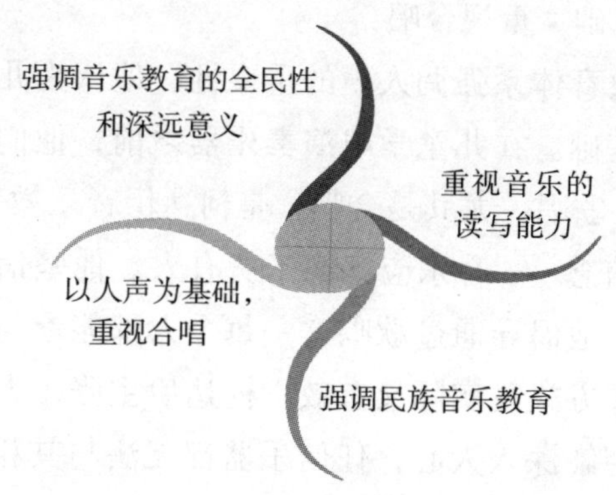

图 2-8 柯达伊音乐教育体系的基本思想

1. 强调音乐教育的全民性和深远意义

柯达伊的音乐教育理念强调音乐与人生的紧密联系，他认为人的生活中离不开音乐，音乐的缺失意味着人生的不完整。他认为音乐是满足人们精神需求的一种必不可少的元素，是人们日常生活的有机组成部分。他强调音乐能够体现人的情感、智力和个性，丰富人们的内心世界，为每个人提供必需的精神食粮。柯达伊深信音乐拥有塑造人的性格甚至改变人的力量，它对人生的影响是语言无法替代的。优秀且有价值的音乐，如滋养灵魂的营养品一样，具有强化和丰富个人的特性。柯达伊音乐教育的哲学思想的核心在于，音乐是人类发展中不可或缺的部分。他主张音乐不应只是少数人的专属，而应属于所有人。他以将真正的音乐带给千百万人，让音乐美好人们的生活为己任。在实现这一目标的过程中，学校音乐教育起着决定性的作用。他相信，音乐在人们养成完整性格的过程中起着基础性的作用，人的文化素质如果缺乏音乐就不能称之为完善。即使一个孩子在 15 岁时还没有明确的目标，但他未来仍有可能成为出色的工程师或化学家。然而，如果他从 6 岁开始（甚至更早，通过游戏的方式）没有接受过持续的音乐听力训练，他就无法真正理解音乐。音乐教育在学校教育中有着至关重要的地位，因为培养音乐的听众就相当于是在培养一个社会。在柯达伊的眼中，音乐应当属于每个人。

2. 以人声为基础，重视合唱

柯达伊音乐教育体系强调人声的重要性，他认为儿童的首要音乐教育应该以唱歌为基础。在儿童学习演奏乐器之前，他们应先学会用他们的声音唱出音乐。歌唱，尤其是合唱，是柯达伊音乐教育法的显著特征，它源于柯达伊的信念——音乐应该属于所有人。他坚信，儿童唱歌应该像说话一样自然。他倡导通过歌唱这一每个人都能参与的活动来完善孩子们的嗓音，这种方式既实际又有效。柯达伊主张，人们对音乐的理解源于歌唱，这种理解深入人心，任何乐器都无法与其相比。因此，他提倡将器乐教育放在课外进行。他深知，器乐文化永远无法成为大众文化，因此，他非常重视歌唱教学。他倡导使用多声部的合唱训练，强调歌声的轻柔、优美和富有乐感以及声部配合的平衡和谐。柯达伊相信，对于促进群众音乐文化的发展，合唱具有强大的影响力。在合唱中，歌唱是让大多数人接触到真正有价值音乐的最便捷方式。

3. 强调民族音乐教育

柯达伊认为，孩子们在学习语言时首先接触的是母语，同样，他们在接触音乐时也应首先接触音乐的母语——优秀的民间歌曲。这些歌曲在为孩子们打开音乐世界的大门的同时，也在孩子们心中种下了对民族文化的热爱，进而引导他们欣赏所有的优秀文化。民间歌曲，因其简洁、质朴且充满生活气息，成了引导学生步入音乐世界的最佳入门材料，它也是唤起学生对民间音乐的热爱、传承民族传统文化的基础。音乐教育的重要任务之一是培养出对本国文化有深厚了解和热爱的合格音乐听众，因此，优秀的民间音乐和全球优秀的音乐作品应成为学校音乐教育的核心教材。

学校教育应当激发青少年对民族音乐的热爱，积累民族音乐语言，并形成民族音乐的思维方式。这样做不仅能增强学生的民族意识，深化他们的民族情感，也对维系和发展民族音乐传统具有极其重要的作用。民族音乐的思维方式并不与开放的音乐思维方式相冲突，以民族音乐为基础的音乐教育并不意味着封闭和狭隘，反而是要让音乐教育深深扎根于民族音乐的土壤中，引导学生进一步学习其他民族的音乐，接受更为广泛的世界音乐文化。

4. 重视音乐的读写能力

在柯达伊的音乐教育体系中，音乐的读写能力也是一项核心内容。这不仅体现在他的教育理念中，也是他教学方法的一个基本工具。柯达伊主张，唤起儿童对音乐的热爱，关键在于提升他们的音乐体验感，而学校的任务就是要努力创造这种体验。音乐的读写作为基础知识和技巧，能够使儿童接触更多的优秀音乐作品，进一步丰富他们的音乐体验。

柯达伊认为，音乐理论的存在并非都是为了传递专业的术语和概念，同样，音乐的读写也不应仅仅是抽象的理论学习。在他看来，音乐的读写应首先以实践为基础，旨在锻炼学生听觉能力，刺激其音乐思维的启动，从而推动其创新能力的发展。

（三）柯达伊音乐教育体系的方法

在柯达伊音乐教育体系中，其教学方法以歌唱练习为基础，具体包括首调唱名法、节奏唱名法、柯尔文手势法、字母记谱法以及固定音名唱法等多种形式（如图 2–9 所示）。在柯达伊的教学体系中，这些方法之间并非孤立存在，而是有机地统一和协调地相互配合，构成了一个整体性和系统性并重的教学体系。

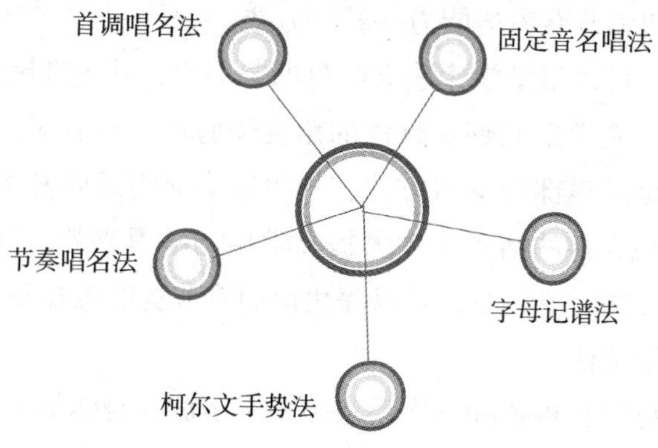

图 2–9　柯达伊音乐教育体系的方法

1. 首调唱名法

首调唱名法在柯达伊音乐教育体系中占据了核心位置，它贯穿了所有的教学内容和音乐活动。柯达伊相信，相比于固定唱名法，首调唱名法更能帮助儿童快速掌握乐谱阅读。首调唱名法的音级字母包括 d、r、m、f、s、l、t，其完整表述为 Do、Re、Mi、Fa、Sol、La、Ti。在首调唱名法中，无论音乐的调式如何变化，音阶的第一音总是“Do”，第二音是“Re”，以此类推。在应用临时升降记号时，歌唱者需要调整元音的发音，例如，Fa 升高半音变为 Fi，Ti 降低半音变为 Ta。这两个音级的变化是最常见的，而其他的音级变化也遵循这个规则。

首调唱名法是让学生可以更好地理解音乐结构与和声关系的有效手段，同时也能帮助他们在唱歌时更好地定位音高。因为在这种方法中，音名是根据它们在特定音阶中的位置来确定的，而不是根据它们的绝对音高。

2. 节奏唱名法

节奏唱名法是一种将音乐节奏和声音对应的教学方法。学生根据音符长度的不同发出不同的发音，以此来描绘音乐节奏。柯达伊创造了一套非常简便且有效的节奏语言，如一拍音符唱作“Ta”，二拍音符唱作“Too”等。这样，学生们可以更直观地理解和学习音乐节奏。这种方法被广泛地应用在音乐教育中，特别是对于儿童和初学者来说，是一种有效提高节奏感知和节奏表达能力的教学方法。

节奏唱名法可以帮助学生建立出色的节奏感，并更准确地理解节奏。游戏式的练习，使学生能够从感性的角度体验和认识音乐。多元化的练习模式，特别是多声部的练习方式，把可能会显得乏味和机械的技巧训练变成一种生动有趣的活动，大大提高学生的学习兴趣。学生能够在游戏和愉快的学习气氛中学习，可以深化他们对节奏的感知和理解。

3. 柯尔文手势法

柯尔文手势法是将各种不同手势（单手）放在身体前方的不同高度，以此表示音阶中各音部的高低，它是在英国人约翰 · 柯尔文手势法的基础上进行的改良。这种手势的应用使得首调唱名法更易于掌握，并进一步加强了其在音乐教学中的应用。在实际的教学过程中，学生通常只需用单手进行柯尔文手势，而教师则必须熟练地使用双手，尤其是在进行合唱训练时，需要使用双手来指挥不同的音部。此外，柯尔文手势也可以用于内听训练和即兴的短小卡农式练习，从而提升学生的音乐能力。

柯尔文手势图（以右手为例），如图 2-10 所示：

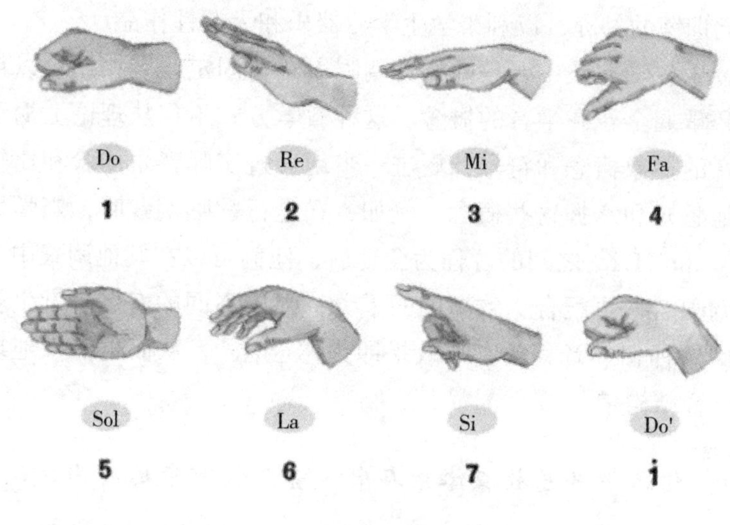

图 2-10　柯尔文手势图

4. 字母记谱法

在柯达伊的音乐教育体系中，采用字母简谱法，每一个音阶的标记由对应唱名的首字母（辅音）表示。例如，“Do”可以用“d”表示，第二个音“Re”可以用“r”表示，第三个音“Mi”可以用“m”表示，以此类推。在表示高低音阶时，对于低八度音，会在字母的右下角添加“、”，而对于高八度音，则在字母的右上角添加“'”。字母谱主要被用来辅助五线谱的学习，对于音程训练、多声部视唱以及和弦分析也具有明显的实际应用价值。字母记谱法可以帮助学生更轻松地理解和记住音乐的基础知识，如音级、音程与和弦等。字母记谱法可以与首调唱名法、节奏唱名法和柯尔文手势法等其他教学手段结合使用，使学生的学习过程更系统、全面和深入。

5. 固定音名唱法

固定唱名体系在欧洲的使用主要分为两种情况：一种直接使用音级的音名字母 C、D、E、F、G、A、B 等；另一种是采用 C 大调的唱名，Do、Re、Mi、Fa、Sol、La、Ti 按照绝对音高所表明的音级位置歌唱。柯达伊教学法主张在掌握首调唱名法的基础上，引入固定音名唱法作为视唱听觉训练的补充，以利于学生学习器乐和无调性作品。

在音乐教学实践中，教师将首调唱名法与固定音名相结合以帮助学生理解和掌握全音和半音的概念。这种教学方式不仅从理论上揭示了全音和半音的抽象概念和符号，更进一步地通过实际音乐体验和比较让学生直观地感知和掌握这些概念。例如，在进行歌唱实践时，当学生了解到“Sol”和“La”之间的音程为全音后，他们可以在其他调式中分析两者的首调唱名，再配合一致高度的手势，唱出不同的音名，学生就能实际感受到这种相邻音程的音响效果即为“全音”，从而更深入地理解音阶中的全音结构。

（四）柯达伊音乐教育体系在中学音乐教育中的应用建议

柯达伊音乐教育体系将音乐教育视为一个全面发展的过程，涵盖了知识、情感和技能等多个维度，在中学音乐教育中运用柯达伊音乐教育体系，有利于帮助初中生形成对音乐的深入理解和欣赏，提高他们的音乐素养水平。

1. 呈现出人声优势

在中学音乐教育中实施柯达伊教学法，可以充分展现出人声的优势。这一方法的核心是“唱歌是人类最自然的音乐活动”，人的声音是最原始和自然的乐器，它能够精确地传达和传递音乐的情感和情绪，是没有任何其他乐器能够超越的。因此，教师可以引导学生使用自己的声音来探索和理解音乐，让他们在歌唱中感受到音乐的魅力和力量。具体来说，柯达伊音乐教学体系中的“视唱练耳法”强调使用人声来提高学生对音乐的感知和理解。视唱练耳法不仅可以帮助学生提高他们的音高和节奏感知能力，更可以通过唱歌活动来提高学生对音乐的感受力和表达能力。教师可以通过让学生在课堂上互相演唱，或者在小组活动中合唱，使他们能够更深入地理解和感受音乐的内涵。同时，通过这种方法，教师还可以激发学生对音乐的热情和兴趣，使他们更愿意参与音乐活动，从而使他们对音乐有更深的理解和欣赏。

此外，教师可以鼓励学生创作自己的歌曲或改编现有的歌曲，引导学生更深入地理解音乐的构成和表达方式，同时也能提高他们的音乐创作能力。人声的灵活性和独特性使得每个学生都能在音乐创作中找到自己的声音和风格，从而提高他们的创新思维和音乐表达能力。

2. 融合民族传统元素

柯达伊音乐教学法倡导将传统民谣融入教学活动中，这一理念对于中学音乐教育来说具有巨大的价值。因为对于中学生来说，童年时期听过的民谣给他们留下了深刻的印象，这些熟悉的旋律是理解和掌握音乐基础知识的有效途径。而在我们的国家，丰富的文化历史与不同地区的特色民谣，为柯达伊教学法提供了丰富的素材。通过这些民谣，教师不仅可以让学生更好地欣赏和理解传统文化的价值，而且也可以促进音乐教学的发展，使之更具活力和吸引力。在融合民族传统元素的过程中，学校更应注重实践教学，带领学生深入体验和理解民族音乐的魅力。学校可以定期组织学生参观音乐博物馆，特别是那些展示不同民族音乐特色的博物馆，学生可以亲自接触和感受各个民族的音乐风格和特点。在这样的活动结束后，教师可以指导学生将他们对于不同民族音乐的理解进行梳理和总结，从而找出最适合他们的音乐教学方法，这也是提高教学效率的重要方式。通过这种方式，中学音乐教师可以让学生在接触和理解民族音乐的过程中，更深入地了解和欣赏我们的传统文化，同时也能提高他们的音乐欣赏和创新能力。

3. 解决合唱中的音准问题

对于学生而言，在合唱中最需要注意的是音准问题。音准是判断学生能力水平高低的重要标志，而柯达伊教学法为解决合唱中的音准问题提供了一种可能性。教师可以在教学过程中，引导学生们反复听、唱各种旋律，使他们熟悉并掌握不同的音阶；再加上特定的身体动作，如手势和步伐，帮助学生在动态中感知音高的变化，从而增强他们的音准控制能力。音乐教师可以利用柯尔文手势，对学生进行音准辅助练习，或是在歌唱过程中，运用手势来提示学生明晰音高走向。柯尔文手势具有灵活而直观的特性，这种以身体动作为主的语言方式比仅依赖言辞描述的教学方式更为生动形象，可以使学生更加容易地把握音准。在教学过程中，教师应先让学生熟悉和理解各种柯尔文手势的含义，在之后的实际练习中，学生就可以只专注于观察教师的手势，而不必过分依赖乐谱，这样学生便能够准确地演唱出所需的音高。柯尔文手势在空间中的高低变化，清晰地呈现了音高的变化，这种直观的视觉影响将帮助学生建立正确的音准概念，从而使学生在唱歌时能更准确地把握音高，提高音乐的表现力。

三、达尔克罗兹音乐教育体系

达尔克罗兹音乐教育体系，是由瑞士音乐家、教育家埃米尔·雅克-达尔克罗兹于20世纪初创立的。达尔克罗兹认为，音乐教育应当是一种全身心的体验，应该是身体、情绪和智力的融合。达尔克罗兹音乐教育体系鼓励学生直观地理解和感受音乐，而不仅仅是理性地学习音乐理论。

（一）达尔克罗兹音乐教育体系的形成与发展

达尔克罗兹音乐教育理论的发展和体系的构建经历了三个关键阶段，首先是视唱练耳教学的革新，其次是“体态律动”理论的建立，最后是引入即兴创作教学。

早年，达尔克罗兹在负责和声与视唱练耳教学的时候，观察到一些有趣的现象，这些观察对他产生了深远的影响。例如，一些在音乐教学中节奏感和速度感表现较差的学生，他们在自然情况下却能以有节奏的步态行走；而那些音乐感较好的学生，他们能够在音乐的伴奏下，自然而然地随着音乐节奏、速度和强度的变化调整自己的身体姿态，音乐停止时，他们的身体会本能地停止下来。这些近乎本能的身体反应引发了达尔克罗兹的思考，他开始尝试在视唱练耳课程中系统地训练学生用身体反应来感知音乐的节奏和韵律。另外，在进一步研究运动和心理反应之间的关系时，达尔克罗兹从舞蹈艺术中找到了灵感，构建了“体态律动”教学理论。这种教学方法鼓励学生从聆听音乐开始，通过身体动作来表达和解释音乐的各种要素，使人体变成一种理解和表现音乐的工具，既能表现音乐的各个部分，又能展示音乐的整体效果。

体态律动学的创立并未使达尔克罗兹就此止步，他继续探索这种教学方法的整体性。达尔克罗兹认为，学生能够把内心对音乐的感受通过身体律动变成可见的，那么，如何把内心感受转化为可听见的音乐呢？新的观念“即兴创作”的产生，使得这个问题得到了解决。达尔克罗兹强调即兴创作是基础音乐教育中必不可少的因素，是培养音乐家全面素质的重要环节，也为当代音乐教育提供了发展学生创造能力的可能和范例。

体态律动、视唱练耳和即兴创作是构成达尔克罗兹音乐教育体系的三个重要组成部分，这三个部分不可分割，又各有所侧重。尽管体态律动由于其独特性和科学性早已被世界公认为卓越的音乐教育手段，并成为独立的学习领域。但是，达尔克罗兹本人更愿意人们将他的教学方法作为一个整体来看待。

（二）达尔克罗兹的音乐教育思想

体态律动是达尔克罗兹教育体系中影响最大的组成部分，它集中体现了达尔克罗兹的音乐教育思想。

1. 关于音乐与身体的关系

达尔克罗兹认为，人类的情感是音乐的来源，而情感通常是由人的身体动作表现出来的。因此，学习音乐的起点不是钢琴、长笛等乐器，而是人的体态活动。达尔克罗兹的这一观点为我们厘清了情感、音乐、身体动作三者的关系，音乐源于情感，身体动作是宣泄情感最简便的方式，因此，身体动作也是表现音乐，发展音乐的感受能力、分析能力、理解能力的感官和教学途径。教师通过音乐与身体结合的节奏运动，培养学生对音乐节奏微小差异、音乐内在美的细腻感受和敏捷反应能力，进而使学生获得体验和表现音乐情绪及情感的能力。这也是达尔克罗兹进行音乐教学改革的出发点。

2. 关于节奏律动在音乐教育中的作用

达尔克罗兹认为音乐与身体结合的节奏律动已不只属于音乐学习范畴，它实际上是作一种“人性化的力量”，是促进学生身心和谐发展的必要手段。体态律动融身体、音乐、情感为一体，在教学过程中不断促进听觉、动觉、思维、情感的协调。通过音乐对人体的作用，使精神的潜在力得以解放，达到心理和生理上的和谐。

3. 关于儿童节奏感的培养

达尔克罗兹认为，对节奏的领悟依赖于肌肉系统的运动和听觉能力。人的音乐才能是生理和心理方面的综合素质与能力，包括听觉器官、发音器官和音感，以及整个身体的节奏感。

若想身体运动更好地体验和表现音乐运动，必然需要通过思考和直觉的不断调节，注意音乐的结构、节奏型，以适当的动作速度、持续时间、幅度和线条的变化、动作的自发力和控制力来完善身体运动，达到情感与思想、本能与控制、想象与意志之间的协调发展。

（三）达尔克罗兹音乐教育体系的主要内容

体态律动、视唱练耳和即兴音乐活动是达尔克罗兹音乐教育体系的三个主要内容（如图 2-11 所示），他认为这三个部分应是统一的整体，并遵循“听、动作、感受（情感体验）、感觉、分析、读谱、写谱、即兴创作、表演”这样的螺旋上升原则。

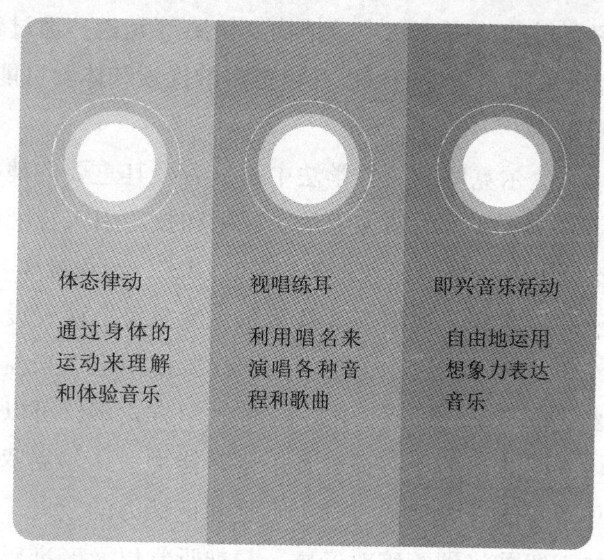

图 2-11　达尔克罗兹音乐教育体系的主要内容

1. 体态律动

体态律动是达尔克罗兹音乐教育体系中影响较大、成效显著的组成部分，体现了达尔克罗兹音乐教育的核心思想，它强调通过身体的运动来理解和体验音乐，这种方式能够增强学生对音乐节奏、韵律的感知并提升他们的音乐感受力。

体态律动是聆听者对音乐的即时反应，不强调音乐作品的材料和结构，而是注重情感状态及其变化，最后通过动作的模仿具体地再现音乐状态①。体态律动并非与舞蹈或健美操完全相同，它并不仅仅将音乐视为身体动作的背景音乐，也不是为了配合音乐而设计身体动作，其真正的目标是引导学生通过聆听音乐，并结合身体的运动去体验和表达音乐。音乐的美妙之处在于，它能够唤醒我们内心的情感体验，而体态律动就是通过各种方式，如走动、手脚的挥舞、手指的动作、身体的晃动等，

①廖夏林．体态律动教学在中小学音乐教育中的应用[J]．抚州师专学报，2003(2)：101-103.

去感知并理解音乐的节奏、和声、结构、情感等元素。通过体态律动的教学方法，音乐教师和学生们可以开启更多的探索和体验可能性。

2. 视唱练耳

视唱练耳在达尔克罗兹的教学法中占据着极其重要的地位。他慎重地将体态律动学中所涉及的诸多方法、原则和技巧引入视唱练耳的教学中，以此帮助学生进一步掌握和理解音阶、调式、音程旋律、和声转调、对位等音乐理论与实践。视唱练耳是达尔克罗兹每个课程设计的核心环节。在视唱练耳的教学实践中，学生们不仅要使用唱名来演唱各种音程和歌曲，还要进行声乐的即兴演唱。这种教学方式不仅可以锻炼他们的音乐实践技巧，还能帮助他们提升音乐创新能力。达尔克罗兹深信，有心的视唱练耳学习能极大地促进学生听觉和记忆力的发展。为了达到这一目标，达尔克罗兹将训练绝对音感、精准听觉以及音准感的练习，巧妙地结合到对心理、音乐敏感度和记忆力的训练中。达尔克罗兹提出的这种全面、系统的教学方法，有助于充分调动学生们的积极性，使他们在愉快、自然的学习环境中全面提升自己的音乐素养和技能。

3. 即兴音乐活动

达尔克罗兹的即兴音乐活动是使用各种形式，如身体动作、口头故事、歌曲和各种乐器等，加上各种音乐元素如节奏、音高、音阶与和声等，创作出富有想象力和个性化特征的音乐。此活动展现了音乐艺术的核心要素，并且促进了人类最高级别的技能——创造力的发展。

即兴音乐活动与音乐学习的各个部分和整个过程密切相关。体态律动课程和视唱练耳课程的内容也可以被应用于即兴音乐的学习中，从而形成可以培养想象力和创造性的重要教学实践。从某种程度上看，所有的音乐表演都需要某种形式的即兴创作能力。即兴音乐活动的目标是引起学生的兴趣，使他们投入状态，并最终以自发、自然的方式自由地使用想象力进行表达。常见的即兴音乐活动形式包括即兴问答、即兴演唱、即兴演奏、即兴指挥和表演等。在教学过程中，教师应善于激发和引导学生的创新思维，鼓励他们独立进行即兴的回答和表达。

达尔克罗兹音乐教育体系的价值在于其持续的发展和完善，随着时代的进步，其教学方法也在不断地调整和优化。在现代的达尔克罗兹教学体系中，教学内容中广泛融入了非洲、美洲、亚洲等多个国家和民族的音乐元素，体现了音乐教育中的多元文化理念。

（四）达尔克罗兹音乐教育体系在中学音乐教育中的应用建议

在音乐教学中，教师巧妙地融合达尔克罗兹音乐教育体系，有助于激发学生对音乐的热情，从而鼓励他们积极地投入课堂活动中。这样的教学方式不仅能让学生通过听觉去感受音乐，更能让他们通过全身的感知来体验音乐，如感受节奏的变化和旋律的起伏。这种全身心的参与，让学生能够更深入地理解音乐结构与情感的联系，引导他们的思维与音乐产生共鸣，从而实现真正意义上的审美教育。

（一）体态律动，缓解身心压力

体态律动是达尔克罗兹音乐教育体系的核心部分，它对于激发学生的学习兴趣，提高学生的表现技能，促进学生的身心健康发展有着十分重要的作用。体态律动教学法是通过控制身体的运动和舞动，同步音乐的节奏，引发学生内心的平静和放松。具体来说，音乐教师可以在课堂上引导学生随着音乐的节奏进行各种身体活动，比如行走、跳跃、旋转等。在这种情境中，学生不仅可以将身心投入音乐的世界中，而且还能在这种即兴活动中释放压力，感受到身心的舒缓。教师可以根据音乐的节奏、情感以及学生的实际情况，设计有针对性的身体动作，让每一个学生都可以在活动中找到适合自己的节奏，从而在自由舒展的身体动作中体验到音乐的魅力，感受到身心的放松。

（二）视唱练耳，加强音乐体验

达尔克罗兹音乐课程的教学重点除了强调身体律动之外，还提倡加强学生的参与和体验。在中学阶段，教师的任务之一就是创建一个容易理解和体验音乐的环境，让学生能够通过视唱练耳的方式，获得对音乐的直观认知。因而，将技巧训练融入音乐的实际活动，是提升学生音乐体验的关键环节。例如，在参与演唱或演奏活动的过程中，学生们可以通过分析自己或同伴的演奏或演唱表现，以此去掌握和理解音乐元素的运用，并揭示音乐情感的表达。这样的练习对于处于成长期的中学生来说，无疑是一种极具实效的学习方式。在这样的实践中，学生们可以提升自己对音乐的理解力，也可以提高自己对音乐艺术的感知能力。这种方式，尤其对于身处素质教育背景下的学生，具有巨大的教育意义。因为教育的核心目标不仅仅在于提升学生的专业音乐素养，更在于激发和发展他们的综合素质和文化修养。通过视唱练耳，学生们不仅可以加强自己对音乐的认识和理解，更能在亲身体验中，深化自己对音乐的感知和体验。这样的实践不仅可以引导学生掌握音乐的知识，更可以培养他们独立思考和分析问题的能力，从而在提升他们音乐素养的同时，也促进了他们的个人全面发展。

（三）即兴创新，激发学生创新力

达尔克罗兹一直主张通过游戏引领学生的学习过程，形成一种将教学与娱乐结合的教学方式，让学生通过即兴创作参与游戏，在自由舒适的环境下与音乐融为一体。因此，在中学音乐教学中，教师可以创设轻松愉悦的教学情境，积极采用即兴创新的方式来激发学生的创新力。此类教学并不会使用固定教材，而是鼓励学生跳出框架，结合自身对音乐的理解进行表达。例如，教师可以设计一些开放性的音乐活动，如音乐创作、自由编曲、乐器即兴演奏等，让学生在活动中发挥自己的想象力和创造力，用自己独特的方式去解读音乐。教师对于创新的鼓励不应只是停留在口头上，更应在实际行动中给予学生实践的机会和空间。当学生提出自己的想法时，教师应给予充分的认可和鼓励，这样才能形成鼓励创新、尊重个性的良好学习氛围。同时，教师也可以引导学生关注社会热点，联系生活实际，让音乐学习变得更加生动和有意义。另外，教师还可以从生活中寻找灵感，比如将学生熟悉的流行歌曲引入课堂，鼓励学生对其进行改编，以此来训练学生的创新思维和审美能力。而且，当学生的作品得到表扬时，会给他们带来更大的自信和成就感，从而进一步提升他们对音乐学习的热情和积极性。

第三章　中学音乐教育系统设计与实施

中学音乐教育的主要任务是在小学教育的基础上，进一步培养学生热爱祖国的音乐艺术，了解民族民间音乐，接触外国优秀音乐作品，掌握基本的音乐知识和技能，拥有一定的歌唱表演能力和对音乐的感受能力、鉴赏能力。教师通过音乐教育，使学生有创造力、表现力，并在任何可能的环境中运用他们的艺术审美经验[①]。因此，在音乐教育过程中，音乐教师要确定教学目标，选择合适的教学内容，科学地设计教学过程，并运用多种教学手法，培养学生的远大理想，陶冶学生高尚的情操，使他们的身心得到健康的发展。

第一节　教学目标的确定

教学目标是在教学过程中，教师希望学生达成的具体知识、技能或态度等方面的预期结果，它指导着教学的过程和内容，是教学活动的方向和目的。教学目标通常是基于一定的教学标准或课程标准设定的，并在实践中不断修订和完善。它们可以根据学生的年龄、学习水平、课程内容等因素来实现，并且必须是清晰、具体及可衡量的。随着人们对教育问题认识的逐渐深入，现代教学模式越来越强调其规划性、目标导向、精准度、可衡量性、可复制性及操作性等特性，并由此提出了教学目标概念。可以说，教学目标是现代教学方法论的重要组成部分，它体现了人类对自我发展和实践活动日益科学化的理解。教学目标作为教学过程

① 王秀萍．音乐课程价值取向论证 [J]. 中国音乐学，2004（1）：116-125.

中一个关键因素，它有助于提升教学效率，强化教学的规范性和计划性，增强教学的科学性。

根据不同的划分标准，教学目标可分为多种不同的类型。美国心理学家、教育家本杰明·布鲁姆、克拉斯沃尔等提出的教学目标分类理论，在教育领域产生了较为深远的影响。他们将教学目标分为认知目标、情感目标和动作技能目标。

一、音乐教学中认知目标的确定

音乐教学中的认知目标主要是指音乐知识的获取和思维能力的发展方面的目标。它包括了知识、领会、运用、分析、综合和评价六个层次。这六个学习层次按简单到复杂的顺序排列，涉及的具体内容见表3–1。

表3–1 认知目标的具体内容

学习层次	含 义
知识	最基本的层次，学生需要记忆和理解关于音乐的基本概念，如音符、节奏、音调等
领会	学生能够解释和描绘音乐中的元素和结构，例如解析一首曲子的旋律线、节奏模式或和声结构
运用	学生可以应用他们的理论知识来演奏乐器或唱歌，能够运用他们对音乐的理解来进行创作或者即兴表演
分析	学生能够分析和比较不同音乐作品的风格和结构，理解作曲家是如何使用音乐元素来表达特定的情感或主题
综合	学生能够运用所学知识创作自己的音乐，比如编曲、作曲或即兴演奏等
评价	学生能够对音乐进行批评性的评价，包括评估演奏的质量、音乐作品的价值以及他们自己的音乐创作

在上述六个认知目标中，只有第一层次主要侧重于对信息的基本记

忆，其余五个层次则都强调学习者在心理层面对知识的整合和提升。这种划分方法说明音乐教师应注重培养学生的智力技能。在认知目标中，每一种技能都是在其之前的技能基础上形成的。但实际情况并非总是如此，将智能技能彻底分解为互相独立、一级比一级高的结构往往并不现实。然而，布鲁姆的分类法无疑是鼓励教育者以系统的方式去思考目标，并扩大了教师对教学成果的理解和认知。在实际教学过程中，对于每一种教学内容，教师都可以设定这些目标，甚至可以同时设定多个级别的目标。此外，不同类型的音乐教学目标在认知水平的要求上也会有明显差异。音乐教师应当在布鲁姆提出的教育目标分类理论基础上，对音乐教学目标和课程做出合理的设计，使音乐教学逐渐摆脱传统的随意性，朝着系统化的方向发展，使得音乐教学效果更具有针对性。

二、音乐教学中情感目标的确定

情感目标是指教学过程中学生情感态度、价值观和情感发展方面的目标。这类目标对于培养学生的道德价值观、兴趣、态度、欣赏和情感感受等起着关键作用。在音乐教学中，情感目标共分为五个层次，具体内容见表 3–2。

表3–2　情感目标的具体内容

学习层次	含　义
接受	学生愿意接触和接纳音乐，例如，听音乐、参加音乐活动，以及对音乐有基本的兴趣和好奇心
反应	学生更积极地对音乐产生反应，他们可能会表现出自己对某种类型的音乐或特定音乐作品的喜好，也可能会对音乐产生情感反应，如快乐、悲伤或兴奋
价值化	学生能理解音乐的各种功能，如娱乐、表达情感、文化交流等，并将这些功能视为音乐的价值所在
组织	学生能够组织并整合自己的音乐价值观，能够将音乐与自己的生活、个人信仰和价值观联系起来

续　表

学习层次	含　义
价值体系个性化	学生能够将音乐融入他们的个人生活，音乐价值观变得个性化并对他们的行为产生影响。例如，他们可能会选择参与音乐创作、演出，甚至将音乐作为生活的一部分，让音乐成为他们的生活方式和个人身份的一部分

在音乐教育过程中，培养学生的情感态度和价值观是同样重要的。因为这些因素会影响学生对音乐知识的理解和接受，以及将来他们如何将所学知识应用于现实生活中。同时，情感态度和价值观的培养也有助于学生形成良好的道德品质和个人品性。

三、音乐教学中技能目标的确定

这一方面的目标有知觉、定向、有指导的反应、机械动作、复杂的外显反应、适应和创造性七种，见表3-3。

表3-3　技能目标的具体内容

学习层次	含　义
知觉	知觉是技能的起始阶段，学生通过视觉、听觉和触觉等感官接收信息，例如，识别不同的音调、节奏和音色等
定向	学生根据感知到的信息做出基本的反应，例如，根据听到的音乐节奏摆动身体，或者根据看到的乐谱进行简单的演奏
有指导的反应	学习和实践具体的音乐技巧，例如，学习演奏乐器，或者学习唱歌。这个阶段的学习需要教师或教学材料的指导
机械动作	学生能够准确、流畅地执行一些音乐技巧，例如，演奏一首简单的曲目，或者准确无误地跟随节奏拍手
复杂的外显反应	学生能够执行更复杂的音乐活动，例如，演奏一首复杂的曲目，或者参与合唱团的演唱

续　表

学习层次	含　义
适应	学生能够根据环境和条件的变化调整他们的音乐技巧，例如，根据音乐的情感表达调整演奏的强弱和速度，或者根据合唱团的整体效果调整自己的唱法
创造性	学生能够使用他们所学的音乐技巧创作新的音乐，例如，创作一首曲目，或者编排一首歌的演唱方式

新的教育大纲已经改变了过于强调技能目标的教学定位。它不再将“使学生获得理解和独立视唱简易乐谱的能力”作为教学目标，同时也消除了那些过于广泛且缺乏音乐学科特性的目标描述。现在，中学音乐教学的目标已经变得更加明晰、专注和具体，更加符合音乐学科的独特性，更能体现出素质教育的精髓。

第二节　教学内容的设置

教学大纲为中学音乐教育课程的设计提供了理论支撑。根据大纲的要求，中学音乐课程设置的内容主要包括以下三个部分：歌唱、音乐知识与技能训练、音乐欣赏。在实际教学过程中，这三部分内容是互相交织，相辅相成的。通过为学生提供一种从体验、模仿，到探究、创造的认知路径，教师可以实现中学音乐教育希望达到的目标。

一、歌唱教学

歌唱教学主要是培养学生有表情地歌唱的能力，并通过歌曲的艺术形象感染和教育学生。在实施教学过程中，教师应着重指导学生掌握歌唱技巧，学会在变声期对嗓音保护的知识和方法，引导学生学会如何在歌唱时进行自我调节和嗓音控制。在歌唱教学中，教师可利用各种演唱形式对学生展开训练，如齐唱、合唱等。

歌唱是人类沟通感情的原始方式，音乐教学的其他教学内容（如视唱、器乐演奏、创作、欣赏等）都离不开歌唱。可以说，歌唱是音乐教学的基础。歌唱教学之所以占据着十分重要的地位，主要因为它是进行思想教育、情感熏陶和促进身心健康发展的有效手段，在全面发展教育中起着不可忽视的作用。教师也可通过齐唱、轮唱、合唱的训练，培养学生的集体主义精神。

歌唱教学是一种简单而有效的教学方式，所有学生都可以参与到其中。同时，唱歌也能让学生直接感受到音乐艺术的魅力，充分表达自己的情感，感受音乐的魅力。通过训练歌唱技能，学生的表现力、歌唱表演能力、想象力等综合素养也会逐步得到提升。

一般来说，歌唱教学的内容主要包括以下几个方面（如图 3-1 所示）：

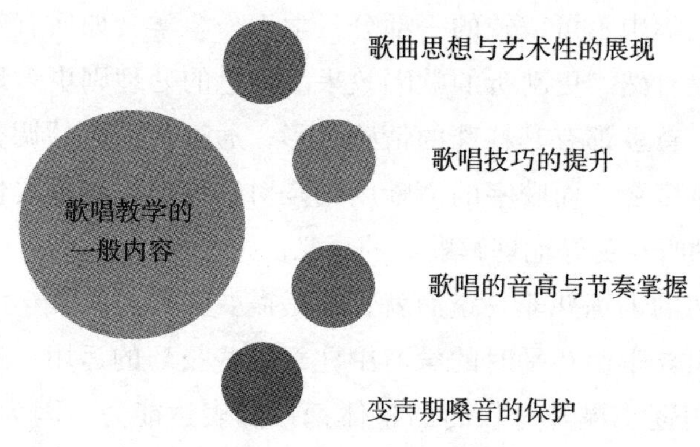

图 3-1　歌唱教学的一般内容

（一）歌曲思想与艺术性的展现

歌唱教学并非只是技术层面的训练，更重要的是通过音乐表达情感和思想。在教学过程中，教师需要富有感染力地展示歌曲的深度和寓意，激发和拓展学生的想象力，引导学生准确且深情地传达出歌曲所蕴含的情感和思想。教师要在启发学生有感情地歌唱的同时，通过对歌曲的分

析处理，使学生能深刻地感受和体会音乐的艺术形象，较好地把握住歌曲的思想感情，同时应通过培养学生运用恰当的歌唱技巧和音乐知识，把这些技巧、知识变为表现歌曲能力的有利条件。

值得注意的是，歌唱教材应是反映时代精神和生活面貌的歌曲，歌唱教学的教材应以内容健康、旋律优美的中国歌曲及外国歌曲为主，同时教师还可选用配合形式的歌曲和具有地方特点的歌曲作为补充内容。当然，教材的选择也必须符合中学生的年龄发展特征和接受能力。

（二）歌唱技巧的提升

在小学阶段歌唱教学的基础之上，中学阶段的歌唱教学需要进一步培养学生的歌唱技巧，强化他们的表现力，注重呼吸控制、音准掌握、咬字清晰等歌唱细节的训练，提升他们对歌曲的整体把握和表达能力。呼吸控制是歌唱中不可或缺的一部分，学生需要学会如何有效地利用呼吸，以达到更自然、更动听的歌唱效果。音色的处理则更多地涉及情感的表达，每一首歌都有其特殊的情感色彩，通过对音色的调整，可以使歌唱更加丰富多彩。而咬字的清晰度则是对歌词理解的重要体现，清晰的发音能帮助听众更好地理解歌曲的意义。

这些技巧的训练并非一蹴而就，而是需要在日常的教学中不断强化的。教师应引导学生在平时的学习中注意这些技巧的运用，通过反复的练习，使他们逐步提升对歌曲的整体把握和表达能力。因为只有这样，学生才能真正地将所学的知识和技能融为一体，从而更好地表达出歌曲所蕴含的情感和思想。

（三）歌唱的音高与节奏掌握

在歌唱教学中，音高和节奏的准确性是基础技能。合唱，更是要求不同声部之间的和谐和均衡。中学歌唱教学对学生音高的基本要求是能够准确地唱出歌曲的旋律，对歌曲的音阶和调性也能有正确的理解。因此，学生要对音乐有深入的感知，并且能够熟练地运用歌唱技巧来调整自己的嗓音。音高的掌握是一个长期的学习过程，是需要在教师的指导下，通过不断地训练和实践，才能达到熟练的程度。同样，节奏的把握也是至关重要的。歌曲的节奏是歌曲的骨架，可以决定歌曲的风格和情感。学生需要学会根据乐谱的指示，准确地判断和执行节拍，同时，还需要有一定的音乐感知能力，才能在实际的歌唱中灵活地处理各种节奏变化。因此，教师应注意培养学生的音感和节奏感，以及兼听其他声部的能力，引导学生在合唱中努力做好音色、音量的平衡。

（四）变声期嗓音的保护

对于中学阶段的学生来说，变声期是一个特殊的过程。教师需要告知学生嗓音保护的基本知识和方法，引导学生进行科学的声乐训练，帮助他们理解并避免喊唱和过度使用嗓子，保护他们的嗓子。由于中学生正处于身体发育期，因此，在唱歌技巧的训练过程中，教师要注意保护好学生的嗓音，特别是做好变声期嗓音的保护，避免喊唱和用嗓过度。

二、音乐知识与音乐技能训练

“音乐知识和音乐技能训练”这一部分是音乐教学的核心组成部分，它的目标是帮助学生增强音乐的感知、理解和表现能力。通过这一内容的学习，学生不仅可以提高自身的视唱水平，而且还能增强自己的音乐听力和音乐记忆力。这部分教学内容主要包括基本乐理、视唱练耳和器乐教学三部分。

（一）基本乐理

基本乐理的教学目标是使学生在感受音乐的韵律和魅力的同时，能够理解、掌握乐谱知识和音乐表现的基本原理。在中小学阶段，基本乐理的教学焦点并不相同，因此它们的内容结构也有所差异。在小学阶段，基本乐理教学的重心是提升学生对音乐的感知和视唱技巧。通过听辨、模仿、写歌、视唱以及节奏练习等方式，学生可以学会如何视唱和听唱简单的曲谱，如何识别常见的音程和节奏，并培养出音乐的调式感。

进入中学阶段后，教师应通过听辨、听唱、听写和视唱等活动，培养学生独立视唱的能力，增强他们对音准和调式的敏感度。此外，学生也应对调式、调性、音阶与和弦等基本乐理知识有了初步的了解，并能够听辨出自然调式内的音程、正三和弦与属七和弦。在这个阶段，教学活动主要通过五线谱或简谱进行。

在中学阶段的基本乐理的教学中，教师需确保音乐知识和技能的紧密结合。乐理知识的讲解必须和唱歌、视唱以及音乐欣赏活动密切结合，引导学生能在实践中运用所学知识，并在反复应用中加深对其的理解。此外，教师应借助启发式的教学方法，引导学生对音乐材料进行观察和分析，然后与学生一起总结结论并概括定义。

（二）视唱练耳

视唱练耳是指学生在看到五线谱或简谱的基础上，凭借视觉和听觉的协调能力，对歌曲进行演唱或识别。这一过程不仅包含学生对乐谱中的音高、音长、节奏、调式、和声等元素的理解，而且需要学生拥有声音产生和调控的能力。

在视唱练耳教学中，学生需要培养独立视唱的能力。这项能力涉及对音乐的直接感知和理解，包括音高的辨别、音节的掌握，以及调式和调性的理解。通过对各种音乐元素的认知和实践，学生可以提高对音乐语言的理解和运用能力，从而更好地进行音乐的创作和表达。此外，视唱练耳教学也有助于培养学生的音准和调式感。音准是指演唱或演奏的音高是否准确，调式感则关乎学生对音乐的整体感知。通过视唱练耳的训练，学生可以提高自己对自然调式内的音程、和弦等的准确识别和运用，从而进一步提升自己的音乐感知和创作能力。

（三）器乐教学

中学阶段的器乐教学，对于学生音乐修养的提升和个性发展具有深远影响。在这一阶段，器乐教学并不只是简单地让学生学习如何操作乐器，而是引导学生亲自体验，深入感受音乐的魅力，同时锻炼个人的耐心和坚韧性，提高自己对音乐的理解和表现能力。

中学器乐教学的主要任务是培养和激活学生对学习乐器的热情，以便让他们能够至少初步掌握一到两种乐器的基础演奏技巧。中学器乐教学不仅提供了一个平台让学生能够将理论知识应用于实践，更为学生提供了一个激励他们创新和自我表达的有力途径。通过接触和学习不同的乐器，学生可以从更多角度理解和欣赏音乐，同时对音乐的理解和感知也会随之增强。每一种乐器都有其独特的演奏技巧和表达方式，因此学习乐器不仅可以提高学生的识谱能力，而且还有助于巩固他们已经学到的基本乐理知识。器乐学习是一个动手实践的过程，在这一过程中，学生可以更直观地理解音乐结构和形式，提高自己的音乐创造力和表现力。更重要的是，器乐学习能够帮助学生建立音乐与情感之间的联系，进而提高他们的情感表达能力。

在中学阶段的器乐教学中，教师应进一步巩固学生在小学阶段掌握的乐器基本演奏方法，并按照学生的个人兴趣和学习条件选择合适的乐器进行深入学习。在选择乐器时，教师需要注重乐器的音准和音色，确保它们能够满足学生的音乐学习需求和表现欲望。乐器种类繁多，教师在选择乐器时不仅要以便于演奏和便于集体教学为基本原则，还应考虑学生的经济条件等状况。一般情况下，口琴、竖琴、横笛、吉他、电子琴等乐器都较适用于音乐课堂教学。同时，教师也要重视民族器乐的教学，让学生了解并珍视自己的文化传统。在教学中融入民族乐器，不仅有助于培育学生的民族自豪感，也能让他们更好地了解并欣赏自己的文化遗产。每一种民族乐器都承载着深厚的文化内涵和独特的音乐表现形式，通过学习民族乐器，学生能够直观地感受到自己民族文化的独特之处和丰富多样性。在具体教学实践中，教师可根据地区的文化特点、可用资源和学生的兴趣等多种因素选择合适的民族乐器，如二胡、古筝、手鼓等乐器都是不错的选择。

在教学过程中，教师要重视引导学生掌握正确的演奏姿势和方法，以防止因为错误的演奏方式导致学生的身体伤害。教师应强调音高和节奏的准确性，因为这是学生学会音乐表演的基础。同时，教师也要培养学生的视谱演奏能力，让他们能够根据乐谱独立完成乐器的演奏。在合奏教学中，教师应让学生理解音色的和谐性和声部的均衡性，从而能够更好地与其他乐器协同演奏。此外，教师还要选择符合学生能力水平的练习曲和乐曲，让学生在挑战中取得进步。同时，教师也要注意课程的系统性和循序渐进，以确保学生能够稳步提升自己的乐器演奏技巧和音乐理解能力。

三、音乐欣赏教学

音乐欣赏不仅是感知音乐、理解音乐，更是体验音乐情感的实践活动。由此可知，音乐欣赏在中学音乐教育中占据着重要地位。中学阶段的音乐欣赏教学以拓展学生的音乐视野，激发其形象思维，提高智力，以及深化其对音乐表现形式和体裁的理解为核心。音乐欣赏教学可以让学生掌握音乐表现形式、音乐体裁等方面的知识以及有关的音乐史学常识，有助于提高学生的音乐审美情趣和艺术修养。

音乐欣赏是一种复杂的心理活动，它能引发听者的感知、情感和想象等多方面的心理反应。因此，即便是年龄、阅历相仿的中学生，在音乐的感知和理解上，也会因为个性、喜好和成长环境的差异而有着不同的体验。这就需要教师在教学中，根据学生的知识结构和身心特点，适时调整音乐欣赏的方式和内容，提高教学效果，进一步提升学生的音乐欣赏能力。一般来说，国内外的声乐作品和器乐作品都可作为音乐欣赏教学的教材。教师要引导学生体验作品的思想性和艺术性，理解作品的体裁、形式和风格，进而丰富学生的音乐知识库。另外，教师要帮助学生深入理解音乐的多样性，进一步培养他们对音乐的兴趣。

第三节　教学过程的设计

音乐教学过程的设计是音乐老师在分析研究了教学对象、教学内容、教学方法和手段的基础上，为实现音乐教学目标而准备在音乐教学中设定的一系列活动程序安排。在设计中学音乐课堂教学过程时，教师需要综合考虑教学的核心目标、学生的认知发展阶段和个体差异、教材的内容等因素，将教学目标与学生的实际情况相结合，设计出具有可行性和吸引力的教学方案。

一般来说，中学音乐课堂的设计通常包括以下几个环节：课前准备、导入环节，授课环节、实践活动、课后反馈与评估。每个环节都要符合整个教学目标的要求，同时，各教学环节之间的过渡也需要流畅。

一、课前准备

课前准备在教学过程中起着至关重要的作用，它就像一场音乐会彩排，只有做了充分的准备，才能在真正的教学舞台上发挥出色。课前准备涉及多个方面，包括对教材的深入理解、教学目标的设定、教学方法和策略的选择，以及对学生认知水平和学习风格的了解（如图 3–2 所示）。

图 3–2　课前准备的主要内容

（一）对教材的深入理解

深入理解教材是实施中学音乐教学活动的重要环节，教师对教材的把握程度会直接影响教学的质量和效果。理解教材不仅仅是理解其中的音乐知识，更包括提升教材背后的教育目标和价值观。

在中学的音乐课堂中，教材往往包括各类乐曲和相关的理论知识。中学音乐教师需要对乐曲的音乐性质有深入的理解，包括其旋律、和声、节奏、动态、韵律等元素，此外还需要理解乐曲的创作背景、风格特征及其在音乐历史和文化中的位置。对于理论知识，中学音乐教师需要理解其内在的音乐逻辑以及这些知识在音乐创作和表演中的应用。再者，教师也要对教材有所了解，每种教材中都蕴含着一定的教育目标和价值观，例如，一首民族音乐的教材不仅是用来教授音乐知识，也可能是用来培养学生对于本国音乐文化的认知和尊重。因此，中学音乐教师必须要理解这些隐含在教材中的教育目标和价值观，并将它们融入教学过程中。

为了深入理解教材，中学音乐教师具有批判性的思维，能够从多个角度审视教材，同时还要具备足够的音乐知识和教育理论知识，以便于理解和运用教材。因为只有这样，中学音乐教师才能充分利用教材，发挥其最大的教学价值，推动中学生的全面发展。

（二）教学目标的设定

设定教学目标，首先要考虑的是教育的目标。教育的目标包括培养学生的知识技能、品德素质和身心健康等多个维度的素质或能力。中学的音乐课堂不仅要教授学生音乐知识技能，还要通过音乐教育培养中学生的审美素养和情感表达能力。因此，中学音乐教学目标要以培养中学生的全面音乐素养为主线，包括提升中学生的音乐技能，培养中学生的音乐欣赏能力，激发中学生的音乐创新能力等。

中学音乐教师在设定教学目标时，应考虑中学生的实际情况和需要，比如中学生的年龄、认知水平、音乐背景等因素都会对他们的学习能力和兴趣产生一定的影响。因此，教学目标需要与中学生的实际情况相结合，教师要设定切实可行的教学目标。此外，教学目标的设定还需要考虑教学资源和条件的约束，教学资源包括教材、教具、教学环境等，而教学条件包括教学时间、教师资格等。只有在充分考虑了这些因素之后，中学教师设定的教学目标才会实际可行。

（三）教学方法和策略的选择

教学方法和策略的选择是中学音乐教学的关键因素，它影响着教学的效果和学生的学习体验。理想的教学策略能够激发中学生的学习兴趣，提高中学生的学习效率，培养中学生的音乐技能和素养。

中学的音乐教学不同于其他学科教学，它既涉及理论知识的学习，也涉及技能的培养，更关乎情感和审美的培养。音乐教学的方法和策略应当多元化，富于创新，既要注重知识传授，又要重视实践操作，更要考虑到学生的个体差异和学习习惯。在理论知识的教学中，教师可以采取直接教学法，通过讲解和示范，帮助中学生掌握音乐知识。同时，教师也可以引导中学生进行自我学习，比如通过研读教材、自我探索和总结知识点等方法，培养中学生的自学能力，引导中学生在学习过程中形成自己的理解和观点。在技能的教学中，教师应以实践操作为主，采用“示范—模仿—反馈”的方式进行教学，让中学生在不断的尝试和实践中，掌握音乐技能，如演奏技巧、视唱练耳等。在情感和审美的培养上，教师需要采取“寓教于乐”的方法，即通过音乐欣赏，让中学生感受音乐的魅力，理解音乐的情感表达，从而培养学生的音乐审美情趣。同时，教师也可以组织各种音乐活动，如合唱、乐队表演等，让中学生在实践中体验音乐乐趣，提高艺术修养。

教师需要根据教学目标、学生实际情况以及教学条件等因素，选择合适的教学方法和策略。教师只有在理解学生的需要，清楚教学的目的，并在充分利用教学资源的基础上，选取适合的教学方法，才能有效地推动学生的学习和发展。

（四）对学生认知水平和学习风格的了解

理解学生的认知水平和学习风格对于制定有效的教学策略至关重要。因为只有这样，音乐教师才可以根据学生的个体差异调整教学内容和方法，更好地促进中学生的学习和发展。

认知水平指的是学生的知识理解、处理信息和解决问题的能力。在中学音乐教学中，学生的认知水平体现在其对音乐理论知识的理解程度，和对音乐技能的掌握程度，以及对音乐审美的感受程度等方面。理解中学生的认知水平，可以帮助音乐教师制定合适的教学计划，确定适当的教学难度和进度，选择有效的教学方法和策略。而学习风格是指学生在学习过程中的习惯和倾向，包括信息处理方式、学习环境偏好、学习任务和活动的选择等。比如，一些学生可能偏好通过观察和模仿来学习新的音乐技能，而另一些学生可能更愿意通过理论学习和自我探索来理解音乐知识。了解中学生的学习风格，可以帮助音乐教师设计符合学生需求的教学活动，引导中学生有效地参与学习过程，提高学生的学习效率和效果。

通过有效地了解中学生的认知水平和学习风格，音乐教师可以创设更加贴近中学生需要的教学环境，采用更加符合中学生特点的教学方式，从而有效提升中学生的学习成效，激发中学生对音乐学习的兴趣和热情。

二、导入环节

导入环节的目标是激发学生的兴趣，引导他们进入学习状态，并将他们的注意力转向即将学习的内容。在这一阶段，音乐教师需要设计吸引人的活动，激发中学生的好奇心，引发他们对音乐主题的思考。

音乐教师可以通过播放相关音乐片段，让中学生沉浸在音乐的氛围中，逐渐进入音乐学习的情境。音乐的力量在于它可以直接打动人的情感，通过音乐引起的情感反应，可以有效地吸引中学生的注意力，增加他们对即将进行的学习的期待。除了音乐本身，音乐教师还可以使用多媒体技术，比如视频、图像等视觉元素，来辅助音乐的表达，提升导入环节的效果。比如，播放与即将学习内容相关的音乐视频，不仅可以让中学生听到音乐，还能让他们看到音乐的表现形式，为其提供更全面的感知体验。音乐教师在导入环节还可以引导中学生进行简短的讨论或思考，比如，预测音乐的主题，分享自己对音乐的感受等，让中学生从被动接收转变为主动参与，进一步提高他们的学习积极性。

导入环节的有效设计和实施，对于构建良好的教学氛围，提高中学生的学习动力，引导中学生主动参与音乐学习过程具有重要的推动作用。在音乐教学中，教师需要充分利用音乐的表现力和感染力，通过富有创意的导入方式，引领中学生进入音乐的世界，激发他们对音乐的热爱和对音乐学习的热情。

三、授课环节

授课环节是音乐课堂教学的中心环节。在中学音乐课堂中的授课环节，音乐教师的主要职责是为学生传递知识、指导技能，可以促进中学生的音乐审美能力和艺术素养的提升。

音乐教师需要教授的音乐知识主要是音乐的基础理论，如音乐的元素（旋律、和声、节奏等）、音乐的历史背景、音乐风格与流派、音乐作曲家的生平及其作品等。在教授这些知识时，教师需要尽量避免单纯的口头讲授，而应运用生动的故事、图片、视频等形式，让学生在听、看、感受中对音乐知识产生直观的理解。教师还可以引导学生进行互动，比如讨论音乐的特点，分析音乐的情感表达等，使学生在互动中加深对音乐知识的理解。在教授各项技能时，音乐教师则应引导中学生进行实践操作，如演唱、演奏、音乐创作等。在这一过程中，教师是指导者和辅助者，需要耐心地指导学生，及时纠正学生的错误，鼓励他们坚持不懈地练习。

此外，音乐教师还需要引导中学生在学习音乐知识和技能的过程中，提升音乐审美和艺术素养。通过欣赏不同风格和时期的音乐作品，引导中学生理解和体验音乐作品的审美价值，从而激发他们的音乐审美能力。

四、实践活动

实践活动是中学音乐教学的重要组成部分，它在课堂教学中起到了桥梁的作用，是音乐的理论知识与实际的音乐表现技巧有效融合的最佳路径，能够引导中学生在实际操作中深化对音乐知识的理解，提升音乐表现能力。

在实践活动中，中学生有机会将音乐的理论知识应用到具体的演奏、演唱、创作等实践活动中。例如，中学生可以通过演奏乐器，亲身体验音乐的节奏、旋律、和声等基本元素，更深入地理解音乐的结构和表现力。在演唱活动中，中学生可以使用自己的声音，表达对音乐作品的理解和感情，提升自己的音乐表达能力。在音乐创作活动中，中学生可以运用所学的音乐知识，创作出属于自己的音乐作品，培养自己的创新能力和艺术素养。此外，实践活动还能帮助中学生发展协作能力。例如，在合唱或乐队演奏活动中，中学生需要与其他学生协同合作，共同完成音乐作品的表演，这不仅能锻炼学生的音乐技能，也能培养他们的协作能力和集体精神。

参加各种实践活动，也能在一定程度上提高学生的自信心。成功地完成音乐演奏、演唱或创作，学生能感受到成就感，提高自己的自信心，这对学生的个人发展和成长有着积极的推动作用。因此，音乐教师应充分利用实践活动，激发中学生的学习兴趣，提高他们的学习效果，促进他们的全面发展。

五、课后反馈与评估

课后反馈与评估不仅是衡量学生学习成效的关键环节，也是对教学过程及方法进行反思、优化的重要手段。在这一环节，音乐教师需要通过多种形式，针对学生在课堂上的表现进行全面的分析，提供有效的反馈，以促进学生的音乐技能和理论知识的提升。

在评估过程中，音乐教师应注重学生的全面发展，这不仅要考虑学生的音乐技术层面的表现，也要考察他们对音乐理论知识的理解程度，对音乐的欣赏能力，以及他们在团队协作中的表现等。例如，教师可以通过对学生的乐器演奏、声乐表演的评价，判断他们的技术熟练度和表达能力；通过对学生的作业、测试进行评估，了解他们对音乐知识的掌握情况；通过观察他们在合唱、乐队合奏等团队活动中的行为，评价他们的团队协作能力。

在提供课后反馈时，音乐教师需要尽量提供具体、明确的信息，让学生清楚自己在哪些方面做得好，在哪些方面需要改进。同时，音乐教师的反馈应尽量积极正面，以此来激励学生继续努力，提升自己的音乐技能和知识。

此外，课后的反馈与评估也是教师改进教学的重要依据。音乐教师可以通过对学生的表现进行评估，反思自己的教学方法，调整教学策略，以提高教学效果。例如，如果学生在某项技能上的表现不佳，音乐教师可以考虑是否需要更换教学方法，为学生提供更多的实践机会，以帮助学生提高该项技能。

第四节　教学方法的选择

深入掌握和熟练运用音乐教学方法，对于激励学生达到学习的最高效能、提升教学效益、确保教学品质、实现课程目标等具有深远的影响和重要性。为满足当前人才培养的需求，音乐教师必须广纳世界上先进的音乐教学方式和经验，同时继承和进一步拓展我国的音乐教学方式，综合运用创新的音乐教学方法，使音乐教育事业达到一个全新的高度。

一、教学方法的定义与分类

（一）教学方法的定义

教学方法是为达成特定的课程和教学目标，受限于特定课程和教学内容，为完成预定的教学任务而采用的师生共同活动的方式、策略和手段的总称。从广义上看，教学方法不仅包括教师的教授方式，还包括学生的学习方法。教学方法的选择通常会受到以下几种因素的影响：第一，教育价值观、特定课程和教学目标，决定着教学方法的选择和使用；第二，不同学科的教学内容，也会影响教学方法的选取和执行；第三，教学方法还会受到教学组织形式的影响，其中教学方法与教学组织是内在的统一体。

教学方法是伴随着教学活动的发展而诞生的，是教学过程整体结构的重要组成部分。它渗透在教学的全程中，直接关联着教学目标和任务的完成，影响教学质量的好坏，与学生能力的提升息息相关。历代教育者在长期的教学实践中，已经创造出了众多的教学方法。选择能实现特定教学目标的恰当教学方法，也是教师教学设计的基本技能之一。

（二）教学方法的分类

目前，许多教学方法在教学实践中都取得了显著成效，信息技术的快速发展又催生了许多创新性的教学方法。按照不同类别划分，教学方法可以分为很多种。

1. 按知识来源划分

根据知识来源的不同，教学方法可分为直观的方法、语言的方法和实践的方法。直观的方法，即通过直接感知和观察以理解和掌握知识，如演示法、图示法、实地参观法等；语言的方法，主要依靠语言交流和文字阅读来传递知识和信息，例如讲授法、谈话法、书籍阅读法等；实践的方法，强调通过实际操作和实践活动来获取经验和技能，如练习法、创造性作业法、实习作业法等。这些方法不仅能帮助学生掌握新知识，而且可以培养他们独立思考、创新解决问题的能力。

2. 按指导学生掌握知识的程度和水平划分

根据指导学生掌握知识的程度和水平来分类，教学方法可以被细分为认知法、复现法以及探讨研究法。认知法着重于引导学生通过各种感知途径获取新知识。这种方法致力于帮助学生吸收和理解信息，以便学生建立对新事物或概念的认知，这种方法是最基本也是最广泛应用的方法。复现法则重在引导学生利用已经掌握的知识进行再现，包括对过去学习的概念、理论或技能的回顾、复述或应用。在教师的指导下，学生通过复现法可以更好地巩固所学的知识，提高自己对知识的运用能力。而探讨研究法则着力于促进学生在新的情境中自主运用知识进行创新活动。这种方法鼓励学生通过实际操作、实地考察、案例研究等方式，以独立或小组合作的方式探索问题、解决问题，进而达到理解、应用和创新知识的目的。这种方法能更好地发挥学生的主观能动性，提高他们的创新思维和独立解决问题的能力。

3. 按教学活动的过程划分

（1）组织学生认识活动的方法。这种教学方法主要包括口述法、直观法和实践法。口述法包括讲述、讲解、讲演等，旨在通过语言传达知识；直观法包括演示、图解等，即用比较直观的方法展示帮助学生理解和吸收知识；实践法则强调通过实际操作、实验动手活动等使学生掌握技能或知识。此外，还包括用于培养逻辑思维的归纳法和演绎法，用于引导思考的复现法和问题探索法，以及用于管理学习的独立学习法和教师指导下的学习方法等。

（2）激发和形成学习动机的方法。这种教学方法包括认识性游戏法、有兴趣的讨论法和创造情境法等，这些方法旨在激发学生的学习兴趣和动机。同时，教师通过提出要求、鼓励、批评、责备、说服教育等方式，激励学生的学习意志。

（3）检查学生认识活动效果的方法。这种教学方法包括口头检查法，如课堂提问，即通过提问让学生复述所学内容，检验学生对知识的掌握情况。直观检查法则是通过直接观察学生的表演、作品、作业或动作来评估他们的学习成果。例如，在音乐课上，教师可以通过观察学生的音乐表演、音乐创作和音乐作品评价等，了解学生的学习效果和进步情况。

二、中学常见的音乐教学方法

在中学阶段，音乐课堂中常见的教学方法主要包括语言类教学方法、体验类教学方法和实践类教学方法三大类型。

（一）语言类教学方法

语言类教学方法是一种以语言为主要载体，通过教师和学生之间的口头交流以及学生独立阅读书面语言进行教学的方式。在中学音乐课堂中，语言类教学方法主要包括以下几种（如图 3–3 所示）：

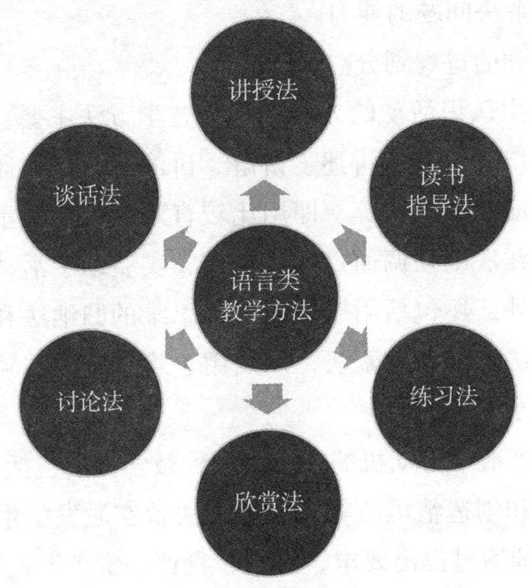

图 3–3　语言类教学方法

1. 讲授法

讲授法是教师运用智慧，动用情感，通过语言系统连贯地向学生传授知识和开发智力的方法[①]。讲授法在实际的教学过程中，又可分为讲

① 靖国平，邓银城 . 课程与教学论教程 [M]. 武汉：华中科技大学出版社，2012：201.

述、讲解、讲读和讲演等多种形式。具体来说，讲述法指的是教师用叙述或描述的方式介绍某一个事件或物体，如作者生涯和创作背景等。讲解法则是通过解释、阐释、证明等方式向学生讲授相关的概念和原理，例如对乐谱中的谱号、调号等记谱知识进行讲解，或者阐述发声器官和乐器结构原理等。讲读法则是教师或学生在讲解和阅读教材的同时进行实践操作，比如在分析某种音调模式后，还需要再读一读教材中总结的相关概念，然后进行实际的音调模式分析练习。讲演法则是教师对教学内容进行系统的分析、概述和总结，比如在音乐欣赏课程的每一个单元结束时，教师需要进行有理有据且富有感染力的总结。讲演法在课堂教学中不应使用过长，也可以由学生来尝试讲解。比如，学生在课堂上欣赏过贝多芬的《第五交响曲》后，自发地总结这部作品的结构、风格和哲理等。

讲授法是具有悠久发展历史的一种教学方式，以其高效和经济的特性，在教学实践中占有重要地位。音乐教师在运用此法进行教学时，应注重语言的精练和准确，明晰概念，保持条理清楚，层次分明，强调重点，同时深浅适度，富有感染力，使得教学内容更能引起中学生的共鸣。同时，讲授法应避免散乱无章、深奥难懂以及平淡无味、空洞无物的讲述方式。除此之外，音乐教师在运用讲授法时还必须关注中学生的年龄特点，以适应他们不同的接受能力。如果讲授法没有针对性地运用在音乐教学中，很容易出现“满堂灌”的单向灌输教学模式，这不仅消磨了中学生的积极性，同时也削弱了音乐教学本身的独特魅力。因此，教师在运用讲授法时，应根据学生的具体情况，灵活调整教学方式，既注重知识的传授，又要保持音乐教学的生动性。

2. 谈话法

谈话法也是中学音乐课堂中常见的一种教学方法。谈话法，又称为问答法，是教师根据一定的教学目的要求和学生已有的知识和经验，通过师生间的问答对话方式，使得学生获得新知识或巩固知识、发展智力

的教学方法[①]。谈话法是以开放性问题为基础，通过教师和学生之间的对话，引导学生思考问题、寻找答案，从而提高学生的主动性和创新性。

谈话法主要包括启发式谈话、问答式谈话以及指导性谈话。启发式谈话重在激发学生自主思考，鼓励他们利用既有的知识和经验探索新的认知，为获取新知识进行铺垫。例如，学习升调调号可以启发学生复习C大调的音阶结构和唱名，然后在G音的基础上构建音列，并引导学生考虑如何把导音F音提升半音以形成G大调音阶。通过问答式探索，学生可以理解升高的音在新构成的大调中所处的级别，最终掌握升号调的构成和识别规则。问答式谈话则是以复习和巩固旧知识为主，使知识深化和系统化，以增强学生对学习内容的理解。此方法通常用于评估学生对既有知识的理解程度，并进一步提升他们的记忆力。指导性谈话通常用于学生进行实践活动的前后阶段，比如学生在开始唱歌前，教师可以根据乐谱、声音、速度、情感等方面提出学生需要注意的关键点。而在唱歌结束后，指导性谈话可以帮助学生进行反思和总结，从而提升他们的学习效果。

谈话法的主要优点在于，它可以激发学生的思维活力，提高他们的思考问题和解决问题的能力。通过谈话，教师可以了解学生的想法和困惑，进行有针对性地引导和教学，有助于提高教学的针对性和效果。而对于学生来说，他们可以在谈话过程中主动表达自己的观点，积极参与课堂讨论，这也有助于提高他们的主动性和自信心。

在中学音乐教学中，谈话法可以应用于对音乐作品的解析、音乐历史的讨论、音乐创作的分享等方面。通过谈话，音乐教师可以引导中学生深入理解音乐作品，激发他们的音乐创作热情，提高他们的音乐审美能力和音乐创作能力。然而，谈话法也存在一定的局限性。例如，如果教师的提问不够精准，可能无法引导中学生进行深入的思考；如果学生的表达能力较弱，可能无法充分参与到谈话中来。因此，音乐教师在运用谈话法时，需要根据实际情况进行适当的调整，以最大程度地发挥其优点。

① 施璐，马晓蓉，王靖晶．教育学[M].北京：北京工业大学出版社，2017：130.

3. 讨论法

讨论法是在教师的指导下，由全班或小组成员围绕某一中心问题发表自己的看法，以进行相互学习的一种方法①。这种教学方式不仅可以让每个学生都有机会参与其中，通过交换想法吸取他人之长、补充自身之短，而且也能够深化他们对学习内容的理解。同时，讨论法还能激发学生的学习热情，并培养他们的问题研究和独立思考能力。例如，在分析和识别音阶时，教师可以组织学生分组讨论，探讨识别音阶的通用规则，这样的活动就是讨论法的典型应用。

在中学音乐课堂中运用讨论法，教师应鼓励学生通过开放性对话和思想交流，以达到理解、分析和解决问题的目的。此方法的主要目标是激发学生的思维活动，培养他们的批判性和创新性思维，从而改进他们的沟通技巧。在讨论的过程中，教师应鼓励学生表达自己的看法，互相提问，评价他人的观点，辩论不同的理论和实践，并一起解决问题。讨论可以是全班参与，也可以是小组形式；可以是面对面的，也可以是在线的。

讨论法的使用，需要音乐教师具备良好的组织和引导技巧。首先，音乐教师需要确保所有学生都能理解讨论主题，设定清晰的讨论目标，并鼓励学生做好准备。其次，音乐教师需要在讨论中保持公平，尊重每个人的观点，同时引导学生深入思考，使讨论保持在主题范围。最后，讨论必须得出结论，并被用作后续学习的参考。

4. 欣赏法

欣赏法是一种依托欣赏活动进行教学的方法。在音乐教学的过程中，教师可以利用有针对性的教材内容和艺术形式，营造出特定的情境，引导学生通过音乐体验来分析并感知事物的真实、善良与美好，从而熏陶他们的品格，激发他们的学习热情，帮助他们塑造正确的学习态度，同时也培育他们高尚的审美理想和音乐鉴赏能力。

欣赏法的显著特性在于，它能够通过教学中的欣赏活动，触动学生

① 姜文闵，韩宗礼．简明教育辞典[M]．西安：陕西人民教育出版社，1988：108.

的情感反应。在中学音乐教学中运用欣赏法，教师应当考虑以下几个要点：一是激发学生欣赏音乐的动力和兴趣；二是唤起学生的情感反应；三是组织和引导学生参与到体验描述、分析评价等欣赏活动中，使学生的审美情感得到提升；四是要考虑到学生在个性和知识能力上的差异。

欣赏教学法在中学音乐教学中占有重要地位。在欣赏过程中，教师除了直接借助音乐作品进行聆听、联想、想象、模仿、分析、评价等环节外，还可以适时地引入诗歌、舞蹈、戏剧、绘画等其他艺术形式进行辅助性欣赏，这样既能提升学生的学习兴趣，又能扩展他们的视野。

5. 练习法

练习法是一种通过重复和练习加深理解与提升技能的教学方法。在音乐教学中，练习法有着至关重要的作用。音乐练习旨在将知识、技能、习惯和态度转化为学生的固有能力，以便在需要时能够随时调用和应用。这种方法特别适用于帮助学生掌握音乐表达的基本技能，如声音控制、音阶感知、乐理理解、节奏把握以及演唱和演奏技巧等。

为了确保有效的练习，教师需要给学生提供清晰的指导，确保他们理解并正确执行每个练习的目标。同时，教师还需要监控学生的练习过程，及时给出反馈和指导，避免学生沿错误的方向进行练习。练习法也强调了个别差异的重要性。因为每个学生的学习能力和进度都有所不同，教师需要灵活地调整练习的难度和复杂度，以满足不同学生的需求。此外，教师还应鼓励学生在课堂之外进行自我练习，以巩固和提升已学知识和技能。

6. 读书指导法

读书指导法要求学生在教师的引导下，通过读取课本及课外材料以获取新的知识。在音乐教学中，读书活动主要侧重于学习和掌握歌谱与乐谱。从小学三年级起，学生便由依赖听唱逐步转变为视唱，也可以独立演唱或演奏通常的歌曲或乐曲。然而，这个过程必须是在教师的指导下进行，教师不能让学生随波逐流或机械地记忆，而是要帮助他们养成认真阅读乐谱的习惯。此外，当学生在学习相关的音乐知识和概念时，音乐教师也应引导他们善于利用课本，以形成准确的认知。课本中的作家生平、创作背景等知识，也可以作为指导学生自学的重要内容。特别需要强调的是，音响和音像资料是音乐学习的重要资源，学生可以通过广泛的观看和聆听经典作品，来积累自己对音乐的感性理解。

随着学生年龄的逐渐增长，音乐教师有责任为他们提供一系列与年龄相应的课外阅读材料和音频视像资源。这些资源可以包括音乐故事和传记、音乐作品的介绍、音乐词典，以及各种优质的唱片、磁带、电影、电视节目和录像带等与教学密切相关的内容。同时，教师也可以引导学生学习与音乐有关的文学、历史和美术书籍及作品，这样不仅能扩大他们的知识视野，还能促进跨学科的学习。为了进一步促进学生的主动学习，教师可以鼓励学生分享他们发现的优秀书籍和音频资料，以此来促进课堂和课外学习的有机融合，进而激发并培养他们自我学习的积极性。

三、教学方法的选择策略

中学音乐教师在运用各种教学方法开展教学活动时，应坚持以启发式为指导思想，充分发挥中学生的主体地位，让学生主动参与到教学活动中去。音乐教师应时刻谨记无论选择何种教学方法，都应以促进学生全面发展为最终目的，他们不仅要传授给学生音乐理论知识，还要培养学生的音乐素养，让学生学会利用音乐表达个人情感。为获得良好的教学效果，音乐教师还应对教学方法进行创新，综合运用各种教学方法，进而不断适应中学生的发展需求。

（一）坚持以启发式为指导思想

坚持以启发式为指导思想，是教师将音乐教学视为一种引导学生独立思考、自我发现的过程。通过启发式教学，教师能够激发学生的学习兴趣和创新思维，引导他们在音乐学习中积极探索，充分发挥他们的主观能动性。在音乐教学过程中，教师不仅需要给学生传授音乐知识和技能，更要教会他们如何运用所学，鼓励他们独立思考，敢于创新。在实践中，教师可以采取问题导向的方式，通过提出问题引导学生思考，寻找答案。比如，教师在讲解音乐理论知识时，可以引导学生思考为什么要学习这些知识，这些知识对于理解音乐、创作音乐有什么作用，如何将理论知识与实际的音乐表演结合起来等问题。此外，教师还应当培养学生乐于探索和独立思考的习惯。在音乐教学过程中，教师可以适时引入一些新的音乐元素，重建学生已有的知识结构，激发他们的探索欲望。同时，教师还可以设计一些开放性的任务，比如创作一首歌曲，编排一段舞蹈，让学生有机会运用自己所学知识去解决实际问题，发挥他们的创新能力。

启发式教学是一种以学生为中心的教学方式，强调教师的角色是引导者而非传授者，注重激发学生的主动性和创新性。在启发式教学中，音乐教师需要根据学生的学习进度和理解程度灵活调整教学方法，时刻关注和引导学生的学习，培养他们的批判性思维和问题解决能力。通过这样的教学方式，中学生不仅能够掌握音乐知识和技能，更能在学习过程中体验到探索和创新的乐趣，形成积极的学习态度和习惯。

（二）注重学生的实践和体验

音乐学习不仅仅是知识的传授，还包括技能的培养和审美体验的熏陶。因此，教师在选择教学方法时应注重学生的实践和体验，帮助学生将理论知识应用于实践中，提高其音乐素养。

音乐，作为一种艺术形式，对于其深度和广度的理解往往源自个人的直接体验和实践。这种体验和实践包括了演唱、演奏乐器、音乐创作，甚至是观赏音乐会或进行音乐批评。这些都是可以让学生更深入地理解音乐的实质和意义的重要方式。在这个过程中，教师的任务应该是引导和激发学生，而非简单地灌输知识。教师需要激发学生的好奇心，引导他们去探索，发现音乐中的奥秘。比如，教师可以通过指导学生独立完成一首歌曲的编曲，提高他们对音乐结构与和声理论的理解；组织学生参加音乐剧表演，提高他们的团队协作能力和舞台表现力；安排学生去音乐会现场听音乐，让他们直接体验音乐的震撼力。同时，教师还需要关注学生的个体差异，因材施教，提供适合每个学生的实践和体验机会。对于音乐天赋较高的学生，教师可以为他们提供更深入、更专业的实践机会；对于对音乐有兴趣，但音乐基础较薄弱的学生，教师可以通过更简单的实践活动，如合唱、打击乐合奏等，帮助他们建立音乐信心，激发他们对音乐学习的兴趣。

（三）坚持创新和综合运用相结合

在教学中，音乐教师需要不断探索新的教学方式，融合多种教学方法，以实现对学生音乐知识、技能和审美能力的全面提升。

中学音乐教学方法的创新是音乐教育领域不断发展的重要推动力。这种创新可以表现为对传统教学方法的优化改进，也可以是引入全新的教学理念和工具。中学音乐教学方法创新的目的是提升教学效果，激发学生的音乐兴趣，培养他们的音乐技能和审美能力。创新不仅体现在教学方法和技巧的尝试与改进上，更体现在教师对音乐教学的理解和实践上。例如，教师可以使用数字技术和社交媒体工具，以引人入胜的方式教授音乐理论，或者运用游戏化教学，使学生在娱乐中学习和欣赏音乐。教师还可以通过激发学生的创作欲望，引导他们自己创作歌曲，这样既能提升学生的音乐技能，也能培养他们的创新精神。

综合运用则意味着教师需要将不同的教学方法和策略有机结合起来，为学生提供一种全面、多元的学习体验。例如，教师可以在同一堂课中，综合使用示范法、讨论法、练习法和欣赏法等方法，这样既能满足学生对音乐知识的认知需求，又能培养他们的批判性思维、创新能力和审美意识。教师不仅需要理解每种方法的特性、优点和适用场景，还要根据教学内容和学生的学习需求，灵活地综合使用各种教学方法，以激发学生的学习热情，提升教学效果，充分满足学生的学习需求。每个学生都有自己独特的学习风格和节奏，单一的教学方法往往难以适应所有学生。通过综合运用直接教学、探究学习、合作学习等不同的教学方法，可以在不同的学习阶段和环境中调动学生的学习积极性，帮助他们有效地掌握音乐知识和技能。另外，综合运用多种教学方法能够提高教学的丰富性和趣味性。例如，在教授音乐理论知识时，教师可以运用讲解法和图示法使抽象的知识形象化，同时结合实例分析法使理论知识与实际应用进行紧密的联系。在教授音乐技能时，教师可以运用示范法、练习法和模拟法让学生在模仿和实践中掌握技能，同时结合比赛、表演等活动提升学生的学习兴趣。

教师应注意的是，创新和综合运用的目标不仅仅是让课堂活动更加有趣和富有吸引力，更重要的是要通过这种方式，让学生真正领悟音乐的本质，激发他们对音乐的热爱，提升他们的音乐素养，培养他们终身学习和欣赏音乐的能力。

第五节　评价体系的建设

中学音乐教学评价体系的建设是一个复杂且持续的过程，其目标是为教师提供一个全面、公正和准确的工具，以衡量学生的音乐学习效果，再通过对教学过程各个因素的分析与评价，达到优化音乐教学的方法和手段，全面提高教学质量。

一、建设音乐教学评价体系的意义

音乐教学评价体系为教师和学生提供了重要的反馈机制，有助于提升音乐教育的质量和效果。具体来看，建设中学音乐教学评价体系的意义主要包括以下内容（如图 3–4 所示）：

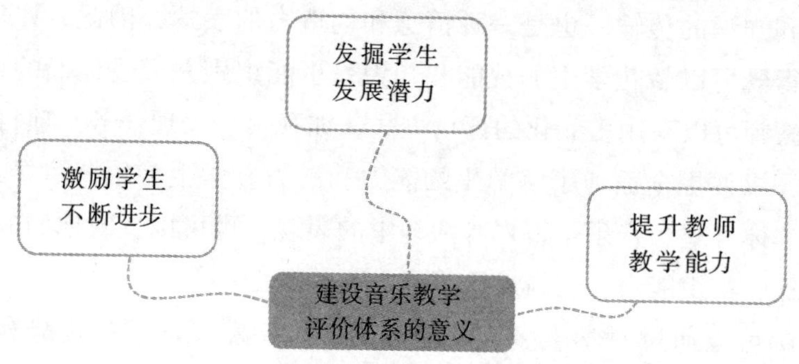

图 3-4　建设音乐教学评价体系的意义

（一）激励学生不断进步

在中学音乐教学中，教师需要对学生的表现进行公正、全面的评价，为他们提供详尽的反馈信息，使他们清晰地了解自身的优点和待改进的地方。在这种自我认知的过程中，学生可以发现自身的进步，从音乐学习中获得的成就感。音乐教学评价的一个重要功能就是反馈。一个有效的评价系统会向学生展示他们在学习过程中的成果，包括他们的技能提升、知识积累，以及他们对音乐的理解和欣赏能力。学生在看到自己的成绩和进步时，会产生满足感和成就感，从而激发他们进一步学习的动力。

在音乐教学评价中，教师除了要注重学生的技能和知识水平，还要关注他们的情感态度和学习习惯。在学生表现出对音乐的热爱、积极参与以及努力改进的态度时，教师应给予积极的反馈和鼓励，以增强他们的学习动力和信心。同时，教师也应鼓励学生参与自我评价和同伴互评，让他们从多角度了解自身的音乐学习状态，反思自身的学习过程，从而发现自身的不足，找出需要改进的地方，养成自主修正和进步的能力。

（二）发掘学生发展潜力

科学的音乐评价体系，能够充分发掘学生的发展潜力。音乐不仅仅是技术和知识的传输，也是一种情感和创造力的表达，因此，评价系统应设计得既可以量化学生的技能和知识，也能识别并鼓励他们的创新和热情。教师可以采用多元化的评价方式，如观察、表现任务、项目评价、创作等，以便更全面地了解学生的能力和潜力。学生在乐器演奏、音乐创作、集体合唱、音乐会策划等活动中的表现，也可以反映他们的技能，团队协作、组织能力、创新思维等多方面的潜力。

教师可以通过对学生多元化能力的评价，发现他们的优势和潜力，从而进行有针对性地指导和激励。例如，对于具有音乐创作才能的学生，教师可以鼓励他们更多地进行音乐创作，并为他们提供创作的平台和资源。对于有组织能力的学生，教师可以让他们参与音乐会的策划和组织，以发展他们的领导能力。此外，教师也可以利用评价的反馈，帮助学生了解自身的优势和不足，建立自我发展的目标，从而帮助他们更好地发掘和利用自身的潜力。

（三）提升教师教学能力

科学的评价体系，能够为教师提供一个有效的反馈机制，帮助他们理解学生的学习进度和问题，从而调整和优化教学策略。

在音乐教学过程中，教师可以通过评价体系的反馈信息，发现学生的弱点，了解他们在音乐技能或音乐理解上的困难，然后重新设计教学计划，以解决学生的具体问题。例如，如果一名学生在声乐表演上表现出独特的潜力，但在理论知识上遇到困难，教师可以加强对其的音乐理论教学，以帮助学生全面提高他们的音乐素养。此外，评价体系也可以帮助教师反思和提升他们的教学技巧。通过比较评价结果，教师可以看到他们教学策略的有效性，从而对自己的教学方法进行调整和改善。这种持续的自我反思和进步，对教师的教学能力提升是至关重要的。通过参与评价体系的建设和实施，教师还可以学习到最新的教育理论和评价方法，拓宽他们的教育视野，提高他们的教育水平。

二、建设音乐教学评价体系的原则

音乐教学评价体系的构建，需遵循几个重要原则（如图 3-5 所示），这些原则充分体现了评价体系建设的基本需求，为教师有效执行评价工作提供了指导方向。

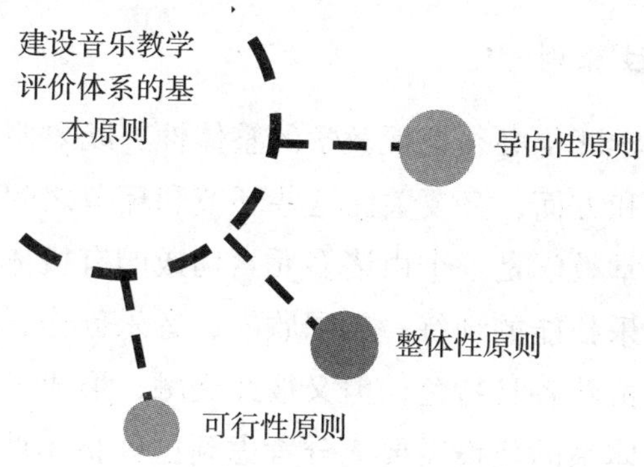

图 3-5　建设音乐教学评价体系的基本原则

（一）导向性原则

导向性原则是指教学评价应以指引音乐课堂教学实践为宗旨，评价内容具有明确的导向性。导向性原则强调教学评价应以引导音乐课堂教学实践为目标，即评价不仅仅是对已完成的学习过程和结果的衡量，更是对未来学习方向和策略的引领。评价的内容必须具有明确的导向性，涵盖学生的多元化发展，从知识的掌握到技能的提升，从道德素养的塑造到审美观念的熏陶。通过导向性评价，音乐教师能够明确学生的学习状况，更好地了解学生的优点和不足，以便更精确地指导他们未来的学习。同时，这种导向性评价还可以帮助教师调整和改进教学方法，以适应音乐教学改革的方向和要求。

具体来说，音乐教学的评价内容必须是全方位的，涵盖从政治思想教育、道德品质塑造，到审美能力和审美观念的培养。导向性原则要求

教师在评价内容的选取上必须进行全面的考量。音乐教学不仅仅是音乐技能的传授，还包含了对学生审美观、道德品质、思想观念的塑造。因此，音乐课堂评价内容要全面，教师应除了对学生的音乐技能和知识掌握程度进行评价外，还应包括对学生审美情趣、道德情操的培养等方面的评价，这样才能更好地反映学生的全面发展情况。

（二）整体性原则

音乐课堂教学评价必须把握教学的整体性，既要照顾到音乐课堂教学中的各个环节和方面，又要关注这些环节和环节之间的相互关系和相互影响。音乐课堂教学是一个由诸多元素构成的有机体系，涵盖了音乐知识的传授、音乐技能的训练、歌唱欣赏、音乐创作、器乐演奏等多个方面。这些方面虽然各具特色，但又彼此交融，形成了音乐课堂教学的有机整体。评价体系的建设需要充分考虑到这种整体性，教师不能只关注个别方面或者只看重某一阶段的成果。从教学组织的角度来看，整体性原则强调课堂的组织结构、教具的运用、教法与学法的协同等因素在评价中的地位。比如，一个有效的教学评价体系不仅要评价学生的学习成绩，还要考虑课堂的组织形式，评价教师是否能有效地运用教具，以及教学方法是否和学习方式相匹配等方面。

再者，整体性原则也体现在对审美教育、思想道德情操培养和智力发展等多方面的关注。音乐课堂教学的目标并非仅仅是培养学生的音乐技能，还要通过音乐教育促进学生全面的人格发展。因此，评价体系需要反映出这种全方位的教育目标，同时也需要能够对各个方面的成果进行全面、客观的评价。

（三）可行性原则

可行性原则是音乐教学评价体系建设的重要考量，这一原则着重强调评价指标的实用性和操作性，这也意味着教师在设计和应用评价体系时，必须注意其在实际教学中的应用难易度和效率。

评价体系设计的目标是设计一个实用、有效的工具来衡量学生的学习效果和教师的教学水平，因此，评价指标和方法的选择必须既科学合理，又要易于操作。复杂而烦琐的评价体系会增加教师和学生的压力，可能会影响教学效果，甚至可能导致评价结果的不准确。因此，一个理想的评价体系应当尽量简洁易懂，便于实施，同时也要有足够的深度和广度，能够全面准确地反映教学实效。

可行性原则也意味着评价指标的选择需要考虑实际情况，比如教育资源、教学环境和学生的实际水平等因素。例如，一些需要大量教学资源或者高水平音乐设备支持的评价标准在资源有限的学校中可能难以实施，因此教师需要有针对性地调整评价标准。这种灵活性和现实主义的考量有助于确保评价体系的可行性。同时，一个可行的评价体系也应当能够为教师提供具有指导意义的反馈，帮助他们理解哪些教学方法效果好，哪些需要改进，从而促使他们调整教学策略，提升教学质量。

三、音乐课堂评价体系的建设策略

建设音乐课堂的评价体系，教师应重点考虑以下内容（如图 3-6 所示）：

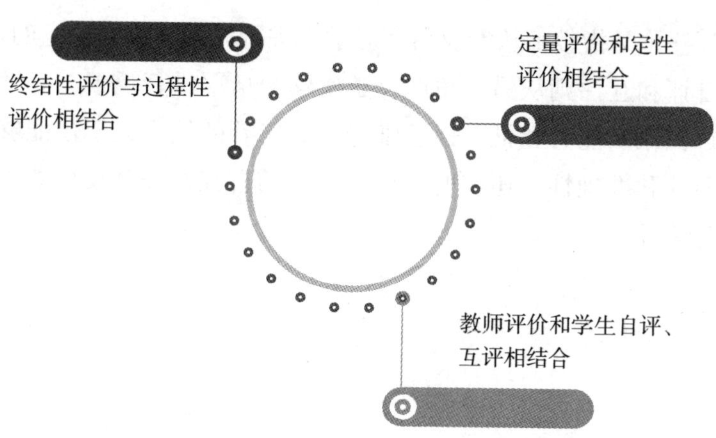

图 3-6　建设音乐课堂评价体系

（一）终结性评价与过程性评价相结合

终结性评价主要是针对学生学习结果的评价，包括学期末的期末考试、课程总结报告等，是对学生在一段时间内音乐知识、技能掌握程度的评价。而过程性评价则更侧重于学生的学习过程，如参与度、合作态度、创新能力等，这有助于教师了解学生在学习过程中的动态情况，及时发现问题，并适时进行教学调整。二者的结合，可以使教师更全面、准确地了解学生的学习情况，而不仅仅局限于学习成果。

（二）定量评价和定性评价相结合

定量评价主要是通过数量化的方式对学生的学习进行评价，比如考试成绩、课后练习完成情况等。这种评价方式直观、明确，易于比较。而定性评价则更多地关注学生的个性化发展，包括他们的兴趣、态度、价值观等方面，即通过深度的描述和分析，帮助教师理解学生的发展情况。二者的结合，能够让教师更全面地了解和评价学生，避免单一的量化评价，从而忽视了学生的个性化发展。

（三）教师评价和学生自评、互评相结合

教师评价是指教师从专业角度对学生进行评价，具有较高的权威性。而学生自评和互评则从另一角度对学生学习情况进行反馈，有助于提高学生的自我认知能力和批判性思维能力。三者的结合，不仅能够提高评价的全面性和准确性，还有助于培养学生的自我监控和反思能力，促进他们主动学习。

第四章　中学音乐教育课程改革实践

在基础教育阶段，音乐课程作为中学教育不可或缺的重要组成部分，是学校实施美育的重要途径，肩负着培养学生审美能力和音乐素养的重要使命。中学音乐教育在培养青少年全面和谐发展、提高青少年综合素养等方面具有重要作用。青少年是祖国未来的希望，是未来建设祖国的主力军。音乐教育关乎青少年的健康成长。为更好地满足中学生的个性化需求，中学需要对音乐教育进行改革，打破一切形式主义的束缚，实现教育的人性化。传统的音乐教育方式可能在一定程度上限制了学生的创新思维和批判性思考能力的发展。音乐教育改革旨在突破这些限制，以提升教育的质量和效果，为学生的全面发展提供更大的空间。音乐不仅是一种艺术，也是一种创新的载体。我们需要通过音乐教育改革，培养学生的创新精神和实践能力，使他们能够在未来的生活和工作中，以创新的眼光和勇气面对挑战，推动社会的进步。

第一节　基于核心素养的中学音乐教育

音乐教育是教育体系中的关键部分，它对学生个性的塑造、思维方式的培养以及创新思维的催生起着至关重要的作用，其重要性无法被其他学科取代。在这个环节中，核心素养对学生的成长和发展产生了深远的影响。在中学的音乐教学中，教师应以提升学生的核心素养为出发点，考虑到学生的学习状况，设计并实施符合这一目标的教学活动。对于处在初中阶段的学生而言，教师应运用多元化的课堂形式和科学合理的教学手段来提升学生的音乐素养。音乐教学不仅注重理论知识的传授，同

时还强调实践能力的培养。在教学过程中，教师应重视培养学生的创造力，并引导学生形成自主学习的认知，以此提升他们的音乐综合能力，使他们在音乐领域的学习和实践中能够做到更全面、更深入。

一、核心素养的内涵与特点

（一）核心素养的内涵

核心素养是教育部在《关于全面深化课程改革，落实立德树人根本任务的意见》中提出的一个重要理念，主要是指在快速变化的社会环境中，学生需要具备的一种基本能力或素质，以便能够有效地适应社会的需求，持续学习和发展。从学科视角出发，核心素养并非仅局限于特定学科的知识领域，而是强调个体在当今社会及未来所需具备的关键技能、知识以及情感态度等各方面的综合能力。从课程角度来看，核心素养的重点在于推动人的全方位发展，它体现了国家教育目标，为制定课程与教学目标提供了重要参考依据。核心素养概念的出现，为教育教学改革指明了更为明确、集中的目标，同时也为教学方法的改变以及学校管理方式的创新指出了明确的方向。

教育的根本目的不仅是传递知识，更是为了引导和帮助学生在当今世界以及未来的社会中实现成功。而核心素养强调的也不再是某一特定学科的专业知识，而是一种更为全面和深远的能力和品质。核心素养包括了批判性思考、解决问题的能力、有效沟通、团队合作以及自主学习等关键技能，这些都是在现今世界，特别是在未来社会中，每个个体都需要具备的能力。通过培养这些核心素养，学生将更有可能在面对未知和挑战时表现出积极的应对态度和策略，成功地适应并影响社会的发展。

在学校教育中培养核心素养，有助于学生更好地理解和运用所学知识。不同于传统的知识灌输，核心素养强调知识的应用和创新，即学生在掌握知识的同时，更能领会到知识的实际价值和应用意义，从而使学习更具内在动力和意义。因此，培养学生的核心素养，是帮助学生养成持续学习习惯的关键。在不断变化的世界中，持续学习是个体适应社会变革，实现自我价值的必要途径。培养学生的核心素养，包括自主学习的能力，将为他们终身学习打下坚实的基础。培养学生的核心素养是教育转型和革新的重要方向，可以帮助学生实现全面发展，使他们具备在未来社会中成功的能力和品质。

（二）核心素养的特点

核心素养是关于学生知识、技能、情感等多方面要求的综合体，它重点关注过程，关注学生在学习过程中的自我感悟，是学生适应未来社会、实现全面发展的基本保障。

核心素养的主要特点包括以下内容（如图 4–1 所示）：

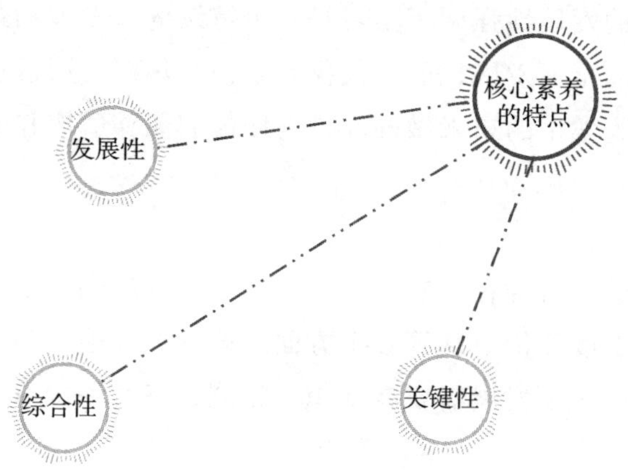

图 4–1　核心素养的特点

1. 发展性

核心素养并不是一种静态的、固定的状态，而是随着个体的成长和经验的积累会不断演变和升华。它揭示了人的学习不仅仅是知识的积累，更重要的是能力的提升和素质的提高。因此，教育应该关注学生的成长，倡导终身学习，培养学生具有持续学习和自我发展的能力。例如，批判性思考的能力是一种核心素养，它不是一蹴而就的，也不是一种固定的状态，而是随着学生的成长和学习经验的积累逐渐发展的。在小学阶段，学生可能只能理解和分析简单的问题；到了中学阶段，学生可以开始分析复杂的问题，并提出自己的观点；到了大学阶段，学生甚至可以对复杂的问题进行深入的分析和批判。这种从简单到复杂，从表面到深层的思考能力的提升，就是核心素养发展性的体现。再比如，情感态度是另一种核心素养，它也具有显著的发展性。在学生的成长过程中，他们的情感态度会随着经验的积累和社会交往的深化而逐渐发展。在早期，学生可能只是简单地模仿周围人的行为和态度；随着逐渐成长，他们开始形成自己的价值观，能够对自己和他人的行为进行评价；到了成年阶段，他们可能已经具备了深度的同理心和社会责任感。这种从模仿到自主，从自我到他人的情感态度的成长，也是核心素养发展性的体现。

核心素养的发展性强调了学习是一个持续的、发展的过程，要求教师应关注学生的全面发展，而不仅仅是知识的传授。通过这种方式，教师可以更好地为学生的未来做好准备，使他们能够适应并成功应对未来社会的挑战。

2. 综合性

核心素养的综合性在于它包含了个体全面发展的各个维度，融合了知识、技能、态度和价值观等多个方面。这种综合性贯穿了学习的全过程，反映了人的全面发展需要在知识、技能、态度和价值观等多个层面上进行。

知识是打开世界大门的钥匙，但仅仅掌握知识并不足以应对日新月异的社会。技能，比如解决问题的能力、团队合作的能力、批判性思维的能力等，也是非常重要的。态度，如对待学习的积极态度、对待他人的尊重态度等，也会深深影响一个人的行为和选择。价值观，如公平、正义、尊重多元文化等，也是构成个体全面发展的重要因素。举例来说，当一个学生在解决问题时，他需要运用已有的知识，这是知识的应用；他需要发挥思考的技巧，提出问题的解决方案，这是技能的运用；他需要拥有面对困难不放弃的积极态度，这是态度的体现；他还需要遵循公平和诚实的原则，这是价值观的体现。可以看出，这个过程是多元素综合运用的过程。此外，核心素养的综合性也表现在它能跨越不同学科领域，即学生无论在学习语文、数学，还是音乐、科学、社会等课程时，都可以养成核心素养。例如，在语文课上，教师可以培养学生的语言表达和理解能力，也可以培养学生的情感态度和价值观；在音乐课上，教师除了教授音乐知识和技能，也可以培养学生的审美观和创新意识。核心素养要求教师不仅仅关注学生在某一学科或某一方面的发展，而是关注他们在知识、技能、态度和价值观等多个方面的全面发展。

3. 关键性

在现今复杂多变的社会环境中，个体应该具备某些关键的能力和素质。而核心素养强调的则是那些可以在各种情境中被广泛应用，对个人生活和未来发展有着深远影响的关键能力和素质。

现代社会以其瞬息万变的特性，对个体提出了越来越高的要求。信息爆炸、职业变动频繁、社会关系复杂化等特点使得单一的知识和技能变得难以适应社会的需要。在这样的环境下，学生需要的不仅仅是掌握大量的知识，更需要拥有能够灵活运用知识，有效解决问题的能力。比如创新思维、批判性思考、情绪管理、合作交流等，都是核心素养中的关键能力。同时，核心素养的关键性也体现在对学生人格形成和个性发展的影响上。在一个人的成长过程中，良好的态度和价值观的形成至关重要，它们影响着个体的思维方式、行为选择，甚至影响他们的生活质量和幸福感。例如，积极向上的人生态度，尊重他人，公平正义的价值观，这些都是在学生成长过程中需要培养的。

因此，核心素养的关键性体现在它涵盖了个体在现代社会中必须具备的关键能力和素质，这些素养不仅对于学习、生活和工作有着直接的影响，同时也对个体的整体发展和人格形成有着深远的意义。从这个意义上来说，核心素养可以说是现代教育的重心所在，也是教育改革和发展的关键所在。

二、基于核心素养的中学音乐教育的培养内容

中学教育的本质在于为学习者的未来成长奠定基础，为其铺就终身学习的道路。学校所教授的知识应成为学生生活的伙伴，为他们的一生带来益处。这并不是一种即时生效的过程，而是需要漫长的时间才能展现其成果，这样的效果往往具有持久性和实效性。

音乐课程作为人文学科的一部分，其目标不仅是传授学生音乐的基础知识和技能，更是塑造学生终身发展的品格和关键能力，其价值是无法被其他课程所替代的。提升公众的音乐素养是提升全民整体素质的关键，而正确理解和认识音乐的核心素养对于塑造和发展学生的音乐能力与品质，展示音乐学科的教育功能和价值具有决定性的重要性。唯有深刻理解和认识音乐核心素养，学校才能准确把握基于核心素养的音乐课程改革，从而为新的课程标准的实施和音乐教学打下坚实的基础。

中学音乐教育的核心素养是指学生通过学习音乐课程，初步掌握一定的音乐知识与技能，养成音乐学科的素养，并与其他学科的素养有机结合形成个体核心素养。音乐核心素养强调的是音乐学科的价值内涵与学生专业成长的综合性和整体性的有机结合，是音乐学科对于学生音乐成长的意义和价值所在①。在中学阶段，培养中学生的音乐核心素养，可以帮助学生对音乐有较高的认知能力与审美能力，对外部事物有较深层的感悟能力。音乐核心素养是学生在音乐学习中必须具备的综合能力，这并不仅仅局限于特定的音乐知识或表演技巧，也并非泛指一般的音乐能力。音乐核心素养虽然基于音乐知识和技能，但又超越了这些具体的知识和技能。这种素养是在音乐学习过程中逐渐形成的，并且具有综合性、发展性和实践性的特征。中学音乐教育的核心素养立足于人的全面发展，强调在各个音乐学习领域和不同情境中都不可或缺的共同要求，是音乐素养中关键且必需的部分。中学音乐教育中的核心素养着重于音

① 冯巍巍．音乐核心素养的特征与培养[J]. 课程·教材·教法，2016，36（12）：9-13.

乐学科的价值内涵和学生专业发展的整体性与综合性的有机结合，这是音乐学科对学生音乐成长意义和价值的重要体现。基于核心素养的中学音乐教育不仅要培养学生的音乐审美能力，注重学生的音乐欣赏体验，还应教会学生如何进行音乐表演，积累自身的音乐文化素养。

（一）音乐知识与技能

在核心素养理念的指导下，中学音乐教育对音乐知识和技能的重视必然强调其深度和广度。音乐知识不仅限于理论层面，例如音乐的结构、旋律、节奏与和声，还包括音乐的历史、文化背景以及其在不同社会和历史背景下的表达。学生对音乐的理解不应仅仅是知识的积累，而是要把音乐理论联系到实际的音乐体验和情境中，从而实现知识与实践的结合。技能培养方面，教师除了要让学生掌握基本的音乐表达技巧，例如唱歌、弹琴等，更应注重学生对技能的应用能力，鼓励学生在实际的演奏、创作中，用所学知识和技能进行实践。对于技能的提升，应从简到繁，从易到难，注重层层递进，逐步提高。在此过程中，教师的角色是引导者和促进者，而学生则应通过积极地参与，主动地探索和实践，从而体验音乐，理解音乐，表达音乐。教育者需要创造有利于学生自我发展的学习环境，激发他们的学习兴趣，提升他们的学习动力，引导他们发现和解决问题，培养他们自主学习和持续学习的能力。

（二）音乐欣赏与审美能力

中学音乐教师应让学生在音乐学习中建立良好的审美品位，拓宽审美视野，并形成独立的审美判断。音乐欣赏和审美能力不仅包括对音乐作品的主观感知，也涉及对音乐的理解、解读和赏析，这需要中学音乐教师在教学过程中引导学生通过系统学习，熟悉并理解音乐的元素，例如旋律、节奏、和声、音色等，进一步感受音乐的表达力，理解音乐在表现情感、描绘画面、构建意象等方面的无限可能。同时，为了更好地提升学生的音乐欣赏和审美能力，中学音乐教师需要引导学生在欣赏过程中不断深化自己对音乐的理解，鼓励他们思考音乐的创作背景，解析作曲家的创作意图，同时挖掘音乐作品的社会背景、历史文化等深层内涵。通过这样的学习过程，学生不仅能够体验和感受音乐的美，也能够对音乐有更深入的理解和认识，从而提高他们的音乐欣赏和审美能力。在音乐教育教学活动中，教师要引导学生不只单纯地从技巧上把握，更重要的是从激发学生的情感入手，根据音乐作品所具有的表现特征，在音乐作品情感内涵和表现形式上，引导学生全面把握音乐表现内涵，运用感受与比较的方法，让学生了解音乐作品内涵、体会音乐和谐统一的音色美、旋律美和意境美[①]。

另外，中学音乐也要注重提升学生的审美独立性，即培养学生自己的审美观和审美判断。这需要教师鼓励学生在音乐学习中积极地发表自己的观点和感受，鼓励他们根据自己的体验去评价音乐作品，提出自己的看法，这样不仅能够帮助学生形成独立的审美观，也能够培养他们独立思考的能力。

（三）音乐创新与表达能力

音乐创新与表达能力在中学音乐教育中占据重要地位，是衡量学生音乐素养的一项重要指标。这种能力并非单纯指创作一首新的音乐作品，而是更多地体现在学生能否通过“音乐”这一艺术形式，发现、挖掘、表达自己的情感与思想，理解、解读和重塑音乐作品，深刻认识创新音乐元素和表现手法。音乐创新能力的核心是培养学生的创新思维。创新思维是指在音乐活动中灵活运用自己已经学到的音乐知识、技能，从而实现音乐元素的重新组合，创造出独特的音乐表达。在音乐创作中，这可能体现为独特的旋律创作、和声设计、节奏编排等，而在音乐演奏中，可能体现为对已有曲目的重新编排、演绎方式的改变等。音乐表达能力是指学生能否通过音乐，准确、生动地传达自己的感情和思想。这需要学生在理解音乐的基础上，能够掌握和运用音乐的语言，将内心的情感

① 宋瑞兰．浅谈音乐核心素养及其培养[J]．教育理论与实践，2017，37（23）：60-61．

融入音乐的创作或演奏中，使音乐成为自我表达的载体。这样的表达既可以是对音乐作品的再创作，也可以是在音乐欣赏中的内心独白，抑或是在音乐表演中的情感投射。

在中学音乐教育中，培养学生的音乐创新与表达能力，不仅可以丰富他们的音乐经验，激发他们对音乐学习的兴趣和热情，同时也能够培养他们的独立思考能力、情感表达能力和社会交往能力，为他们的终身发展打下坚实的基础。

三、基于核心素养的中学音乐教育的实施策略

在核心素养理念的指导下，中学音乐教师应为学生提供各种有利的条件，扩展音乐教学的实践和空间范围，增强学生的主动性和参与性，促进学生的全面发展，帮助学生养成良好的音乐文化素养（如图 4–3 所示）。

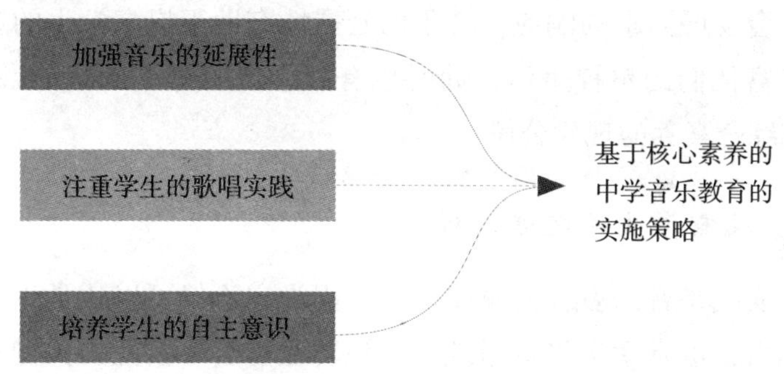

图 4–3　基于核心素养的中学音乐教育的实施策略

（一）加强音乐的延展性

加强音乐的延展性是为了突破传统音乐教育的空间和时间限制，给学生提供更多元、更丰富的音乐体验。音乐的美感是普遍的，学生无论身处何处、时间长短，都有可能产生美的感知和体验。因此，音乐教育不能仅限于课堂，而应当透过课堂的边界，将音乐学习融入学生的日常生活中，让学生能够在日常生活中感知音乐，进一步体验和理解音乐。

音乐的延展性表现在多个层面。在空间上，教师可以将音乐教学拓展到课堂之外，例如在校园中举行音乐活动，或者组织学生参观音乐展览、音乐会等。在时间上，音乐教学不应仅限于固定的课堂时间，而应鼓励学生在课余时间也参与到音乐学习中，如参加音乐社团、练习乐器等。同时，音乐的延展性还体现在音乐与其他学科的交叉融合。音乐不仅可以与艺术、文学等其他人文学科结合，也可以与科学、数学等自然学科结合。例如，通过分析音乐的节奏、音高、和声等元素，教师可以引导学生理解和感受数学的美；通过探讨音乐的历史、文化背景，教师可以引导学生理解和感受历史、文化的美。音乐的延展性不仅可以拓宽学生的音乐视野，提高他们的音乐素养，也可以促进他们的跨学科学习，提高他们的综合素养。

在中学音乐教育中，重视音乐的延展性既是对学生个体发展的尊重，也是对社会发展需求的响应。音乐的延展性有助于提高学生的音乐核心素养，丰富他们的精神生活，同时也有助于他们将来更好地融入社会，成为具有综合素养的现代公民。

（二）注重学生的歌唱实践

歌唱实践是音乐教育的重要环节，因为它不仅可以让学生亲身体验音乐的魅力，也是学生将音乐理论知识转化为实际技能的关键步骤。不同于其他音乐实践活动，歌唱实践无需额外的设备或工具，只需学生自身的嗓音，因此更便于在日常生活中进行。在歌唱实践中，学生可以运用和巩固他们在音乐课程中学到的知识和技巧，比如音准、节奏、动态等音乐元素以及如何表达歌曲的情感内容等。同时，歌唱实践也可以提升学生的听力技巧，因为在唱歌的过程中，他们需要对音高、节奏等音乐元素进行准确的判断和处理。更为重要的是，歌唱实践是提高学生音乐欣赏能力和音乐创新能力的有效途径。通过唱歌，学生不仅可以更深入地理解和体验歌曲的美，也可以将自己的想象和创造力融入歌曲的演唱中，从而实现自我表达和自我创新。

在教学实施过程中，教师可以结合学生的实际情况，设计适合他们的歌唱实践活动，如小组合唱、音乐剧表演、歌唱比赛等。同时，教师也应鼓励学生在课余时间进行歌唱实践，比如参加校园歌唱社团、公开的音乐活动等。通过这些方式，教师可以有效地提高学生的歌唱技巧，增强他们的音乐实践能力，激发他们对音乐的热爱和学习音乐的兴趣。

（三）培养学生的自主意识

在基于核心素养的中学音乐教育中，培养学生的自主意识是至关重要的一环。一个具有自主意识的学生，对自己的学习过程具有主动性和积极性，能够独立思考、自我驱动、积极参与，这对于音乐素养的培养具有深远的影响。

自主意识的培养意味着教师需要引导学生理解，音乐学习不仅仅是被动接受知识，而是一个积极探索、主动实践的过程。在学习过程中，学生不仅是知识的接受者，也是知识的创造者。例如，在音乐欣赏的过程中，教师可以引导学生表达自己对音乐作品的理解和感受，鼓励他们独立思考和表达自己的观点；在音乐创作或表演的过程中，教师可以提供一些开放性的任务，让学生自由发挥，展示他们的创新与表达能力。自主意识的培养也要求教师关注每个学生的个体差异，尊重他们的选择和决定，鼓励他们在音乐学习的过程中，按照自己的兴趣和爱好去选择学习的内容和方式。教师应为学生提供各种学习的机会和环境，鼓励他们在学习过程中，根据自身的需要进行自我调整和自我评估，以实现更好的学习效果。当学生具备自主意识，他们会更有动力地投入音乐学习中，能够更深入地理解和体验音乐的内涵，同时也能更好地发挥音乐的创新和表达功能。这对于他们音乐素养的培养，无疑将产生深远的影响。

第二节　基于多元文化的中学音乐教育

随着国际全球化的不断推进，多元文化已经成为当今社会发展的重要动力。音乐教育作为组成社会文化的核心要素，为顺应时代潮流发展，无疑更是需要进行更加多元化和全方位的发展。在此背景下，基于多元文化的中学音乐教育理念应运而生。这一理念强调教师在重视本民族传统音乐教育的同时，也应致力于接纳和融合来自国际优秀的音乐教育资源。在当前文化交流日益频繁的背景下，将多元文化教学理念融入中学音乐教育中无疑已成为一种必然的趋势。在中学音乐教育中融入多元文化不仅有利于丰富和完善学校音乐教育的教学内容和体系，更能显著提升中学音乐教育的整体质量。对于教师来说，这也是一个难得的机会，他们可以在多元文化的大背景下逐步拓展自身的教学领域，尝试和探索全新的音乐教学方法，并将其灵活运用于教学实践中。

一、基于多元文化的音乐教育理念

音乐，作为一种独特的文化标识，是文明传播的载体，它在文明的演进与传承中发挥了至关重要的作用。在全球化的进程中，音乐已然成为一种重要的影响因素，对世界文明的进步与演变起到了极大的推动作用。这得益于音乐的跨文化通达性，即使不同地域的人们因为语言和生活习惯存在差异，却能通过音乐达成精神的共鸣。音乐交流也意味着文化交流，音乐的创新有力地推进着文明的发展。从音乐的本质来看，音乐不存在高低贵贱之分，它能以多样的乐器和形式传达不同的文化，人们的价值观、世界观以及人生观也都可以通过各种不同的音乐形态得以表达。在当今这个信息化社会，信息传递速度加快，文化交流也变得更为便捷，音乐文化互相交融，孕育出了丰富多元的现代文明。从音乐的发展历史来看，每一种音乐都包含着一段令人难以忘怀的文化历史，因此，内容丰富的音乐为学校音乐教育提供了深厚的发展土壤和广阔的拓展空间。在这样的大背景下，学校音乐教育应顺应多元音乐文化的发展趋势，不断创新教学理念和方法，以实现学生的全面发展。

在多元文化背景下，音乐教育的任务不仅包括引领学生深入探索并欣赏本土音乐，也应教会学生接纳并尊重全球各地的不同文化背景下的音乐艺术。这种教育理念强调了尊重和欣赏音乐的多样性，提倡学生在坚守自身音乐文化传统的同时，拓宽他们的音乐视野，发掘和欣赏其他音乐文化的优势。在音乐教育中，学生被鼓励吸收不同音乐风格中的精华，并尝试将这些优点融入自己的音乐认识与创作过程中。在这个过程中，学生可以不断地探索、研究不同音乐风格，以寻找最能表达自身情感与思维的音乐表达形式。多元文化的音乐教育理念不仅有助于培养学生对各种音乐文化的理解与欣赏，而且也能够帮助他们塑造全球化的视野。在深度理解和体验不同民族音乐风格的过程中，学生可以更深刻地体验到音乐的丰富性和多样性，进而深化他们对音乐的热爱与理解，为他们的全面发展提供了良好的基础。

二、基于多元文化的中学音乐教育意义

基于多元文化的中学音乐教育，对于学生的音乐修养和个人发展有着重大意义。在全球化的趋势下，学生需要具备可以接纳和欣赏不同文化的能力，这对他们将来适应社会环境有着至关重要的影响。同时，基于多元文化的音乐教育也可以通过学习和理解不同的音乐类型，培养学生的创新思维和审美鉴赏能力，这些对于他们的个人成长也是必不可少的。多元文化音乐教育能帮助学生跨越地域与民族的界限，理解并欣赏各种不同音乐的风格和流派，从而丰富其音乐语言和表达能力，提高他们的音乐审美水平。此外，音乐作为一种文化的载体，基于多元文化的音乐教育也有助于培养学生的文化包容性和开放性。通过研究和欣赏来自不同文化背景的音乐，学生可以学习到不同文化的历史、传统和价值观，从而提高自身的文化素养，拓宽自身的全球视野。同时，多元文化

的音乐教育还可以锻炼学生的创新能力和批判思维。在面对各种不同音乐形式的过程中，学生需要不断比较、分析和思考，从而锻炼他们的思维能力和独立思考能力。在创新方面，面对多元文化的音乐元素，学生也有更多的可能性去创造出独特的音乐作品。

基于多元文化的中学音乐教育，为音乐教育带来了更广阔的发展空间，它鼓励教师在教学中融入世界各地的音乐元素，以富有创意的教学方法吸引学生，激发他们的学习兴趣。音乐是文化的表现形式之一，不同的文化背景会塑造出风格各异的音乐，为音乐教育提供了丰富多样的教学内容。通过接触和学习来自不同文化背景的音乐，学生的音乐视野得以拓宽，音乐经验和理解也会随之增加。此外，多元文化的音乐教育还能促进音乐教育的创新和发展。在面对多元的音乐文化时，音乐教育的教学方式和方法必须随之更新和变革，以适应这种多元性。这就需要教育者不断地探索和尝试，从而推动音乐教育的创新和发展。例如，教师可以尝试将不同的音乐风格融合在一起，或者采用新的教学方法来讲授这些音乐，这都可能产生出前所未有的教学效果。基于多元文化的中学音乐教育也有助于提高音乐教育的影响力和吸引力。在多元文化的影响下，音乐教育不再局限于传统的、单一的音乐类型，而是包含了各种不同的音乐元素。这种丰富和多样的音乐内容可以吸引更多的学生对音乐教育产生兴趣，并进一步提高音乐教育在整个教育体系中的地位。

三、基于多元文化的中学音乐教育策略

基于多元文化的中学音乐教育强调本民族音乐教育的重要性，即中学教师应在教学过程中运用多元化的教学方法，引导学生理解和尊重多元文化，提升学生的音乐技能和综合素养。为实现这一目标，音乐教师自身需要具备一定的跨文化知识和教育能力，不断地学习和研究先进的教育教学理念，学习新的音乐知识并掌握更多乐器技能，做好学生的引路人（如图 4-4 所示）。

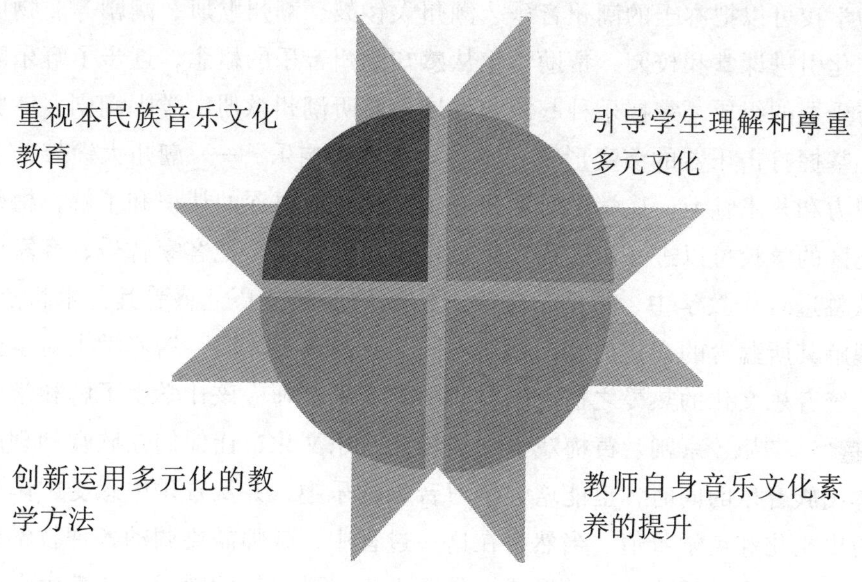

图 4-4 基于多元文化的中学音乐教育策略

（一）重视本民族音乐文化教育

在多元文化的音乐教育中，对本民族音乐文化的教育占有举足轻重的地位。这是因为，本民族音乐文化是每个人最先接触、最深入骨髓的音乐文化，它包含了一个民族的历史积淀、民族精神和生活情感。本民族音乐文化是每个个体认同自身文化、热爱自己民族的重要桥梁。对本民族音乐文化的学习和理解，不仅能使学生更好地理解和珍视自己的文化根源，也有助于他们形成健全的自我认同，提高民族自豪感。

在中学音乐教育中，注重本民族音乐文化的教育，就是要将本民族的音乐元素和特色深深植入教育实践中。这需要音乐教师具有丰富的本民族音乐知识和实践能力，能够引领学生深入理解和熟练掌握本民族音乐的基本知识、技巧和审美观念。例如，广东珠江三角洲地区的学校可以把广东音乐、粤剧、粤曲、童谣融合到音乐课堂中，再结合富有创意的教学活动，激发学生对“国乐”艺术的学习兴趣和求知欲；潮汕地区

的学校可以把本土的潮州音乐、潮州大锣鼓、潮州歌册、潮剧等非物质文化引进课堂和校园，帮助学生从感知潮州音乐的概念，逐步了解乐队与乐器的组成、掌握乐种起源与发展、聆听潮州歌册、学唱潮剧，体验并掌握打击乐器的演奏形式，感受“东方交响乐”——潮州大锣鼓的表现力和艺术魅力，让学生对潮州音乐文化有了更深的认识和了解；梅州地区的学校可以进一步弘扬和传承本土民族音乐，把客家音乐、客家山歌融进音乐教学中，帮助学生学习山歌的演唱技巧，感受其艺术特点，理解其所蕴含的文化内涵，领略不同文化的审美体验，培养学生对本土传统音乐文化的热爱之情。同时，中学音乐教师应该让学生了解和学习古琴、二胡、京剧、黄梅戏等中国传统音乐文化，让他们在欣赏和理解本民族音乐的同时，也能增强学习音乐的乐趣，并从音乐中感受中国的历史文化和美学价值。当然，在这一过程中，教师需要调动各种教学资源，选择生动活泼的教学形式，带领学生走进音乐的殿堂，让学生在参与和体验中表现美、创造美，同时享受传统音乐及高雅艺术给自己带来的美好和惬意时光。

在全球化的今天，多元文化的交流和融合越来越频繁，但这并不意味着我们可以忽视本民族音乐文化的价值。相反，我们更应该重视和发扬本民族音乐文化，让它在多元文化的交流和融合中发出自己独特的声音。因此，重视本民族音乐文化的教育，对于中学音乐教师而言，不仅是教学的必要内容，也是文化自信的重要体现。

（二）创新运用多元化的教学方法

传统的音乐教育方式往往是以一种音乐文化为中心，围绕其开展教学，然而在多元文化环境下，这种方式已经无法满足学生对多样音乐文化的学习需求和对音乐审美的多元化追求。因此，中学音乐教师要运用多元化的教学方法，打破传统的教学模式，注重引导学生主动参与并感知多元音乐文化，这样既能拓宽他们的音乐视野，也能激发他们对音乐学习的热情和兴趣。

创新运用多元化的教学方法，意味着教师不仅要教授音乐知识，更要引导学生理解音乐所承载的文化内涵，体验音乐所表达的情感世界。音乐教师可以在教学过程中融入更多实践性的教学活动，如音乐欣赏、音乐演奏、音乐创作等，通过实践来让学生感知和理解不同音乐文化的独特魅力。例如，教师可以组织学生参加多元音乐文化的音乐会，让他们亲身体验不同音乐文化的特色和魅力；引导学生进行小组合作，共同创作融合了多元音乐元素的作品，通过实践来理解和掌握多元音乐文化的精髓。此外，音乐教师还可以借助现代科技手段，如网络、多媒体等，使得音乐教学更加生动和有趣。利用网络资源，学生可以接触到世界各地的音乐，欣赏到不同音乐文化的表现形式；通过多媒体手段，可以使音乐教学更加形象和直观，学生更易于理解和掌握音乐知识。创新运用多元化的教学方法是提升教学效果、丰富学生音乐学习体验的关键途径。教师只有在教学方式上进行创新，才能更好地满足学生的学习需求，引领他们走进丰富多彩的音乐世界，体验音乐的魅力，提升他们的音乐素养。

（三）引导学生理解和尊重多元文化

在中学阶段，音乐教师的主要任务之一就是引导学生理解和尊重各种不同的文化传统。这并非简单地传授知识，而是一种深层次的文化教育，它需要通过“音乐”这个媒介，引导学生认识世界的多样性，从而产生对所有文化的尊重和理解。

教师通过让学生体验、欣赏不同地区和民族的音乐作品，可以使他们从中了解不同文化的独特性。每一首音乐都代表了一种特定的文化和价值观，反映了那个文化的历史、社会和人文背景。学生通过对比学习，不仅可以增强对音乐美感的认识，还可以对不同文化的价值和生活方式产生深入的理解。同时，教师还应强调每种文化都有其独特的价值和贡献，没有所谓的高下之分。音乐作为一种艺术形式，各个文化的音乐都有其独特的韵律、旋律与和声。在欣赏和理解各个文化的音乐的过程中，学生会逐渐意识到尽管每种音乐有其独特性，但它们都是人类创造力和精神生活的重要组成部分，都值得我们去尊重和珍视。通过这样的教学活动，学生不仅会在音乐技能上得到提升，而且会在心灵上得到丰富，理解和尊重文化多样性，对于他们将来在全球化的世界中生活和工作具有深远的影响。

（四）教师自身音乐文化素养的提升

教师自身音乐文化素养的提升对基于多元文化的中学音乐教育至关重要，它直接影响着教师在音乐教学中的认识、理解、引导和传递能力。因此，教师需要对音乐有着深厚的理解和欣赏能力，同时，他们也需要具备广阔的音乐视野和深厚的音乐知识储备，以便在教学过程中向学生展示多元音乐文化的魅力。

教师不仅要提高自身的音乐技能，更应提升自己对多元文化的理解和欣赏能力。他们应当熟悉各类音乐流派和文化背景，理解音乐如何作为一种全球语言跨越地理和文化的隔阂，表达人类共同的情感和经验。这种理解和欣赏是通过深入学习和实践来获得，如阅读音乐历史和理论书籍，参与音乐会和工作坊，甚至亲自去不同的地方体验不同的音乐文化。教师自身音乐文化素养的提升是一项综合性的任务，它需要教师在理论学习、实践体验和教学技巧上进行全面提升。因为只有这样，教师才能在多元文化的音乐教育中发挥应有的作用，成功引导学生走进丰富多彩的音乐世界，提升他们的音乐素养。

第三节　基于审美教育的中学音乐教育

审美教育是当今中学音乐教学的核心内容，“以审美教育为核心”的音乐学科，在教学过程和教学模式上同其他单调乏味的基础知识学科有着尤为明显的区别。由于音乐自身的艺术审美性，加上教师在教学过程中会融合更多趣味教学，这就消除了基础知识学科的“填鸭式课堂”枯燥的知识传递过程。基于审美教育的中学音乐教育有助于培养中学生对音乐的喜爱和兴趣，开发学生智力水平，让学生建立积极向上的审美情趣与审美素养，从而使学生的心灵品格变得高尚，帮助学生树立正确、健康的人生观。

一、中学音乐教育与审美教育的关系

从狭义上说，审美教育主要是通过一定的教育手段，提高人的感知能力、想象力，丰富人的情感，拓展人的精神世界，培养人的创新求异能力，使其成为一个高素质和全面发展的人①。在审美教育中，教师注重的是培养学生的主观能动性，激发他们对美的自然热爱，让他们能够在日常生活中发现和欣赏美。审美教育旨在帮助学生形成对美的敏感度和欣赏力，并结合个人经验理解美的多元性。除了欣赏美，审美教育也鼓励学生通过艺术创作表达他们对世界的理解和感受，从而提高他们的创新能力和独立思考能力。这种教育不仅增强了学生的艺术技能，还有助于培养他们的个性，提高他们的生活质量，使他们能够更好地适应社会和生活。

从本质上看，音乐教育即审美教育，审美教育是音乐教学的核心内容。这是因为，音乐自身就是一种能够引发审美反应的艺术形式，音乐教育的目标之一就是培养学生的音乐审美能力。音乐，作为一种非物质的艺术形式，旨在传达和唤醒情感，创造出具有美感的声音空间。因此，音乐教育在教导学生如何理解和创造音乐的同时，也在间接地培养他们的审美意识和感受力。通过欣赏不同风格和形式的音乐，学生可以学习到美的多元性和相对性，从而对美有更深入、更全面的理解。

中学音乐教育是实施审美教育的有效途径之一。在音乐教育的众多价值中，其审美教育功能占据了极其重要的位置。这主要表现在音乐教

① 杨盟，舒梅娟，孙婷．美学教程［M］．延吉：延边大学出版社，2016：191.

育不仅为学生提供了理解、欣赏和创作音乐的能力，还培养了他们的审美意识，丰富了他们的情感世界，提升了他们的精神境界。

审美教育是中学音乐教育的核心理念。在这一理念指导下，中学音乐教育的目标是让学生在欣赏和学习音乐的过程中，感受音乐的美，理解音乐的美，享受音乐的美。中学音乐教育不仅有助于推动学生智力的发展，也会对他们的人格发展和精神生活产生深远的影响。因此，“以审美教育为核心”的音乐教育理念，在中学音乐教育实践中具有至关重要的指导意义，它不仅能引导教师和学生对音乐教育的目标和任务有着更清晰、更准确的认识，而且也能推动音乐教育的改革和发展，使音乐教育真正成为促进学生全面发展的重要力量。

中学音乐审美教育是一种独特的艺术教育形式，旨在丰富学生的情感世界，启发他们的智慧。音乐，拥有一种无形的力量，能够打开学生封闭的心灵之窗，对人产生积极的心理影响。中学音乐教育的核心目标在于培养学生的音乐审美能力。通过在学校中长期参与音乐审美活动，中学生可以逐渐积累经验，并逐步形成个人的音乐审美意识。由于音乐是一种情感的艺术，因此在欣赏音乐作品的课堂教学中，教师应以引导为主，使学生的想象力和创造力得到激发。教师通过对音乐作品的深入研究，将音乐的形象鲜明地呈现在学生面前，从而激发学生的思维，释放他们的情感，使他们与音乐作品产生深深的共鸣，并从中感受到音乐之美。中学音乐教育利用其独特的审美功能，帮助中学生在其成长过程中塑造了良好的精神品质和高尚的人格，使他们形成了美好、健康的人生态度，也帮助他们从音乐作品的学习中提取了人生的真谛。由此，审美教育在提高中学生综合素质方面发挥了至关重要的作用。

二、基于审美教育的中学音乐教育的主要任务

基于审美教育的中学音乐教育，要求教师注重培养学生的音乐感知能力、音乐理解能力、音乐想象能力和音乐创造能力（如图 4–5 所示）。

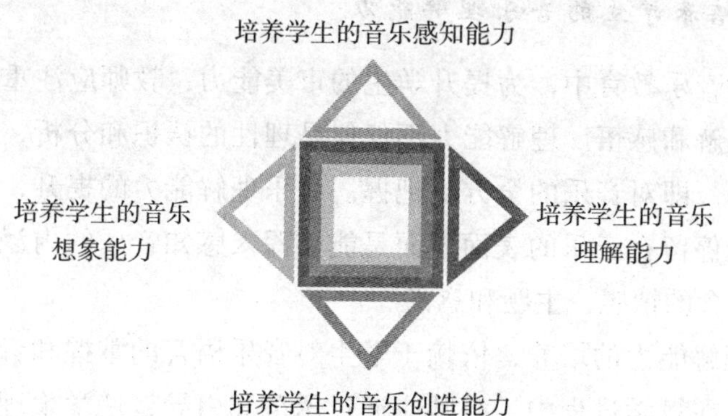

图 4-5 基于审美教育的中学音乐教育的主要任务

（一）培养学生的音乐感知能力

中学音乐教育要求教师注重培养学生对音乐的直观感知能力，这种能力不仅包括对音乐基本元素如节奏、旋律、和声与音色的敏感把握，还涉及对音乐内涵和表达情感的敏锐理解。在音乐教学的早期阶段，教师可以通过各种方式，如听音乐、唱歌和敲击乐器等，引导学生直接感知音乐，并让学生在实践中逐渐增强对音乐的敏感性和理解力。

在中学音乐教育中，教师要培养学生的审美情趣和基本的音乐审美观念。通过深入、直接的音乐体验，学生可以更好地理解和欣赏音乐，进而激发出自己对音乐的热爱。而这种对音乐的热爱不仅将激发他们更深入地学习和探索音乐，也会对他们的个人成长和发展产生积极影响。通过培养音乐感知能力，学生不仅能够更好地欣赏和享受音乐，还能够建立更深层次的人与世界的联系。音乐感知能力的提高将有助于学生从音乐中获得更多的享受和满足，同时也有助于他们理解和感受人类共享的文化遗产，提高他们的文化素养和人文素养。总的来说，培养音乐感知能力是实现音乐教育目标的关键，对于学生的全面发展具有深远的影响。

（二）培养学生的音乐理解能力

在中学音乐教育中，为提升学生的审美能力，教师应注重培养学生对音乐的理解和感悟。理解能力不仅仅是理性的认识和分析，也包括对情感的理解，即对音乐的全方位把握。音乐理解能力的提升，可以帮助学生不仅仅停留在音乐的表面，而是能够深入感知音乐的内涵，理解音乐背后所蕴含的情感、主题和意义。

音乐理解能力的培养，依赖于学生对音乐语言的掌握和音乐作品的深入研究。在教学过程中，教师应通过示范和引导，使学生理解并掌握音乐的基本元素（如旋律、节奏、和声、结构等），然后再进一步解析音乐作品，从音乐作品的结构和形式到音乐的情感和主题，帮助学生全面理解音乐。通过培养音乐理解能力，学生能够深入理解和欣赏音乐作品，感受音乐的魅力，进一步热爱和投入到音乐的学习中。音乐理解能力的提升，不仅有利于学生音乐素养的提升，也有利于他们的情感教育和人格培养。音乐理解能力的提升，使学生能够从音乐中获取情感共鸣，从而在音乐体验中收获快乐，形成积极的人生态度。在这一过程中，学生通过理解和感受音乐，能够开发自己的想象力和创造力，提高个人的情感表达能力和社交技巧，建立健全的审美观，进一步提升人文素养和综合素质。因此，培养学生的音乐理解能力，是音乐教育中极为重要的任务之一。

（三）培养学生的音乐想象能力

培养学生的音乐想象能力，是基于审美教育的中学音乐教育中的一项重要教学任务。在音乐教学的实践中，音乐想象能力是学生深化音乐理解，提升音乐创造力的关键。音乐想象能力是对音乐的感知、理解过程中形成的精神活动和心理体验，它涉及学生对音乐声音的想象、音乐图像的构建以及音乐情境的设定。音乐教师在教学过程中，可以运用各种教学方法和手段来激发与引导学生的音乐想象力。比如，教师在解析音乐作品时，可以向学生展示作品的创作背景，帮助学生理解作品的情感内容和主题思想，引导他们设想和构建音乐情境，从而激发学生的音乐想象力。同时，教师还可以通过开展音乐创作活动，如音乐即兴创作、音乐组合创作等，进一步培养学生的音乐想象力。这种创作活动，既可以锻炼学生对音乐元素的灵活运用，也能刺激他们对音乐形式和结构的想象，提升他们的音乐创造能力。

培养学生的音乐想象力，不仅能够丰富学生的音乐感知和理解，还能够提高他们的音乐创造能力，从而使他们在音乐学习中能够更好地体验音乐的美，增进对音乐艺术的喜爱，提升自己的音乐素养，形成积极健康的审美情趣，从而促进他们的全面发展。因此，培养学生的音乐想象力，是中学音乐教育的重要任务，也是提高音乐教育质量的重要途径。

（四）培养学生的音乐创造能力

教师可以通过引导学生参与音乐活动和创作实践，让他们掌握音乐的基本规律，从而深入理解和应用音乐语言。在教学过程中，教师还可以引导学生探索和体验音乐创作，如编曲、创新演奏、即兴创作等，这既能够引导学生理解音乐的构造和表现方式，也能激发他们的想象力和创新意识。

培养学生的音乐创造能力需要音乐教师灵活运用多种教学策略和手段。教师只有具备广泛的音乐知识，才能引导学生进行多元化的音乐创作。例如，教师可以指导学生运用多种音乐元素（如旋律、节奏、和声等）进行音乐创作，以此开启他们对音乐创作的探索之旅。值得注意的是，培养音乐创造能力并不意味着要将学生培养成专业的音乐家，而是希望他们通过音乐创作，可以更深层次地感知和理解音乐，表达和沟通自我，享受音乐创作的乐趣，从而实现音乐审美的提升和个性的自由发展。因此，培养音乐创造能力是中学音乐教育中实施审美教育的重要任务。

三、基于审美教育的中学音乐教育策略

在中学音乐课堂中，全面融入审美教育对于引导中学生树立正确的

审美观念，提升审美能力有着至关重要的作用。审美教育是中学音乐教育的重要任务，中学音乐教师应采取必要的措施，将审美教育融入教学的各个环节当中。

（一）科学选择教材，突出教学内容的审美性

音乐教育不仅仅是关于音乐技术和理论知识的传授，更是关于审美体验的分享和启发。因此，教材应该可以深度反映音乐的美学价值，展示音乐艺术的丰富性和多样性，以便引导学生进入音乐的世界，感受音乐的美感。

在选择教材的过程中，教师应当重视音乐作品的美学特质，挑选那些具有高度艺术价值和教育意义的作品。无论是古典音乐、现代流行音乐，还是本国的民族音乐、世界各地的音乐，都可以成为教材的内容，只要它们能够引导学生领略到音乐的美感，并对音乐有更深的理解和欣赏，都是好教材。通过学习精心挑选的教材，学生能够接触到音乐的各个方面，从而建立全面的音乐观。这样，学生在理解和欣赏音乐的同时，也能在音乐的美学价值中找到乐趣，提高自身的音乐审美能力。

（二）运用情境教学，营造良好的音乐审美环境

在音乐课堂中，情境教学可以帮助学生更好地理解和接纳音乐教育的内容。通过情境教学，教师可以将音乐与生活实际情境相结合，使学生更好地理解和欣赏音乐。这种环境的营造有助于学生全身心地投入到音乐活动中，更好地感受和理解音乐，从而提高他们的音乐审美能力。

为了创造良好的音乐审美环境，情境教学不应仅关注音乐本身，也关注与音乐相联系的各种元素，包括历史、文化、生活等。例如，教师在教授一首民歌时，可以通过讲述这首歌的背景故事，让学生了解这首歌的来历、创作背景和表达的情感，从而让学生更深入地理解歌曲，增强他们的音乐审美体验。此外，情境教学还要求教师善于创设和利用各种教学资源，包括音乐教室的环境布置、音乐设备的运用、教学活动的

设计等，这些都能够为学生提供丰富的音乐学习体验，使他们在情境中自然地感受到音乐的美。如在八年级下册第三单元《世界音乐之窗——南亚音乐》中《流浪者之歌》的导入环节中，教师可以披着头纱，手上戴着手链，脚上系着小铜铃，跳一段喜悦、火辣的印度舞蹈，营造出一个神秘又良好的舞蹈教学情境。先从视觉上吸引学生，让他们产生兴趣，再通过印度歌曲、舞蹈，让学生感受体验印度音乐特点，体会印度的音乐魅力，从而达到审美教育的目的。

情境教学的运用，使得音乐教学不再只是单纯的知识传授，而是通过激发学生的主动性和创造性，让他们在享受音乐的过程中自然地获取知识、提高技能，培养他们的审美情趣，实现真正的音乐教育目标。

（三）丰富音乐课堂，激发学生的音乐审美主动性

激发学生的音乐审美主动性需要教师在音乐课堂中创设丰富多元的教学环境和活动。教学内容的丰富性体现在多样的音乐风格、多种的音乐形式以及多元的音乐文化，从而打开学生的视野，增加他们的音乐知识积累，为学生营造可以感受美、表现美的氛围，并进一步提升他们的音乐理解能力和音乐审美水平。比如歌曲《爱我中华》一课引入了少数民族歌舞音乐简介，比如，教师可以随《赛马》的音乐跳一段热情、勇敢，节奏欢快的蒙古族舞蹈；用优美灵活的舞姿演绎《有一个美丽的地方》，让学生感受傣族姑娘亭亭玉立、美丽动人、婀娜多姿的舞蹈造型；伴随着《翻身农奴把歌唱》的旋律，老师又跳起一段多情的“弦子舞”；最后边唱边跳《掀起你的盖头来》，让学生感受热烈、开朗、奔放、挺拔的新疆歌舞 。学生观赏后发出一连串的赞叹声：“舞蹈好美”“音乐好好听”“节奏动感好强哦”，“老师，我们想学”“我们也想跟您一起表演”。这时学生的学习热情高涨，老师也可以满足他们的要求，教学生跳几个简单而且具有代表性的动作，并要求他们根据所学动作为《爱我中华》自编舞蹈分组进行表演。最后再来个师生大会演：教师指挥，学生分成三组，一组演唱歌曲，一组用铃鼓、沙锤、三角铁、非洲鼓打节

奏，一组根据自编的舞蹈进行表演。学生通过创编节奏、舞蹈、分组表演等形式，亲身体验和感受我国绚丽多彩的民族文化，进一步增强合作意识，感受民族音乐的独特艺术魅力，激发学生热爱祖国的少数民族音乐艺术。

具体而言，课堂教学应包含对传统音乐和现代音乐的介绍，包括古典音乐、流行音乐、世界各地的民族音乐等。同时，不同的音乐形式，如合唱、器乐、舞蹈、戏剧等，都应在课堂教学中得到展现。通过介绍不同种类的音乐，学生的音乐体验会更加丰富，他们的音乐审美趣味和审美视野也会得到拓宽。此外，教师还需要设计各种各样的教学活动来引导学生积极参与到音乐学习中来。这些活动可以包括小组合作创作音乐、音乐欣赏和分析、音乐表演以及音乐相关的研究报告等。这些活动不仅能够提高学生的音乐技能，也能激发他们对音乐学习的热情，从而培养他们的音乐审美主动性。

第五章　中学音乐教育中学生能力的培养

中学音乐教育旨在培养学生的艺术修养和情操，全面贯彻中学教育新理念，提高学生的综合素质和能力。中学生可以通过学习音乐开拓思维和见识，在艺术的熏陶下培养自己的音乐感、创造力和综合素质。因此，本节重点研究在中学音乐教育中如何培养、提升学生的各方面能力。

第一节　学生乐感的培养

中学阶段的音乐教育对于学生音乐才能的塑造具有决定性的影响，它对学生艺术素养的培养起着至关重要的作用。在教学过程中，教师重视并致力于培育学生的音乐感是非常重要的一环。音乐感的锻炼和提升，对于学生更好地理解和感受音乐，更深刻地展示音乐的内涵都十分关键。良好的音乐感可以使学生在音乐学习中受益无穷，这也将成为他们一生的财富。

一、乐感的含义

乐感是一种对音乐信号产生的情感反应或变化。音乐在声音信号系统中是一种独特的、独立的功能信号，是人类大脑皮层特有的信号活动功能。音乐具有引发情感变化，激发思维和想象以及进行音乐审美活动的功能。然而，与语言信号相比，非自然的、非语义的音乐信号无法提供稳定的信息概念含义。音乐提供的信息虽然模糊，但同样能激发人的心理活动，对人的情感、思维和审美感知也能产生直接影响。对于一个歌唱者来说，他不仅要从无声的声乐书面作品中寻找其音乐性，也要通过持续的视唱和排练，再使用人声音响创造音乐的声调。在这个过程中，乐感的重要性得到了充分的体现。

乐感也可以指在演奏或唱歌过程中，表演者对音乐结构、乐句、音符、节拍、音色、音质、技巧、紧张度、旋律等各种音乐元素的精准把握与处理。这种乐感源于教师对音乐本质（音符间的关联）的深刻感受，这种乐感受到个体的天赋、演奏需求、基本能力、心理状态以及环境等多方面的影响。若具备敏锐且丰富的乐感，那么表演者在演绎音乐作品时，将能与作曲家产生强烈的情感共鸣，提高演唱的情感表达力和感染力。反之，若缺乏这种敏锐且丰富的乐感，即使面对优秀的音乐作品，表演者也可能会无法表达出作品的情感内涵，无法使听众产生情感上的共鸣。

一般来看，乐感的主要内容包括旋律感、节奏感、和声感等（如图5-1 所示）。

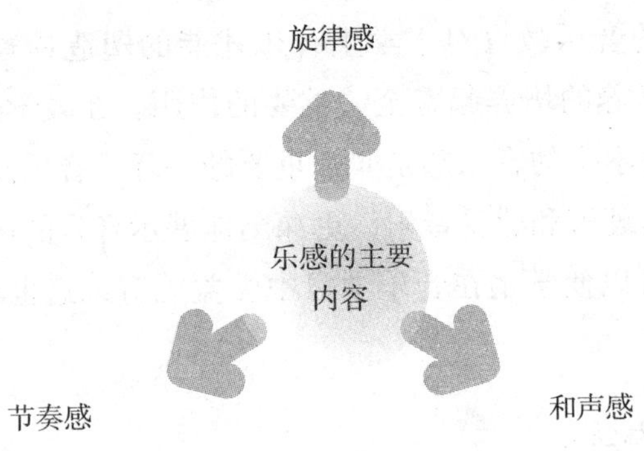

图 5-1　乐感的主要内容

（一）旋律感

旋律，是音乐中最主要的元素之一，是一连串按照特定的音高和节奏排列的音符组合。旋律是音乐的“主题”，它赋予了音乐独特的个性和情感色彩。在旋律中，音符不仅有特定的音高（音调），还有特定的长度（节奏）。这些音符的组合和排列形成了具有吸引力和表现力的音乐线条，这就是我们通常所说的旋律。旋律可能简单或复杂，它可以仅包含几个音符，也可以包含数十个音符。旋律可能平滑或跳跃，音高可能上升或下降。一首歌或一段音乐通常会有一个主旋律，这是人们最容易识别和记住的部分。音乐创作者通过旋律，可以表达各种各样的情感和情绪，如喜悦、悲伤、兴奋、平静等。

旋律感是指对音乐旋律结构和变化的感知和理解能力，包括对音乐旋律线条的把握，对旋律中音高变化、节奏变化的敏感度以及对旋律的记忆和再现能力。其中，对旋律的敏感性是理解和欣赏音乐的重要基础。具备旋律感的人可以辨识出旋律的起伏变化，理解其构成的音乐主题，也能感知到旋律所表达的情感内容。而在音乐创作和表演中，旋律感也尤为重要，作曲家和音乐家需要利用旋律感来创作和表演旋律，从而激发听众的共鸣。值得注意的是，旋律感并非与生俱来的，而是可以通过音乐教育和实践来培养和提高的。例如，音乐教育中的视唱练耳就是一种重要的培养旋律感的方式，学生通过学习和实践，可以提高自己对旋律的感知和理解能力，从而提高自己的音乐欣赏和表演的水平。

（二）节奏感

节奏是音乐时间结构中的重要组成部分，指的是由音符长度和强弱的变化以及音符之间的时间间隔，形成的一种有规律的、可感知的模式。这些模式可以是规则的或者不规则的，也可以是简单的或者复杂的，它们都可以在不断的变化中创造出动态的音乐感觉。在音乐中，节奏的变化可以给听众带来各种各样的情绪，比如快乐、悲伤、紧张、放松等。不同的音乐风格和文化对节奏的使用有着独特的理解和表达方式。例如，摇滚乐中的强烈鼓点和吉他节拍，给人以强烈的节奏感；爵士乐中的复杂且不规则的节奏，给音乐带来自由即兴的特性；在古典音乐中，严谨的节奏结构则是音乐形式的重要组成部分；等等。由此可见，节奏在音乐中的重要地位。

节奏感是感受节奏的强弱力度、长短密度以及它的快慢速度的感受，

并以和谐有致的演唱处理去传情达意的能力。就声乐节奏而言，它受到歌词语言的句式节奏影响，如短句式的紧凑和长句式的舒展在经过音乐的处理后，长句式也可以紧凑，短句式也可以舒展。比如歌曲《长城长》在经过长短句式的有机交错，达到了松紧、张弛、起伏有致的效果，它使用了大量的切分音，并以弱起的方式形成强弱交替的节奏律动特点。

音乐节奏感是可以得到发展和提升的，通过系统的训练和练习，人们可以提高自己对音乐节奏的感知和理解。节奏训练包括各种不同的方法，例如以学习和实践基本的节拍模式，借助节奏训练工具（例如节拍器）进行练习，学习和演奏不同类型和风格的音乐，可以了解和体验各种不同的节奏模式和结构。在熟悉和掌握了基本的节奏模式后，教师可以进一步通过在更具复杂性和挑战性的音乐环境中进行练习，提高自己的节奏感。此外，除了在音乐练习和演奏中进行节奏训练外，学生还可以通过其他方法来提高节奏感，例如参加舞蹈或击鼓课程，或者参与任何需要对节奏有良好感知和控制的活动。因此，虽然一些人可能天生就有很好的节奏感，但其实通过练习和训练后，任何人都可以提高他们的音乐节奏感。

（三）和声感

和声是音乐的一种重要组成部分，主要是指两个或者两个以上的音同时发出时产生的音乐效果。和声是一种具有特定规律和原理的垂直音乐结构，因此也被看作垂直的音乐维度。和声的基本组成单元是和弦，即同时发声的三个或更多的音。

和声感则是指人们对音乐中和声结构与和声变化的感知及理解能力。拥有良好和声感的人能够在听音乐的过程中，准确识别并感受到和声的变化，理解和弦的进程以及它们是如何影响整体音乐情境和情感色彩的。和声感主要由力度感、色彩感、和谐感等构成。力度感是指我们对音乐中的动态变化，即对声音的强弱变化的感知。力度感通常在和声中表现为声部的突出或隐藏，或者和弦的强弱程度的变化。色彩感，或者说音色感，是指我们对音乐中各种声音颜色的感知，包括对不同乐器、人声或音源的声音特性的感知，以及对和弦中不同音符的组合和排列方式产生的特定音色的感知。和谐感则是指我们对音乐中和声的协调度或一致性的感知，这主要涉及对和弦的适当组合和解析等方面的感知。由于和声音响的性质是多种多样的，仅就其纵向效果而论，就有各类音程和各种结构形态的和弦，他们各具效果，力度上有紧张与松弛，色泽上有明亮与幽暗，布局上有浓郁和恬淡；在横向方面，听众会有宽广的、有力的、微弱的等不同感受。因此，能否在和声中体会到这些效果，是区别听者和声感的重要内容。

二、中学音乐教育对培养学生乐感的重要性

在中学音乐教育中，教师应培养学生深入理解和感知音乐的能力，带领学生进入音乐的深层世界，使他们得以通过锻炼听力来获取一种情感和修养的陶冶。音乐对生活的领悟和体验如此丰富，它可以锻炼学生的全面素养和能力。教师的责任在于帮助学生掌握乐感，进而促使他们对音乐作品有更深层次的赏析和理解。

中学音乐教育对学生的乐感培养是至关重要的。在中学音乐课堂中，学生通过理解音乐接受情感的熏陶，这不仅有助于丰富他们内心的情感世界，也能够帮助他们提高个人修养，促进全面的发展。当学生建立起了自己的乐感，提升了个人的音乐鉴赏能力，他们便可以通过“音乐”这一艺术视角来揭示生活中的真、善、美。音乐作品就像是一幅丰富多彩的画卷，能够用声音描绘出让人动容的情感场景，进而丰富学生的精神生活。此外，良好的乐感还能够引导学生深入理解音乐作品，这种理解不仅是对音乐的表层欣赏，更是对作品的深度赏析。通过持续性的训练，学生可以逐步提高自己对音乐作品的赏析能力，这对于提升他们的艺术素养具有深远的影响。因此，在中学音乐教育中，教师不应忽视对学生乐感的培养，而应尽全力地培养学生的乐感，使他们能够更好地感知和理解音乐，从而全面提升他们的修养和能力。

持续的训练将使学生的音乐赏析能力持续提升，这对于进一步提高他们的艺术素养至关重要。同时，如果学生掌握了乐感并提高了自己的音乐鉴赏能力，他们就可以通过欣赏优秀的音乐作品来丰富自己的精神生活。在这一过程中，学生能够从音乐艺术的角度发现生活中的美好事物。因此，对中学生乐感的培养不仅是一项重要的教育任务，也是一种促进他们全面发展的有力手段。乐感的培养不仅使他们得以更深入地理解和欣赏音乐，而且还有助于他们在生活中寻找和欣赏美，从而促使他们的精神生活丰富多彩，对他们的身心健康发展也会产生积极影响。

三、中学音乐教育中培养学生乐感的策略

在中学音乐教育中，教师应充分重视视唱练耳教学，帮助学生在理解乐理基础知识的同时，培养其对音乐的感知能力。教师要通过各种不同类型的音乐作品，培养学生对音乐风格的分辨能力，再结合第二课堂，积极引导鼓励学生主动参与各种音乐实践活动（如图 5–2 所示）。

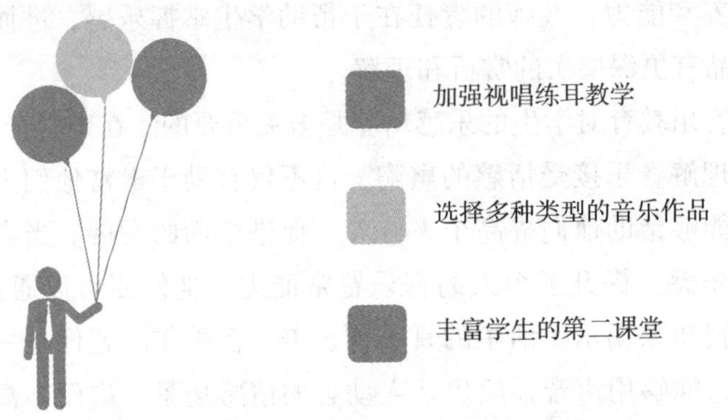

图 5–2　中学音乐教育中培养学生乐感的策略

（一）加强视唱练耳教学

加强视唱练耳的教学，是培养学生乐感的关键。视唱练耳涵盖了两个主要组成部分：听觉训练和视唱。提高听觉能力，对于深化学生对音

乐的感知具有决定性的意义。视唱是视唱练耳教学的另一个核心环节，它与听觉训练相互补充。通过科学有效、专业的视唱训练，学生可以优化和提升自己的听觉能力。在教学过程中，教师应从简单到复杂、由浅入深地开展教学。

1. 从体态的律动方面入手

中学生是非常活跃的，当他面临难度较大的节奏时，教师应先引导学生进行体态律动的训练，待学生熟练掌握之后再过渡到演唱练习，这样既符合学生的特性，也会让他们感到轻松并能迅速准确地进行音乐表达。这种训练方法对于乐感较弱的学生来说有着明显效果，教师如果能正确引导他们使用自身的体态律动来表达音乐，将有效提升他们对音乐的感知。

2. 从唱准单音过渡到旋律

在音乐教学中，学生不仅需要学习听，而且也需要学习唱。听和唱是相辅相成的，不能忽视任何一个。教师可以先从确保学生唱准音阶开始，然后对学生进行级进、跳进、模进的训练，使他们能在多变的音阶中更好地把握每个音的音准。接下来，教师再让学生通过听辨单音，对音高、音准进行识记和巩固练习，把所听的旋律记下来进行视唱，这样听唱兼顾将更好地促进学生对音准的掌握。

（二）选择多种类型的音乐作品

选择多种类型的音乐作品，可以极大地丰富学生的音乐体验，让他们了解到音乐的多样性，进一步激发他们对音乐的热爱和研究。不同类型的音乐作品有其特定的节奏、旋律与和声等元素，学生通过接触各种类型的音乐，可以锻炼自己的听觉和视唱能力，提升他们对音乐结构和形式的理解，进一步增强他们的音乐创造力和表现力。同时，多样的音乐作品也能帮助学生更好地理解和感受音乐所传达的情感和主题，进而增强他们的音乐表达能力。此外，不同的音乐作品会激发学生不同的情感反应，这对于提高他们的情绪识别和管理能力，也有着非常重要的作用。选用多种类型的音乐作品进行教学，不仅能够全面提升学生的音乐技能和审美能力，也能在某种程度上促进他们的情感发展和人格塑造，这是培养学生乐感的一种非常有效的策略。

（三）丰富学生的第二课堂

第二课堂与“第一课堂”相对应，指学生参加的课外、校外等各种必要的实践活动。通过开展多元化的课外活动，为学生提供更为广阔的学习空间，可以进一步激发学生的学习兴趣和积极性，培养他们的实践能力和创新精神。音乐教师可以在课堂之外引导学生参与各种与音乐相关的活动，例如合唱团、乐队、音乐剧或音乐比赛等。这些活动不仅让学生有机会应用他们在课堂上学到的知识，还能让他们在真实的表演环境中体验和理解音乐，从而提升自己的乐感。此外，教师也可以组织学生参加音乐工作坊或邀请专业音乐家来分享他们的音乐故事和经验，让学生从中获取灵感，激发他们对音乐的热爱。这种深度接触音乐的机会可以帮助学生理解音乐的精神内涵，促进他们音乐感知的提升。同时，学生在第二课堂中的音乐活动还可以帮助他们建立团队协作能力、提升自信心和锻炼他们的表演技巧，这些都是对他们全面发展极其重要的能力。丰富的第二课堂活动不仅可以提高学生的音乐技能和乐感，还可以培养他们的团队精神、创新能力和自我表达能力，这对他们的全面发展是十分有益的。

第二节　学生创新能力的培养

在中学音乐教育中，培养学生的创新能力有助于培养学生的发散性思维，提升学生的艺术创作水平，促进学生全面健康发展，推进学生对自然、社会、自我认识和体验的整体联系。现代素质教育离不开创新能力的培养，中学音乐教师应在教学过程中，创设良好的教学环境，激发学生学习音乐的兴趣，培养学生独创性表现的欲望。

一、中学音乐教育对培养学生创新能力的重要性

在中学音乐教育中培养学生的创新能力，不仅可以培养学生的发散性思维，促进学生全面健康发展，还可以让学生在音乐的道路上进行持续探索，提升个人的艺术造诣。

（一）有助于培养学生的发散性思维

发散性思维是从一点向各个方向延伸，寻找可能性和潜在解决方案的思考方式，它强调的是创新性、独特性和多元性。发散性思维是人类思维的重要方式，它关乎人们解决问题的新颖性、有效性，对于提高学生的思维质量，拓宽学生的思维广度都有着十分重要的作用。发散性思维方式在艺术创作和创新性问题解决中占据着极为重要的地位，因为它可以帮助人们超越传统的思维模式和常规的解决方案，探索全新的视角和方法。在音乐教学过程中，学生需要对音乐素材进行自由且有创新性的处理，教师应鼓励他们开拓视野，发散思维，寻找和探索新的可能性。

在中学音乐教学中，教师应鼓励学生从多角度和多维度提出他们的疑惑和问题，激发他们的好奇心，鼓励他们敢于质疑和提问。这不仅可以让学生们更深入地了解音乐，而且还有助于他们形成自主的思考习惯。教师在课堂上应当主动构建一种挑战性的问题情境，引导学生们去主动思考，去质疑现有的知识。当然，教师不能期望每一个学生都能提出极具创造性的观点，或者对音乐都有独特的理解和见解，但教师可以通过设计问题让更多的学生投入思考的过程中，让他们养成习惯性的逆向思维。在日常的音乐教学中，教师可以在诸多场合设计出具有这样逆向和发散性思维的问题，通过改变问题的设定或结果，构建逆向思维的问题，这些问题可能没有明确的答案，甚至没有答案，但它们作为发散思维的训练活动，无疑可以提升学生们思维的灵活性和流畅性，对于他们的成长是极具价值的。比如，在歌唱教学中，教师可以提问："同学们可以尝试使用不同的速度和力度演唱这首歌曲吗？"在欣赏教学中，教师可以

提问："你们能不能将乐曲的主奏乐器替换为其他乐器？可以替换成什么乐器？会产生什么效果？"总之，改变问题的条件或者改变问题的结果，都有助于培养学生的发散性思维。在实践中，学生们可以通过放飞自我、发散思维的方式，寻找解决问题的多种可能性。随着不断地锻炼和尝试，创造性思维水平也会得到一定程度的提高。

（二）有助于提升学生艺术创作水平

音乐是一种表达和创新的艺术形式，创新性思维在音乐创作中起着举足轻重的作用。艺术创作并非仅仅是技巧的运用或已有知识的复制，更多的是对独特思考和视角的表达。学生通过学习基础声乐知识，将学到的音乐素材和结构进行新颖独特的处理，创造出令人耳目一新的音乐作品。

在中学音乐教育中，音乐教师应该通过启发性的教学方式，鼓励学生自由表达、独立思考，并允许他们在音乐创作中发挥自我，开展实验，探索新的表达方式。现以七年级上册《军民大生产》为例，《军民大生产》这首歌描绘的是在陕甘宁边区内部开展了一场轰轰烈烈的军民大生产运动，当地军民热火朝天的劳动场面。首先，教师引导学生以"师生大扫除""师生运动会"或"师生大会演"为题，用《军民大生产》的旋律，小组合作，自主创编劳动号子，即兴编词，老师巡回指导；其次，根据《军民大生产》歌词中的劳动情景，如开梢林、开荒、纺线、习武、学文化等，分组进行创编舞蹈动作；再次，引导学生为"嗬咳！西里里里察拉拉拉嗦啰啰啰呔"这些具有劳动特色的衬词创编节奏，渲染了歌曲热烈、欢腾的气氛，体验踊跃投入生产的热烈情景；最后，引导学生分组进行展示。学生在创作表演中要掌握号子的特点，即劳动中产生，为劳动服务，节奏规整，音调粗犷有力。号子的作用包括协调节奏，统一步伐，鼓舞干劲，调节精神。在这样的教学过程中，学生的音乐创新能力得以提升，他们能够主动思考和应用音乐知识，自由创作出符合自我感受和表达的音乐作品。教师要鼓励学生以更开放的态度接受各种音乐风格和类型，增强个人的音乐鉴赏能力和审美观。学生在自我探索和创新中将会对音乐有了更深层次的理解和感受，也会提升自己的艺术创作水平，为个人的音乐学习和未来的音乐道路奠定坚实的基础。

（三）有助于促进学生全面健康发展

音乐创作是一个将内心情感和思考转化为具象形式的过程，学生在这个过程中不仅可以更好地理解自我，也能学习到如何有效地表达自我。这对于他们的心理健康和个性发展具有积极的影响。当我们提到创新能力时，我们谈论的是对音乐的独特理解和个人视角的表达，这样的过程实质上是一种对自我认知的提升。此外，拥有创新能力的学生会积极地思考如何将自己的想法用音乐来表达，这种过程需要他们动用批判性思维、逻辑分析和问题解决的技巧。在这个过程中，他们将会提高自我解决问题的能力，这对于他们的未来生活和学术发展都具有巨大的价值。而且，通过团队协作进行音乐创作，学生会学习到如何在团队中沟通自己的创新理念，如何理解和接纳他人的创新思考，这种社交能力的提升对于他们的人际交往能力和社会适应性都有积极的影响。

二、中学音乐教育对培养学生创新能力的具体要求

（一）激发学生学习音乐的兴趣

音乐是一种强烈的情感表达方式，因此，创建一个良好的教学环境和深化情感教育，对于激发学生的学习热情有着直接的影响。一方面，教师应当努力创建一个富有活力、鼓励尝试的环境，让学生能够自由地探索音乐的世界，发现自己与音乐的连接；另一方面，教师还应当重视情感教育的角色，引导学生理解和欣赏音乐传达的情感深度和人文意义，使他们能够更深入地投入音乐学习中（如图 5-3 所示）。

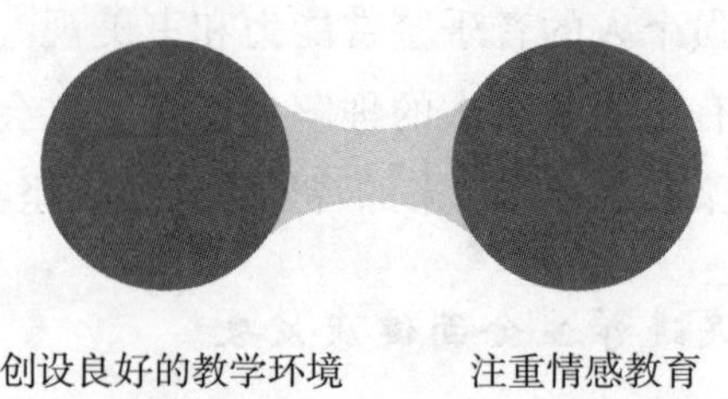

图 5-3　激发学生学习音乐兴趣的方法

1. 创设良好的教学环境

为激发学生学习音乐的兴趣，中学音乐教师应为学生提供一个安全、包容且鼓励创新的空间，使学生能够自由地探索音乐的世界，并敢于发表自己的观点和想法。音乐，尤其是创新型音乐，常常源于对传统和常规的质疑和挑战。教师应该鼓励学生勇敢地尝试不同的音乐风格和创作技巧，不怕失败，不怕错误。在此环境下，学生可以无拘无束地探索音乐，不断尝试，最终发现属于自己的音乐语言。同时，教师应该尽力使每个学生都感到被接纳和尊重。每个学生都有自己的音乐天赋和个性，他们的观点和想法都是独一无二的。教师应尊重这些多样性，鼓励学生表达自我，充分展现他们的个性。这样，学生才会有信心和勇气去探索新的音乐领域，尝试创新的音乐表达。此外，教师还应关注教学环境的物理条件。例如，教室的布局和装饰应能反映出音乐的元素和气氛，教学设备应能满足学生进行音乐创作和表演的需求。这些物理环境的条件都会影响学生的学习和创新表现。

2. 注重情感教育

音乐是一种艺术，是对生活和情感的表达，是情感的载体。音乐中的每一个音符、每一个节奏、每一个动作都承载着特定的情感色彩。因此，激发和培养学生对音乐的情感投入，是提升他们学习音乐兴趣的关键。教师可以通过分享各种类型和风格的音乐，引导学生感受音乐的情感内涵。

教师可以让学生聆听不同的音乐作品，理解作品中的情感表达，鼓励学生在听音乐的过程中，用心感受、理解和体会作品中所蕴含的情感。这不仅可以提升学生的音乐审美能力，也能使他们更加喜爱音乐，增强学习音乐的兴趣。比如在学习花城版八年级上册第五单元的“国威国魂”这部分内容的时候，教师除了让学生演唱《国歌》《中国人民解放军军歌》《游击队歌》等歌曲，还可以将一些经典的舞蹈引入课堂中，让学生通过肢体动作来体会音乐中所表达的中国人民解放军那种不屈不挠的精神。又如在七年级上册《解放区的天》的教学中，尤其是对一些抗战题材的音乐进行演唱的时候，热烈、喜庆的舞蹈会将学生带回到20世纪40年代末至50年代初那个既艰苦又喜悦的岁月。有的学生敲锣打鼓，有的学生歌唱，有的学生手里拿着鲜花、瓷碗，给解放军送花送水，还有更多的学生扭着秧歌，边唱边舞，用舞蹈来表达自己对解放军的崇敬之情以及对抗战胜利的喜悦之情。这种对传统的认同感是目前初中学生所缺失的，因此教师就需要不断探索，以多种多样的形式让学生通过体验来表达自己的情感，感受不同艺术作品所带来的魅力。此外，教师还应鼓励学生在音乐创作和演奏中，表达自己的情感。音乐创作和演奏是情感的外在表达，也是对内心世界的释放。教师应鼓励学生用音乐来表达他们的思想和感情，让他们在音乐中找到自我表达的方式，从而增强他们对音乐学习的热爱。

（二）培养学生独特性表现的欲望

音乐教师应尊重每一个学生的独特性，平等对待每一个学生，让他们明白每个人都有自我表达的权利和能力。同时，音乐教师还应实施开放性的教学策略，为学生提供足够的机会和平台来表达他们的观点和想法，以满足他们的表现欲，进而培养他们的创新精神。

1. 尊重学生人格和个性

在中学音乐教育中，培养学生独特性的表现欲望，首先必须尊重学生的个性和人格。

尊重学生的个性，就是要让他们自由地发挥自己的才华，根据自己的兴趣和喜好去选择自己喜欢的音乐形式和方式。每个学生都有其独特的音乐兴趣和天赋，教师应鼓励他们挖掘和发展这些独特性，而不是强迫他们去适应一种统一的、标准的音乐模式。只有这样，学生才能真正体验到音乐创作和表演的乐趣，从而产生强烈的创作欲望。

尊重学生的人格，就是要把他们视为独立的人，尊重他们的想法和观点，给他们充分表达自己的机会。教师应用平等、尊重的态度，鼓励学生发表自己的见解，甚至是对教师的意见提出质疑。教师应认识到，每个学生都有自己的见解和独特的思维方式，这是他们个性的一部分，也是他们创新能力的一部分。尊重学生的人格，可以培养他们独立思考和勇于表达自己的能力，从而提高他们的创新能力。

2. 实施开放性教学，满足学生的表现欲

开放性教学是一种强调学生主体性，以学生为中心，鼓励学生积极参与和表达自己的教学模式。在中学音乐教育中，音乐教师可以采取多种方式实施开放性教学，满足学生的表现欲，如项目学习、探究式学习、工作坊式教学、小组讨论、案例研究等。

项目学习是一种以问题为导向的学习方式，即学生通过自己的探索和实践，寻求问题的解决方案。例如，教师可以设计一项以“音乐与生活”为主题的项目，让学生通过收集生活中的各种声音，创作一首属于自己的音乐作品。

探究式学习则是一种强调学生主动探究和研究的学习方式。教师可以设计一些探究性的问题，如“巴赫的音乐中隐藏了哪些数学元素？”，让学生通过自己的研究和分析，发现音乐与数学的奇妙联系。

工作坊式教学则是一种将教室变成工作坊，让学生参与到音乐创作、表演和评价的实践中来。例如，教师可以设立一个“音乐创作工作坊”，学生在教师的引导下进行音乐创作的实践活动，体验音乐创作的全过程。

小组讨论和案例研究则是提高学生批判性思维和创新能力的有效方式。例如，教师可以设计一些讨论题目，如“流行音乐和古典音乐哪个更重要？”，引导学生进行深入的讨论和交流；或者通过分析著名音乐家的创作案例，启发学生对音乐创作的理解和认识。

在实际教学中，音乐教师可以根据自己的教学理念和学生的实际情况，灵活选择和设计适合自己的开放性教学策略。

（三）增强学生的音乐创新意识

在中学音乐教育中，增强学生的音乐创新意识是非常重要的。培养学生的创新意识，有助于提升他们的音乐理解和欣赏能力，同时也有助于他们在未来的学习和生活中培养出独特的创新思维和艺术素养。音乐创新意识的核心是“创造性”，包括对音乐元素的新颖组合，对音乐情感的深度解读以及对音乐表演的个性化表达等。因此，鼓励学生尝试、探索和实践，是培养他们音乐创新意识的关键。教师要注重发掘和尊重学生的音乐天赋和兴趣，使他们充分认识到音乐创新的可能性和重要性。同时，教师也应尽力启发学生的想象力，帮助他们开阔思维，引导他们尝试独特的音乐创作（如图 5-4 所示）。

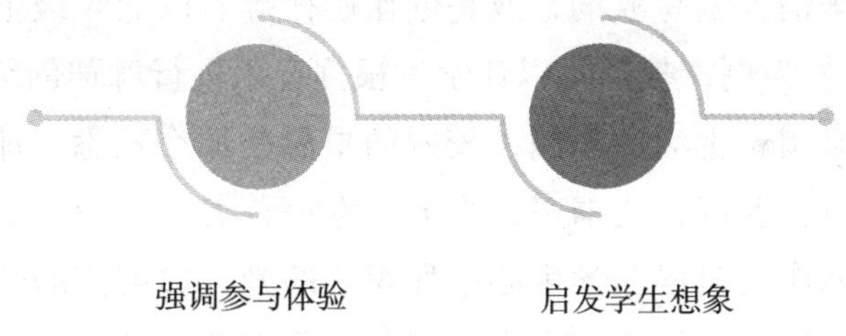

图 5-4　增强学生音乐创新意识的方法

1. 强调参与体验

在中学音乐教学的过程中，教师应倡导学生踊跃地投入到各种音乐活动之中，以深化他们对音乐的感知和理解。教师要让学生通过亲身参与和体验，领略音乐的独特魅力，进而激发他们的创新潜能。具体来说，教师可以设计多种形式的实践活动，包括舞蹈律动、音乐演奏、集体合唱等，让学生在这些活动中接触和体验音乐，从中感受音乐的多样性和可能性。在这些实践活动中，学生不仅可以将理论知识付诸实践，而且可以在完成任务的过程中发现自我，启发创新。教师还可以鼓励学生通

过自我表达和音乐创作来展现自己对音乐的理解和感悟。这不仅有助于培养他们的独特音乐视角和审美观，也可以促使他们积极思考和探索，发挥自己的创新能力。

2. 启发学生想象

培养学生创新能力的关键是在教师要课堂上激发学生的想象力。初中生拥有非常广阔的想象空间，教师在音乐教学的过程中应充分开发他们的这项潜能，鼓励他们通过个人的感受和体验，对音乐中蕴含的情境和感情进行自我解读和构想。为启发学生想象，教师可以引导学生通过音乐作品去想象和理解作曲家的创作意图和背后的故事。例如，教师可以播放某一首音乐，然后让学生描绘出他们心中所想象的场景，或是描述出他们在听到这首音乐时的心情和感受。这种方法可以激发学生的联想能力，也能帮助他们理解音乐作品所蕴含的情感内涵。此外，教师可以提供一些主题，让学生自由发挥，通过音乐表达出自己的情感和观点。比如，编创舞蹈，编写歌词，或是创作旋律等。以七年级上册第五单元《校园的早晨》为例，教师可以让学生根据音乐进行舞蹈创编。学校就是学生学习的家园、生活的乐园，校园的早晨是那么熟悉、那么亲切、那么美好，铃声、歌声、读书声、欢笑声像一首美妙的校园交响曲！因此在进行舞蹈创作的时候，学生心中那炽热的爱、那创作的热情很快就会被调动起来。为了使得编创出来的舞蹈更具有新颖性，教师要引导学生对校园的早晨进行仔细观察，看看操场上的运动健儿、教室里认真读书的同学、校道上打扫卫生的同学以及在办公室辛勤耕耘的老师们，再通过情景将自己心中的舞蹈热情激发出来，并结合自己亲身体会进行编创，将各种各样的姿势、相应的动作、队形结合到舞蹈中，随乐而舞、踏歌起舞，从而把自己的想象转化为音乐。在这个过程中，学生可以通过实践锻炼自己的想象力，同时也能学习如何通过音乐传达情感。

音乐教师可以利用对比想象，培养学生的创新能力。对比想象是一种创新性的思维方式，它主要是通过对两个或多个不同事物及概念进行比较和关联，从而引发新的想法。在音乐教学中，教师可以通过多种方式启发学生进行对比想象。比如，在教授一首新的音乐作品时，教师可以引导学生将这首作品与他们以前听过的，或者熟悉的音乐进行比较。学生通过对比这些作品的节奏、旋律、和声，甚至歌词的内容，从而理解新作品的特点和独特之处；又或者，教师可以引导学生通过对比想象，将音乐与其他艺术形式，如绘画、雕塑、舞蹈等进行联想。例如，如果一首音乐的旋律跳跃性强，有如山峦起伏，那么学生可能会想象出一幅雄伟的山景画。这样的对比想象不仅能增强学生对音乐的理解，也能够开阔他们的艺术视野。总之，对比想象能够丰富学生的思维，激发他们的创新精神，为他们的音乐学习和创作提供新的灵感。

三、中学音乐教育中培养学生创新能力的路径

（一）在感受与鉴赏中培养学生的创新能力

在中学音乐教育中，音乐教师需要引导学生进行多元化的音乐体验，培养他们的审美独立性，从而激发学生的音乐创新潜能。

1. 在欣赏教学中培养学生的创新能力

一般来说，音乐欣赏有三个过程，即感官的欣赏（美感）、感情的欣赏（联想）和理性的欣赏（评价）。但不论哪个过程，学生都可以通过音乐欣赏去感觉美、追求美，对未知的美好领域寻求答案。单就感官的欣赏而言，音乐可以刺激人们的感官，直接地引起人们愉快或不愉快、喜欢或不喜欢、好听或不好听的反应。不少人爱听京剧，主要是喜欢听那优美的曲牌和唱腔音乐，而对其中的歌词并未真正听懂，这就是一种对美感的欣赏。当学生初听《梁祝》《春江花月夜》等乐曲时，有些学生并未对乐曲进行全面的分析，甚至不了解乐曲的内容，但他们却能觉得乐曲好听、优美，这也是一种美感的享受。由于乐曲的旋律优美，清新典雅，适于表现轻松愉快舒朗的情绪，同学们听起来感觉心旷神怡，被优美的旋律所陶醉。这足以说明，仅就感官的音乐欣赏而言，音乐能激发学生对美的向往和追求，从而锻炼他们的思维能力、想象力和联想力。

在感官欣赏的基础上，随着音乐知识的积累，学生逐渐学会在欣赏过程中融入自己的情感，体会音乐所表达的喜怒哀乐。教师可以要求学生在聆听音乐之后，记录自己的感受，并把自己对音乐的体验用艺术、美好的形式表达出来，并进行展示。表达的形式可以是多样的，可以用文字，如听后感、诗歌等描写，可以是美术，如图形、图画等，还可以是口头表达。展示过后其他同学还可以对此再发表自己的看法。学生在评价作品与评价他人时，将更深刻地认识美、分析美，提高自己的认识能力，也提高自己的语言表达能力和文字表达能力。在这个对音乐作品发表看法，对发表的看法进行评论的过程中，学生的思维是具有创造性的，学生的评论是具有创造性的，学生的图文表述是具有创造性的。在此过程中，学生的再创造能力得到了发挥，创新能力也得到了培养。值得注意的是，教师首先要领悟音乐在启迪人类智慧与情感功能上的独特性和神奇性，从中得到启发，而后才可能指引学生以听觉形式和独特的抽象思维方式，启悟自身对宇宙、社会、人生等万象的信息本质和情感本质的理解。只有这样，学生的创新能力才能在欣赏音乐的过程中得以发展和进步。

2. 在律动教学中培养学生的创新能力

律动是音乐最基本的元素之一，也是最具吸引力的部分。通过律动教学，学生可以身体力行地感受音乐的节奏，这种感受直观且生动。在这一过程中，学生被鼓励自由地用身体表达自己对音乐律动的理解和感受。这种身体的参与和表达，使得学生在实际的动作和体验中深化对音乐的理解，也激发了他们对音乐创新的欲望。

学生在学习新的歌曲时，通常开始于熟悉并理解歌词。在这个初步阶段，教师可引导学生以自己独特的方式来朗读歌词，通过自由创编节奏，让学生更深入地理解歌词的含义和音乐的韵律。教师要鼓励学生们创新并发表自己对歌词朗读的理解，这个过程中可能出现许多不同于常规的歌词诠释方式。从学生们的创作中，教师可以寻找出几种符合歌词语义和节奏感的读法，并引导全班一起尝试，通过实践让他们享受创作的乐趣。当学生们熟练掌握了歌曲后，教师可以进一步指导他们根据歌词内容或他们对音乐情节的想象，进行律动表演的创编。这样不仅能帮助学生更深入地理解歌曲的内在情感，而且也能激发他们的积极性，让他们更投入地参与音乐活动。举例来说，当学生们在演唱《铃儿响叮当》时，教师可以让用钥匙串创作出符合歌曲节奏的音效，尽管这种道具看似简单，但其实可以带来非常好的效果。

（二）在音乐表演中培养学生的创新能力

音乐是表演的艺术。在表演实践中，学生能够将理论知识转化为实际技能，并深入理解和感受音乐。音乐表演中的创新能力主要体现在两个方面：一是对表演形式的创新，二是对表演内容的创新。

在表演形式上，教师可以鼓励学生进行合作性的音乐创新，例如通过组合不同的音乐元素、音乐乐器和音乐风格，探索出新的表演形式。同时，学生可以尝试将戏剧、舞蹈、视觉艺术等多种艺术形式融入音乐表演中，形成跨学科的艺术创新。教师可以组织学生进行小组活动，让他们共同完成一部音乐作品。例如，在八年级上册第四单元《梨园奇葩》的教学中，老师先假装对京剧一窍不通，让学生成为课堂的小老师，让学生自主选择京剧的行当、唱腔、伴奏乐器、脸谱、京剧与潮剧，与同学合作收集资料、制作课件，学京剧的亮相动作以及行当的神情、特点、唱腔等。学生通过互相介绍、分享、模仿、竞猜、表演、讲故事，很快地点燃了学习京剧的火花，一起走进京剧世界，共同探究，进一步了解和掌握京剧的发展历史，不断提升京剧审美鉴赏素养，培养自己对国粹的喜爱之情和民族自豪感。在这个过程中，学生不仅需要了解和掌握各种音乐元素，还需要学习如何与他人合作，如何协调不同的观点，如何解决创作过程中的问题。这样的活动能够锻炼学生的团队协作能力，也可以激发他们的创新思维。在此过程中，教师的角色也非常关键。教师需要鼓励和引导学生积极尝试新的表演形式，帮助他们克服困难，提供必要的支持和指导。因为只有这样，学生才能在探索和实践中发展出自己的创新能力，真正做到学以致用。

在表演内容上，教师可以引导学生根据自己的理解和感受对音乐作品进行再创作。例如，在七年级下册第一单元《岭南春早》的教学中，学生可以基于对歌词的理解，创作出新的旋律，或者对已有的旋律进行改编、填词。这样的教学方式不仅可以让学生在创作过程中深化自己对音乐的理解，也可以帮助他们发展独立思考和解决问题的能力。学生也可以尝试在表演中即兴创作，根据自己的心情和场景的变化，灵活地调整音乐的节奏、旋律与和声，创作属于“胶己人”的《潮州春早》。教师也可以鼓励学生在表演中，根据自身的心情和环境的变化，灵活地调整音乐的节奏、旋律与和声。这种即兴创作能力不仅能提升学生的音乐技艺，也能提高他们对音乐情感表达的敏感度。这一过程也是音乐体验和感悟的过程，对于培养学生的创新能力和审美素养具有重要作用。

（三）在音乐创造中培养学生的创新能力

在中学音乐教育中，教师可通过引导学生进行即兴创作，或者根据特定的音乐材料进行创作，以此来培养他们的创新能力。不同于专业作曲，这种创作更侧重于培养学生的音乐感知、表达以及自我探索的能力。

1. 即兴创作

即兴创作是在没有预先规划或依赖乐谱的情况下，根据音乐所引发的情感进行创作的音乐活动。在这一过程中，学生可以借助已经掌握的音乐元素，发挥自己的想象力进行创作。

音乐课堂中的学习过程，其实就是一个不断探索和创造音乐的过程。教师需要让学生认识到，音乐创作并不是遥不可及的，他们完全可以使用各种音乐元素和手段进行创作，更可以用音乐来表达自己的思想和情感。这样的即兴创作，能帮助学生积累更丰富的经验，深化他们对音乐、生活、情感和创作的理解，引导他们从日常生活中提取素材，进行艺术创作，从而培养他们的创新能力。以《动物狂欢节》或《彼得与狼》这类主题明确的音乐作品为例，教师可以引导学生基于音乐的主题进行即兴表演。在忽而活泼快乐、忽而低沉迟缓、忽而悠扬抒情、忽而热烈欢快的音乐中，学生可以使用不同的动作来表达音乐的主题，激发他们对音乐的热爱。他们要根据音乐的情境，把所体会到的音乐情绪、速度、节奏、力度等以即兴的方式表现出来，再用各种幅度、力度的动作进行表达。这样的活动，旨在培养学生的创新思维和反应能力。

教师也可以巧妙地将即兴创作融入音乐游戏之中，比如在进行“同头换尾”、“换头合尾”或“鱼咬尾”等音乐游戏时，学生可以通过即兴创作充分展示自己的音乐才华。他们可以口头唱出自己编写的乐句，这样既不需要在乐谱记忆上花费过多时间，又能实现学生能力的锻炼和提升。另外，即兴创作还可以被应用到新学乐曲的歌词改编上。例如，对于《摇篮曲》这样的歌曲，学生可以补充新的歌词段落；而对于《太湖美》这样的歌曲，学生可以改编歌词，以自己所在的城市为主题进行即兴创作。学生通常对此类即兴创作有强烈的兴趣。这种即兴创作方式能在短时间内激发学生的思维灵感，进一步培养他们的创新能力。

2. 利用音乐材料创作

利用音乐材料创作，要求学生使用现有的音乐元素，比如旋律、和声、节奏、音色等，进行创新性的组合和应用，实现音乐表达的个性化和独特化。教师首先需要准备各种不同风格和类型的音乐材料，以确保学生有足够的选项进行创作。然后，教师可以通过示范和指导，帮助学生理解音乐材料的基本特征，教给他们如何有效地操纵和利用这些音乐元素。在创作过程中，学生可以自由选择材料，按照自己的想象和理解，组合出新的音乐作品。这个过程可以大大增强学生对音乐的感知能力和创作能力，使他们在实践中了解音乐的本质和结构。

音乐创作，强调了学生的实践性，学生只有沉浸其中，教师才能真正提升他们的创作技巧和艺术理解。而让学生积极投入音乐创作当中，就需要教师巧妙地激发他们的兴趣爱好，以及他们对音乐的热情。奥尔夫教学法为教师提供了一条培养学生创新能力的有效路径。教师可参考“探索—模仿—即兴—创造”的教学步骤，从感知入手，让学生通过探索发现通过动作产生音响的各种可能性，进而通过模仿来发展学生的基本技能，学生将各种模仿得来的技能不断扩展，即进入即兴创作阶段（如图 5-5 所示）。

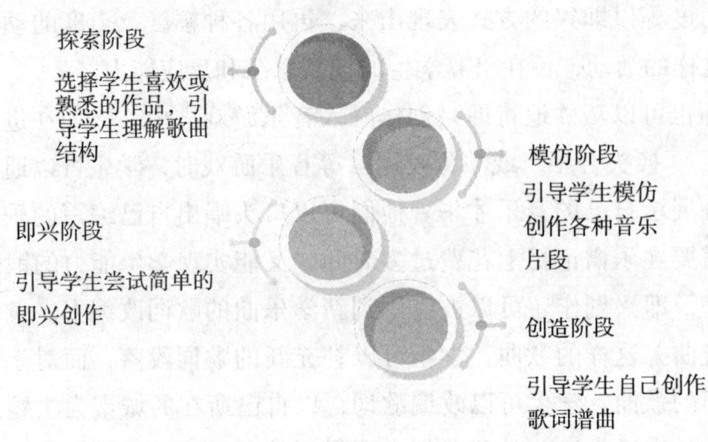

图 5-5　利用音乐材料引导学生创作的主要过程

（1）探索阶段。从小学阶段到中学阶段，学生已经接触和了解了大量的音乐作品。教师应充分利用这一优势，选择学生喜欢且熟悉的作品，引导学生探索和理解歌曲的旋律结构。例如，通过中国民歌或儿歌，学生可以了解到音乐创作中的一些基本手法，如同头换尾、鱼咬尾、换头合尾、模进、加花等，并了解这些创作手法所创造的旋律特点。这一探索过程不仅能让学生体验到发现的乐趣，同时也会激发他们的模仿欲望。

（2）模仿阶段。音乐创作的许多教学内容，非常适合学生进行模拟实践和创新编排。教师需要深入研究教材大纲，充分理解教材的教学目标，全面探索教材内的音乐资源，并适时引导学生参与创作。对于学生模仿创作的各种音乐片段，教师可以组织自我评价和互评讨论，挑选出优秀的作品供全班视唱。这个过程不仅能够使学生感受到模仿创作的乐趣，也能让他们体验到初步取得创作成功的喜悦。

（3）即兴阶段。在日常生活中，许多学生会无意识地哼唱出一些短小的乐句，这些可能源于他们听过的音乐，也可能是源自内心的灵感。教师可以借此引导学生尝试简单的即兴创作，例如，让学生分组为他们喜欢的唐诗谱写旋律。反复的哼唱是捕捉创作灵感的有效方法，它可以帮助学生形成旋律的初始形态，也可能是未来美妙旋律的“种子”。在反复哼唱的基础上，学生可以用简谱记下旋律，划分乐句，设定节拍、速度和情绪。在此过程中，教师应重点引导学生掌握“重复”和“对称”这两种基本的作曲方法，使得作品的结构更严谨，旋律更优美。完成作品后，教师应为学生提供表演的机会，并及时给予指导和肯定。在这种轻松有趣的环境中，学生的即兴创作能力和表演能力会得到提高，同时，也会激发他们对音乐创作的学习也会产生更浓厚的兴趣。

（4）创造阶段。音乐，作为一种情感丰富的艺术形式，需要一个和谐的环境和气氛，以帮助学生投入其中，用音乐语言表达他们的理解和感受。通过在课堂上对音乐创作的认识和实践，学生开始体验到创作带给他们的喜悦和成就感，从而有助于形成参与实践、渴望成功的积极教学环境。在这个阶段，教师可以引导学生为他们自己创作的歌词谱曲。根据不同班级学生的掌握情况，教师需要灵活地调整教学方式。分组教学在这里是非常有用的。教师可以让学生演唱他们自己创作的旋律，让有创作意向的学生简单地解释他们创作的目的和想要表达的意境，其他小组的学生对他们的旋律进行评价，提出旋律的优点和不足。通过小组之间的比较，现场选出“小小作曲家”和“小小评论家”，这种方式会进一步激发学生的创作热情和自信心。

这里必须明确的是，上述四个步骤并非一条单向线性的进程。在实践中，这四个步骤往往是相互关联和相互交融的。学生的音乐创作可能在探索的过程中进行，可能在模仿的过程中发生，或者在即兴的过程中诞生。创作可以是学习音乐知识的一部分，也可以是音乐创作和音乐表演的组成部分，它可以是即兴创作，也可以是在老师的指导下进行的。教师要使用适当的方法，使得学生在创作过程中得到情感的满足，训练学生的思维反应能力、现场处理能力和音乐表演能力。只要教师能够在这些方面达到预期的目标，我们就可以说该教师的创作教学是成功的。

第三节　学生合唱能力的培养

合唱艺术是以以集体创造性为特征，集众人之力，表达出协调一致的音乐效果，既注重个体的发展，又强调集体的统一，在寓教于乐的过程中，无形地塑造了学生的内在品质。中学音乐教育除了应加强对学生音乐知识和技能的培养之外，还应侧重于挖掘音乐的德育与社会功能，强调利用音乐中的德育教育因素对学生进行良好品德的教育，让学生接受教化，有效塑造道德品质，运用音乐艺术抒发情感。从这一层面上看，在中学音乐课堂中，利用合唱艺术来塑造学生的内在品质是极其重要和必要的。合唱艺术是音乐中的群体活动，它需要参与者共同配合，才能达到良好的音乐效果。在这个过程中，每一个学生都要掌握自己的角色，以及如何与其他成员协调，共同实现音乐的整体效果。合唱活动中的这种共享和协作，使学生在实践中认识到集体合作的重要性，同时也潜移默化地培养了他们的团队合作精神。学生通过参与合唱活动，既能享受音乐带来的愉悦，又能在实践中提升自我，塑造良好的内在品质。

一、中学音乐教育中合唱艺术的重要作用

作为音乐艺术的一种形式，合唱将人声作为艺术工具，以音乐的方式传达作品的思想内容和情感内涵，因此容易感染听者。由于合唱具有高度和谐和纯净的音质，它能够将人带入美妙的艺术境界，净化人的心灵。因此，通过组织合唱实践活动，教师可以对学生进行思想品质教育。作为音乐教育的重要组成部分，合唱教育在美育培养方面具有十分重要的影响力。如果教师希望提升学生的综合素质，那么，将注意力集中在合唱教育上是必不可少的。

合唱艺术在中学音乐课堂中的重要作用主要包括以下几方面（如图 5-6 所示）：

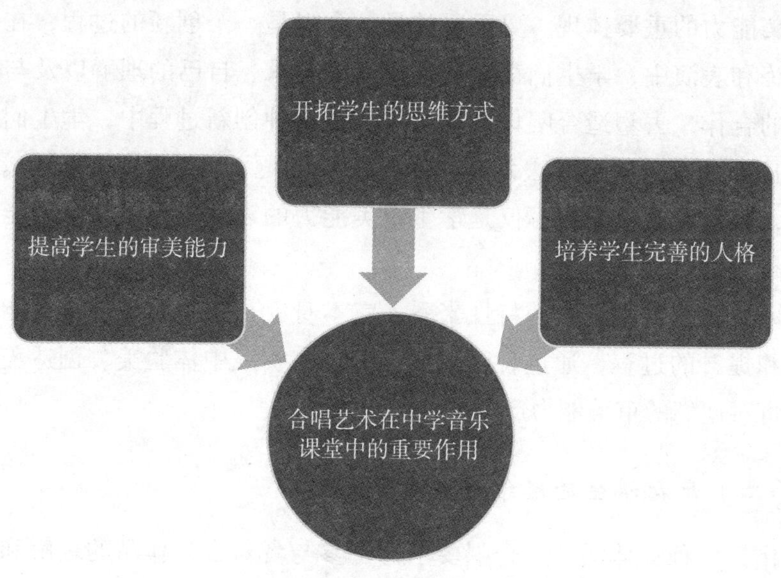

图 5-6　合唱艺术在中学音乐课堂中的重要作用

（一）提高学生的审美能力

在合唱活动中，学生不仅可以欣赏到美的艺术形象，而且可以通过参与合唱创作、表演等活动，亲身体验音乐美，从而深化自己对美的理解和认识。

音乐，作为一种艺术形式，其核心就是通过声音的美学表达，触动人的情感和思想。合唱可以将众多的个体声音融为一体，创造出和谐而统一的声音效果，这种声音美感体现了音乐的审美价值。每一个参与合唱的学生，都需要通过理解和感受歌曲的旋律、节奏、和声、动态等音乐元素，去寻找和创造美，这无疑是对其审美能力的锻炼和提升。合唱不仅是音符的组合，还包含了歌词的表达，即合唱是通过音乐传达出作品的思想内涵和情感意象。学生在演唱过程中，需要深入理解歌词的意境，感受歌曲所蕴含的情感，以便更好地将情感融入歌声，将美的体验和传达与感情的表达有机结合。这种对歌词的解读和对情感的理解，都

是审美能力的重要体现。更重要的是，合唱是一个创新的过程，在每一次排练和表演中，学生们都要根据指挥的要求、自己的理解以及与其他成员的合作，去塑造合唱作品的形象。在这种创新过程中，学生们需要运用自己的审美能力，去发现问题，解决问题，寻找更好的音乐效果。因此，合唱实践活动，不仅是学生审美能力的表现，也是其审美能力得到提高的重要途径。

因此，从合唱艺术的特性来看，它本身就是一个对学生审美能力的磨砺和提升的过程，通过合唱，学生可以在实践中体验美、创造美，这无疑将对他们的审美能力产生积极的影响。

（二）开拓学生的思维方式

作为一种集体活动，合唱要求每个参与者对音乐作品的理解和解读达到一致，这种过程要求学生在理解个人视角的同时，学会从团体和音乐作品本身的角度去思考和理解问题。具体来看，合唱艺术有助于培养学生的批判性思维、创新性思维和系统性思维。

批判性思维是学生在合唱活动中对音乐作品进行分析、反思和评价的能力。在实际的合唱活动中，学生需要对歌曲的旋律、节奏、和声等音乐元素进行深入理解，同时还要对歌词的内容、主题和情感进行解读，这就要求他们能够对音乐作品进行批判性的思考，对于音乐作品的理解和解读也要具有深度和广度。

创新性思维在合唱活动中的体现则是学生能够在对音乐作品的理解基础上，创新性地将音乐作品转化为合唱表演。这个过程需要学生对音乐元素和歌词内容进行创新性的组合和演绎，这种创新过程要求学生具有独立思考和解决问题的能力。

系统性思维则体现在合唱活动中学生对于音乐作品的整体理解和整体表演上。演唱合唱作品需要每个参与者对歌曲的各个部分和整体都有深入的理解，并在实际的演唱过程中将这种理解转化为音乐表演。这就要求学生能够对音乐作品进行系统性的思考和理解，既要考虑到音乐作品的各个部分，也要关注整体的效果。因此，合唱艺术在美育中的作用之一就是开拓学生的思维方式，让他们在批判性思维、创新性思维和系统性思维等方面得到锻炼和提升，这对于他们的个人成长和学习具有重要的价值。

（三）培养学生完善的人格

人格，是心理学上的一个重要概念，主要用于描述一个人持久的、独特的心理特质和行为方式，它反映了一个人的价值观、情感反应、动机、习惯、技能和各种社会角色的统一体。一个完善的人格，是多元因素的协同体现，是内在和外在一致、和谐且富有创新力的完整体。因此，中学阶段以音乐教育活动为载体，对学生全面人格的培育显得尤为重要。美育在此过程中发挥着精神引领的重要作用。音乐教育具有“寓教于乐”的特性，是美育的重要组成部分。而合唱不仅是音乐教育的核心环节，也是学生热衷和欣然接受的学习内容。在优美的音乐旋律和合作的氛围中，学生的人格得以更全面的提升，这无疑对他们的健康成长具有积极推动的作用。

1. 培养健康的个性心理

在中学音乐教育中，合唱的价值不仅在于培养学生的音乐技能，更在于激发学生的感性情感，以及理性思维的训练，从而使他们的心理结构达到平衡和谐，进一步培养学生积极健康的个性心理。个性心理是个人独特的心理特质和行为方式，它主要包括自我意识、个性心理特征和个性心理倾向三部分内容。其中，自我意识是反映个人心理素质的重要指标，主要表现为自我认知、反思和评价的能力。个性心理特征是相对稳定的心理元素，包括个人的气质、能力等。个性心理倾向是指个人的世界观，它直接影响个人的思维方式、情感态度以及行为举止。

合唱艺术具有丰富的艺术内涵，关注的焦点是和谐与整体，而不仅仅局限于歌唱技巧，更注重在合唱过程中的交流、融合和默契。因此，从本质上看，合唱审美教育是一种情感美育，它在不知不觉中影响和引

导着合唱的学生。通过合唱艺术，学生可以获得深度的艺术体验，同时，合唱艺术也要求他们具备丰富的知识底蕴，以及对合唱音乐作品有深度的认知和理解。在这个过程中，学生可以通过体验和表达个人的情感，经历情感的升华，提升自己的情感境界，从而实现自我提升和成长。

2. 树立正确的人生观、价值观

人生观和价值观是指导人们行为的基础，它们决定了人们如何看待自己和世界，如何理解生活以及如何决定行为。在中学阶段，学生正处于形成与发展个人价值观和人生观的关键时期，他们的思想活跃，对于自我和世界的认识还不够深入，同时对于生活和社会也充满了好奇和探索的欲望。

合唱作为一种集体活动，能够帮助学生理解并接受社会的基本价值观。在合唱的过程中，每一位成员都需要为了整体的和谐而尽力，并从中体会到团队合作的价值，理解尊重他人、团结协作的重要性。这一点在当今社会尤为重要，因为社会正在强调个人与他人、个人与社会之间的联系和互动。此外，合唱也能够培养学生的审美情趣，提高他们的艺术素养，使他们更深入地理解生活，赋予生活更深层的意义。通过对音乐的欣赏和理解，学生可以从中感受到人性的美好，理解到人类生活的多样性和丰富性，从而塑造正确的人生观和价值观。所以，合唱不仅是一种美的享受，更是一种美的教育，它在激发学生的感情，培养学生的审美情趣的同时，也在潜移默化地影响和引导他们的价值观和人生观。

二、中学音乐教育中培养学生合唱能力的重要性

音乐课堂对于学生情操的陶冶具有独特的影响力，是学生全方位发展的重要推动力。新课程改革的目标是塑造具有德、智、体、美、劳五个方面素质的创新型人才，而合唱作为音乐教学中的关键环节，可以说是实现这一目标的重要途径之一。它可以赋予音乐课堂以生动的表现力和强大的感染力，也能在更深层次上丰富学生的音乐素养和审美情趣。将合唱融入音乐课堂，对于弘扬学生集体精神，提升他们的团队协作能

力具有积极的推动作用。例如，许多地方的中小学校园每年都会举行班级合唱比赛，这样的活动不仅能提升学生的艺术素养，也能增进班级之间的团结凝聚力。

因此，音乐教师在课堂教学中应当重视合唱教学，让合唱成为培养学生音乐素养的重要方式。在教学过程中，教师应将学生置于课堂的核心地位，自己则作为指导者的角色，通过有针对性的训练来教授学生合唱技巧，进而促进学生音乐素质的全面提升。在具体的教学实践中，教师应结合自身的教学经验，运用多种教学活动和方法进行合唱训练。反复的操练是提升学生合唱技巧的重要手段，也是构建符合学生发展需求的音乐教学方式的基础。通过这样的方式，教师可以为班级创造出一个优美的音乐氛围，为学生音乐素质的全面发展打下坚实的基础。

三、中学音乐教育中培养学生合唱能力的策略

（一）重视教学方法的选择应用

教师可以运用自身丰富的专业知识，针对学生的实际情况灵活选择教学方法。比如，教师可以将合唱教学与课外活动相结合，在合唱教学中创设生活情境，将学生日常生活中的事件和经历融入歌曲中，让学生在感受到生活韵味的同时，提升他们的艺术表现力和情感投入度。

此外，教师还应该探索新的教学方式。例如，通过小组合作、角色扮演等方式，让学生在合作中学习和体会合唱的乐趣。这样不仅能让学生在实践中深入理解和掌握合唱技巧，也能培养他们的团队精神和协作能力。在这个过程中，教师应当重视引导学生对合唱艺术的热爱和欣赏，提升他们的艺术修养，让学生在享受音乐的过程中发现自我、表达自我，以此激发他们的艺术热情，让他们在合唱的海洋中找到属于自己的乐趣。这样，合唱教学就不再仅仅是教学，它变成了一种富有生命力的艺术体验，学生可以在合唱中找到快乐，实现自我价值的提升。

（二）开展多样的班级合唱活动

开展班级合唱活动的核心目标是通过合唱活动的方式，激发学生的表演欲望，提升他们的参与热情，锻炼他们的团队协作能力。这种活动可以被视为一种积极的教学策略，旨在全方位地提升学生的多种能力，尤其是协作意识。

在中学音乐教育中开展多样的班级合唱活动，对于学生的全面发展具有显著的推动作用。这些活动不仅能激发学生的艺术热情，提升其音乐技能，也有力地锻炼了他们的团队协作能力，更能够增强班级的凝聚力，塑造积极的班级文化。音乐教师可以根据学生的音乐水平、兴趣和特性选择合适的曲目，引领学生进入合唱的艺术世界。同时，教师还要注意创设良好的学习氛围，鼓励学生积极参与，以自我挑战和团队合作为乐趣。在活动形式上，除了常规的班级合唱练习，教师还可以设计各种主题的音乐会，如欢乐的歌唱大赛、感人的音乐剧表演，或富有创新的即兴合唱，既能展现学生的个性，也能增进他们的团队精神。

对于学生来说，这些合唱活动是他们展示自我、提升自信、体验合作的重要平台。在参与活动的过程中，他们的音乐理解能力、演唱技巧和团队协作意识都将得到有效的提升，同时也能深入体会音乐的魅力，充分锻炼他们的想象力和创造力。对于音乐教师来说，开展班级合唱活动也是一种专业能力的提升机会。他们可以在这种高强度、大规模的班级合唱教学活动中，不断锻炼和提升自己的专业教学能力，更加熟练地运用合唱教学手段，从而更好地帮助学生提升他们的音乐技能和团队协作能力。因此，学校应该更加积极地组织和开展多种形式的班级合唱活动，以实现以上提到的一系列积极影响。

（三）加强合唱教学的质量监控

尽管合唱教学在提升学生音乐素养、弘扬团队精神等方面发挥了显著作用，但是，教学效果是否达到预期，合唱技能是否得到真正的提升，学生的参与度和满意度如何，都需要实时和精确的监控才能获知。只有这样，才能做到有的放矢，使得教学活动能够更好地满足学生的需求，切实提升他们的合唱能力。

合唱教学的质量监控应是全程的，涵盖教学活动的每一个环节。音乐教师应建立反馈机制，定期或不定期地邀请学生对教学活动进行评价，了解学生对活动的满意度和需求。音乐教师还应运用评价工具，定期评估学生的合唱技能，查看技能提升的程度。此外，音乐教师应留心观察，实时记录学生在合唱活动中的表现，包括他们的参与度、合作精神等。教师应常常思考和总结自己的教学活动，发现并解决存在的问题。

对合唱教学进行质量监控，音乐教师应考虑到学生的个体差异和特性。不同的学生可能有不同的反馈，也就需要不同的教学策略。因此，教师要关注每一个学生，将个别辅导和课堂教学相结合，才能有效提升学生的合唱能力。

第六章　中学音乐教育中的教师队伍建设

中学音乐教育的质量在很大程度上取决于教师队伍的素质和能力。因此，中学音乐教育的教师队伍建设是一个重要而且必须着重考虑的问题。构建高质量的音乐教师队伍，需要系统、全面、持续地进行教师队伍建设工作，关注教师的专业发展和个人发展，从而提高中学音乐教育的质量和效果。

第一节　中学音乐教师的职业角色定位

中学音乐教师的核心职责是向学生提供全面的音乐教育，包括音乐理论、乐器演奏、声乐技巧、作曲及编曲等。他们需利用最新的音乐教育理论和技术，构建特色化的教学计划和课程内容，以适应学生的各种需求和能力水平。除此之外，中学音乐教师也要唤起和燃烧学生的音乐热情和创造性。他们应当为学生打造丰富且富有吸引力的音乐体验，例如引导学生亲自参与音乐演出和创作，组织他们参加音乐竞赛和专业考试等。他们需要帮助学生理解音乐的内在含义，发展他们的审美和情感理解，从而为他们未来成为有影响力的音乐人才打下坚实的基础。

具体来看，中学音乐教师的角色定位不仅包括传统的教学角色，还应包括一系列更广泛的职业角色（如图 6-1 所示）。

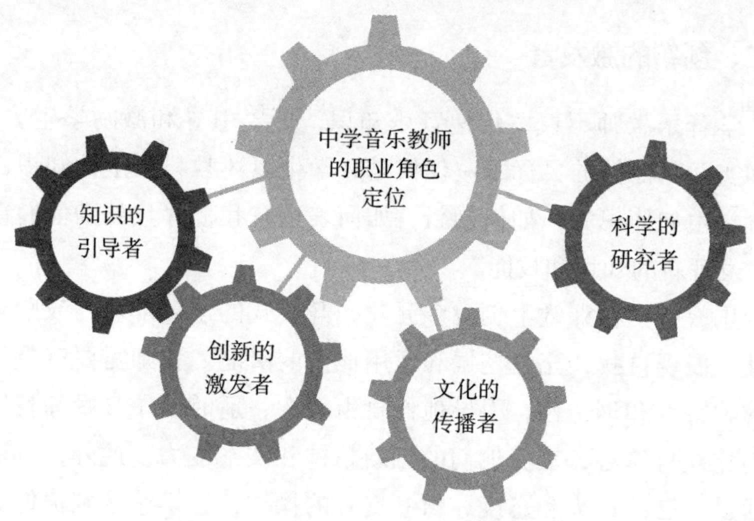

图 6-1　中学音乐教师的职业角色定位

一、知识的引导者

在中学音乐教育中，教师不仅仅是音乐知识的传递者，更是启发和激发学生探索音乐世界的灯塔。教师的专业素养和深厚的音乐理论基础使他们能够熟练地引导学生探索音乐理论、历史、审美等多方面的内容。例如，通过精心设计的音乐理论课程，教师能够将复杂的音乐理念、构造与创作技术以简洁明了的方式展现给学生，帮助他们建立扎实的音乐知识基础。另外，教师还要以自身的专业素养和综合能力来启发学生的音乐热情与兴趣。他们需引导学生在实际的音乐实践中运用理论知识，帮助学生理解音乐知识的实际意义。这种以实践为驱动的引导方式能进一步增强学生对音乐的兴趣和热爱，激发他们的音乐创新意识。另外，教师还需要在教学中敏锐捕捉到学生的需求与问题，并提供解决思路。这不仅要求教师在学生遇到问题时对其进行答疑解惑，也需要在学生进行音乐创作或表演过程中遇到的困难和挑战时为其提供指导和帮助。而这种引导则需要教师具备丰富的音乐经验、灵活的教学策略和深厚的音乐素养。

二、创新的激发者

中学音乐教师不仅要传递音乐知识，更要引导和激励学生去探索、创新和实践。他们的目标不应仅仅是让学生复述教科书上的知识，而是要教育学生如何思考、如何创新、如何表达自我，并且鼓励他们在学习过程中发现新的知识和技能。

音乐教师要在课堂上创设多元化、开放式的学习环境，鼓励学生发挥个性、展现自我，充分挖掘和运用他们的潜能。教师需要尊重每一个学生的独特性和创造性，引导他们自由发挥，适时给予鼓励和肯定，帮助他们建立自信心，培养他们的创新精神和实践能力。此外，音乐教师还要通过自己的行为和态度，树立良好的榜样，让学生看到他们对音乐的热情和对创新的追求，引导学生感受到他们对每一次音乐探索的尊重和欣赏，从而激发学生对音乐的热爱和对创新的追求。因此，作为创新的激发者，音乐教师要在音乐教育的全过程中始终保持对创新的追求和鼓励，创设宽松、活跃、多元化的学习环境，为学生的音乐创新提供充分的空间和机会，帮助他们树立创新意识，提高创新能力，为他们的未来发展奠定坚实的基础。

三、文化的传播者

作为文化的传播者，音乐教师的工作不仅仅是教授音乐技能和知识，更要培养学生的审美情操、音乐素养和人文精神。他们在向学生传授音乐知识的同时，也是在传播音乐文化，教育学生理解、欣赏和感受各种音乐风格和音乐形式所蕴含的文化内涵和艺术价值。

音乐是人类共享的文化遗产，它跨越了语言和地域的界限，连接着全世界的人们。音乐教师在课堂上不仅要教学生理解和欣赏本国的音乐文化，还要引导学生了解和欣赏世界各地的音乐文化。通过欣赏和学习各种不同的音乐，学生可以增广视野，丰富情感，提高审美能力，同时也可以了解和理解不同文化和民族的历史、地理、民俗、习惯等，促进对多元文化的包容和尊重。音乐教师也要积极引导学生对本国的传统音乐文化进行传承和创新，让学生深入理解本国音乐的魅力和价值，激发他们对本国音乐文化的热爱和自豪感。通过学习和表演传统音乐，学生不仅可以提高自身的音乐技能和知识，更可以提升个人素质，培养良好的道德品质和社会责任感。

音乐教师在向学生传递音乐知识的同时，也是在向学生传递文化精神，传播文化价值。他们要帮助学生构建全面、开阔、多元的文化视野，培养他们的文化自觉和文化自信，为他们的全面发展和终身学习打下坚实的基础。

依据新课程标准，中学音乐教师的角色定位已经发生了明显的转变。教师需要在教学过程中明确自我职业角色，充分尊重学生的兴趣和需求，并通过巧妙的课堂设计使学生主动参与学习。教师应运用多样化的教学手段丰富教学内容，避免出现单一的教师讲解和学生被动听讲的情况。例如，教师可以预设下节课的相关问题，布置任务让学生进行课前准备和资料收集。在课堂上，学生间可以先进行交流，教师再予以补充，这样的方式能够有效提升教学效果。目前，中学音乐教育的重点应在于引导学生发挥音乐创造力，鼓励学生深入实践，在不断地实践中提升自我，同时，提升音乐素养也是提高全面素质的重要环节。随着新课程标准的施行，传统的单一被动的教学方式已经不再适用于现代教学需求。如今的教师应该紧跟时代步伐，接纳新的教育理念和政策，淘汰过去的被动教学方式，以新课程标准为理论指导，深刻理解学生学习知识与实践结合的重要性，打破传统教学中“教师主导讲授”的模式。教师应以音乐课程的设计者和教学改革者的身份，构建新的音乐教育课程体系，通过行动改革，为学生的全方位发展铺平道路。

四、科学的研究者

在中学音乐教育中，教师应不断深入理解和探索音乐教育的各个领域。他们需要在研究中寻找更有效的教学方法和策略，以帮助学生更好地理解和欣赏音乐。这需要教师具备对音乐理论和实践深入的理解，以及对教学过程中出现的各种问题的敏锐洞察力。

中学音乐教师要在实践中不断反思和总结，以提炼教学经验，发现教学规律，不断优化教学模式。这需要教师具备批判性思维和创新精神，敢于挑战传统，勇于探索未知。此外，中学音乐教师还应有严谨的研究态度和科学的研究方法，善于运用定量和定性研究方法，对音乐教育进行系统、深入的研究，以提供科学依据来指导教学实践。

音乐教师的成长，无论是由稚嫩向成熟，还是由传统向现代的转变，始终依赖于教学过程中对现有工作的反思。这是一种解决问题的探索，也是一种对未来需求的响应，但从根本上来说，是对创新的追求和实践。音乐教师以研究者的身份参与其中，是推动音乐教师专业化发展的基本途径。研究的态度和能力，正是创新力和主动性的集中体现，也是推动个人发展的基本手段。随着时代进步，音乐教师的职能也在经历着深刻的变化。不再是只注重反思教学，而是需要在教育中贯彻研究精神，以适应未来的需求。离开实践的研究则无法应对时代的挑战，这就要求理论与实践相结合。这种结合并不意味着只进行应用研究，或者摒弃基础理论，而是要让理论在实践的肥沃土壤中生根发芽。

中学音乐教师的专业发展，依赖于中小学音乐教育科研。随着新课程改革的深入，中学音乐教师的专业化问题越来越受到重视。他们的工作涉及国家的发展大计，肩负着我国基础教育改革和发展的重任。因此，中学音乐教师应积极参与教育科研，培养自身的研究意识，养成理论学习与实践反思的习惯。音乐教师需要不断提升解决教学实际问题的能力，增强课程开发和建设的自觉性，让日常教学工作、教学研究和教师专业成长融为一体。只有将“教育科研是教师成长的捷径”的理念转化为具体的实践行动，才能真正改变音乐教师的职业形象，使音乐教师职业得以赋予崇高的学术地位，并提高音乐教师的专业化水平。

第二节　中学音乐教师综合素养的提升

新课程改革对中学音乐教师的综合素质提出了更高的要求。在新课程背景下的中学音乐老师应具备更全面、综合的素质和修养，也要不断提高专业知识技能，完善知识结构，以适应当代社会发展的需要。

一、提升中学音乐教师综合素养的必要性

提升中学音乐教师综合素养的必要性主要体现在以下几个方面（如图 6–2 所示）：

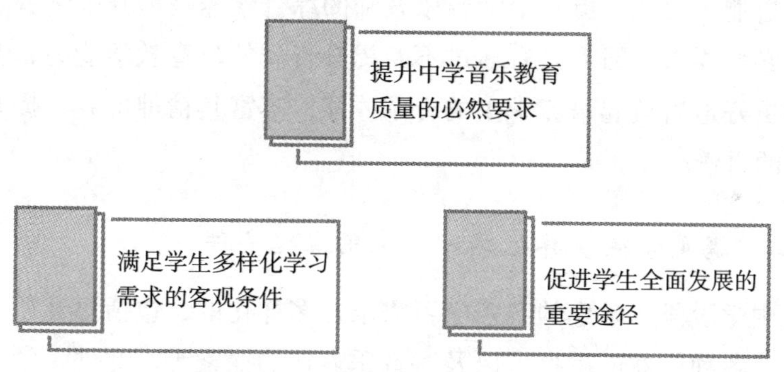

图 6–2　提升中学音乐教师综合素养的必要性

（一）提升中学音乐教育质量的必然要求

教师的素养直接影响到教育质量，尤其对于音乐教育而言，教师的综合素养对课程的教学深度、广度，以及教学方法的选择具有决定性影响。高素养的教师可以深入理解和创新教学内容，采用更加有效的教学策略，营造出良好的教学环境，从而显著提升音乐教育的质量。

在中学阶段，学生对音乐的认知能力和审美观念正在不断形成和发展，这需要依赖于高质量的音乐教育。而这样的教育质量，必须建立在

教师拥有充足的专业知识和教育技能的基础之上。音乐教师的综合素养不仅直接影响到教学的深度和广度，也关系到教学方法的选择和创新，以及教学活动的组织和实施。教师需要具备丰富的音乐知识和技能，包括音乐理论知识、演奏技能、声乐训练方法等，以便于他们可以深入浅出地教授学生，使学生在欣赏音乐的过程中，理解音乐背后的文化内涵和表达意图。此外，教师还需要有一定的艺术鉴赏力和审美情趣，使得他们能够指导学生理解不同音乐作品的美学价值，从而提升学生的音乐欣赏水平。同时，音乐教师还需要掌握现代教育理念和教学方法，比如如何激发学生的学习兴趣，如何引导学生主动探索，如何调动学生的参与热情，如何评价和反馈学生的学习成果等。因为只有这样，他们才能针对学生的特点和需求，进行个性化教学，最大限度地发掘和培养学生的音乐潜能。因此，提升中学音乐教师的综合素养是提升中学音乐教育质量的必然要求。因为只有通过不断提升自身的教育教学能力，音乐教师才能更好地肩负起培养学生的音乐才能，丰富其精神世界，提升其文化素质的重任。

（二）满足学生多样化学习需求的客观条件

在中学阶段，学生的音乐学习需求是多样化的，包括对音乐理论的学习、对各种乐器的掌握，以及对音乐表达的探索等。此外，学生的学习兴趣、认知能力和学习风格也各有差异，这就需要音乐教师能够针对学生的不同需求和特点，提供个性化的教学。为了满足学生多样化的学习需求，音乐教师不仅需要具备丰富的音乐知识和技能，还需要掌握多元化的教学方法。比如，对于学习乐器的学生，教师应能提供正确的演奏技巧和练习方法；对于对音乐理论感兴趣的学生，教师应能进行深入的讲解和示范；对于对音乐创作感兴趣的学生，教师应能提供有益的创作指导和建议。同时，教师还需要了解和掌握多元化的教学策略和手段，包括如何利用信息技术丰富教学形式、如何设计具有挑战性和趣味性的学习任务、如何组织有效的学生互动和讨论等，以便调动学生的学习积极性，激发其学习兴趣，促进其深入学习和探究。只有教师具备丰富的专业素养和教学能力，才能更好地应对学生多样化的学习需求，促进学生的音乐学习和发展。

（三）促进学生全面发展的重要途径

中学音乐教育可以培养学生的艺术审美，开发其创造性思维，丰富其情感生活，提高其社交能力，同时也有助于塑造其独立、自主、积极向上的个性。然而，想要实现这些目标并非易事，它需要音乐教师具备一定级别的专业素养和综合素质。音乐教师的专业素养决定了他们的教学水平和效果，他们的音乐知识、技能、经验以及对音乐教育理念的理解，将直接影响到他们的教学设计、实施和评价等全过程。只有具备丰富专业素养的教师，才能深入挖掘音乐教材的教育价值，发掘并发展学生的潜能，引导和激发学生的学习兴趣，为其提供有效的学习支持，帮助学生实现深层次的学习。此外，音乐教师的综合素质也是他们成功履行职责的重要保障。作为教育工作者，音乐教师需要具备良好的教育伦理，以爱心、耐心、公正和尊重对待每一个学生。教师还需要有良好的沟通能力，能理解和接纳学生的不同观点，积极引导学生参与讨论，激发其思考和表达。他们需要具备一定的管理能力，能创设和维护有序、和谐、活跃的学习环境，让每一个学生都能在这种环境中得到发展。音乐教师只有通过不断提升自身素养，才能更好地引领学生走向丰富多彩的音乐世界，促进其全面发展。

二、提升中学音乐教师综合素养的内容

新课程的理念阐述了音乐课程的关键在于提升学生的审美感受，教师关注的焦点在于激发学生的学习积极性和对音乐的个人爱好。在进行音乐教学时，教师需要充分展示音乐学科的独特性，引导学生在音乐学习的旅程中亲身感受和享受审美的过程，激发他们对音乐的热爱，进而深入地理解和欣赏音乐的美，激发他们的独立思维能力。同时，教师需

要尊重学生在音乐体验中所形成的个人独特的见解和理解。为了实现以上的目标，中学音乐教师应该从以下三个方面努力提升自身的综合素养（如图 6–3 所示）。

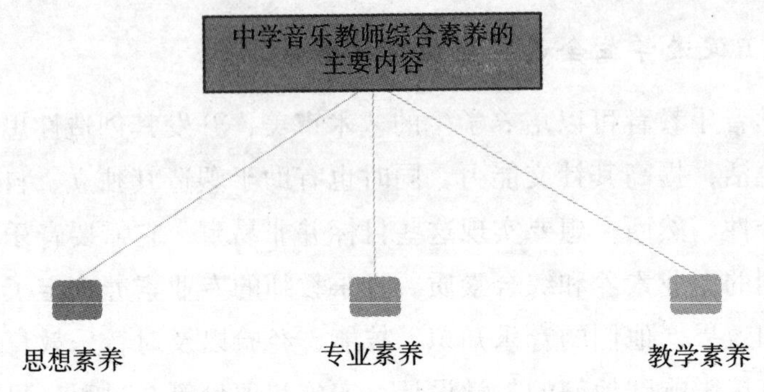

图 6–3　中学音乐教师综合素养的主要内容

（一）思想素养

思想是行动的指南，教师一旦有了正确的思想，必将在教育发展中迸发出更强大的生命力。作为音乐教师，他们必须具备正确的世界观、价值观和人生观。他们需要具备高尚的职业道德，有强烈的社会使命感和责任感。教师需要有高尚的道德情操，理解并遵守职业道德，履行教书育人的职责，尽职尽责。他们需要勇于前进，积极创新，保持虚心好学的态度，独立思考，并拥有坚韧不屈的精神。教师应热爱音乐教育事业，拥有坚定的专业信念，关心和照顾自己的学生，并愿意为教育事业贡献自己的一生。

在中学音乐教育中，教师的师德影响着教育过程的质量和结果。优良的师德不仅体现在教师的知识技能和教育教学能力上，更显现在教师的人格魅力和道德风貌上。音乐教师需要将自身的美好情感、价值观和世界观传递给学生，通过“音乐”这一特殊的艺术形式，引领学生进入美的世界，感受音乐的魅力，培养他们的审美情趣。音乐教师应热爱自己的职业，对音乐有深厚的感情和独特的理解。只有深爱，才能精教。

只有教师对音乐的热爱达到了无私奉献的境地，才能引发学生对音乐的热爱，激发他们的学习热情。教师的这种热爱，体现在对每一首音乐作品的专注解读，体现在对每一个音乐课题的深入探索，体现在对每一个学生的真诚关心和帮助。同时，音乐教师必须注重自我修养，持续提升自我，因为教师是学生的榜样，他们应当具备丰富的音乐知识，精熟的音乐技巧，以及较强的艺术鉴赏力和创新能力。而且，他们需要具备诚实正直的品格，乐于助人的精神，对待学生也要平等公正，尊重每一个学生的个性和独立思考的能力。尊重学生，相信学生，热爱学生，这是教师师德的重要体现。在与学生的互动中，音乐教师要始终以学生为中心，考虑学生的需要和利益。他们需要耐心倾听学生的声音，理解学生的需求，关心学生的生活，尊重学生的个性发展。他们还应该教给学生学会尊重他人，理解和接纳差异，培养他们的团队精神和合作能力。

此外，教师还需要拥有健全的心理素质，以便在面对各种挑战时能以乐观、积极的态度去应对。面临压力和竞争时，教师需要排除消极和畏惧的情绪，因为教师的积极或消极情绪会直接影响到学生的意志和人格培养，从而间接影响教育的效果。只有拥有健康的心理素养，敢于迎接各种现实挑战的教师，才能更好地完成教书育人的使命。

（二）专业素养

在中学音乐教育中，专业素养是音乐教师必备的品质之一，它不仅包括对音乐专业知识的精深理解和掌握，也涵盖了教育方法的适用和创新。作为音乐教师，他们应该有深厚的音乐基础知识，包括音乐理论、音乐历史、乐器演奏技巧等，还能够准确解读音乐作品，并将其有感染力地传授给学生。同时，音乐教师也应具备一定的艺术审美能力和创新思维，可以引导学生从多角度去欣赏和理解音乐，培养他们的独立思考和创新能力。首先，艺术审美是教师引导学生从多角度欣赏和理解音乐的基础。具备丰富的审美经验的教师，能够帮助学生建立个人化的音乐审美观，培养他们的感性认识和鉴赏力，使他们能够在音乐体验中找到自

我。其次，创新思维是教师培养学生独立思考和创新能力的关键。鼓励创新，提供创新的平台和机会，是教师通过教学活动实现学生音乐素养提升的重要手段。专业素养对于中学音乐教师来说，既是他们深入挖掘和传播音乐的有效工具，也是他们引领学生实现音乐人格发展的重要保障。因为只有当音乐教师具备了这样全面的专业素养，才能在教学实践中发挥最大的效能，为学生提供最好的学习体验，实现对音乐教育的理想追求。

（三）教学素养

中学音乐教师的教学素养是他们有效进行教学活动的重要保障。中学音乐教师应具备的教学素养主要包括以下内容：第一，熟练运用各种教学方法。为适应不同学生的学习需要和特点，最大限度地提高教学效果，中学音乐教师需要熟练掌握各种教学方法，如讲解、示范、互动、小组讨论等。第二，教学技能。音乐教师应具备讲解清晰、板书规范、教学语言表达能力、示范操作等方面的技能。良好的教学技能可以使教学内容更加生动、形象，从而更好地吸引和保持学生的注意力。第三，教学组织和管理能力。有效的教学组织和管理能力是提高教学效率的重要保证。中学音乐教师应能够合理安排教学进程，有效掌控教学时间，灵活应对教学中出现的各种情况。

此外，音乐教师还需要具备评价学生学习成果的能力，熟练掌握各种评价工具和方法，如观察、测试、评价等，最终得出结论和评价，准确、全面地了解学生的学习状况，提供反馈，引导他们进行自我修正和提高。此外，音乐教师应具备一定的教育法律和伦理知识，以确保教学活动的合法性，尊重学生的权益，建立良好的师生关系，营造积极健康的教学环境。

在音乐课堂上，教师不仅是音乐知识的传递者，更是学生艺术成长的引导者。教师需要根据音乐课程的目标和学生的具体需求，精心设计每一次的教学活动，不断探索和尝试新的教学方法，更有效地引导学生进入音乐的世界，体验音乐的魅力。其中，教师的教学策略和教学技巧的运用是最重要的，它们可以在激发学生学习兴趣的同时，帮助学生掌握音乐知识，培养学生的审美情趣和创新精神。教师还需要关注每个学生的学习过程，实时关注学生的学习反馈，了解他们的学习困惑和学习需求，及时调整教学策略，让每个学生都能在音乐学习中感受到进步和成就。对学生个体差异的认知和关注，可以使教师有针对性地指导学生，让每个学生都能在音乐学习中获得满足感和成就感。此外，随着教育技术的发展，音乐教师还需要运用现代教育技术工具，如多媒体教学、网络教学等，将这些工具和传统的音乐教学方法结合起来，使音乐教学更加生动、有趣，更能适应现代学生的学习需求和习惯。

三、提升中学音乐教师综合素养的策略

（一）建立良好的教育理念

建立良好的教育理念对于一名中学音乐教师来说是必不可少的。音乐教师应该以学生为中心，确保教育活动始终聚焦于支持和促进学生的全面发展。音乐教师要激发和培养他们对音乐的热爱，锻炼他们的艺术才能，提高学生的审美鉴赏能力，让他们在学习音乐的过程中体验到音乐的美，感受到音乐的力量。音乐教师不仅要教授音乐知识，更重要的是激发学生的学习兴趣和动力，帮助他们发现和发展自己的音乐才能。教师要相信每一个学生都有学习音乐的潜能，将来都有可能成为音乐的创作者、表演者或欣赏者。这就需要教师具有灵活的教学策略，能够根据每一个学生的特点和需要进行个性化的教学，让他们在学习音乐的过程中找到乐趣，体验成功，从而增强他们的自信心和自我价值感。教师还应该让学生了解音乐不仅是一种艺术形式，更是一种生活方式，一种表达自我、理解世界的方式。在音乐教学中，教师不仅要培养学生的音乐技能，还要教育他们欣赏不同类型和风格的音乐，开阔他们的视野，提高他们的审美水平。音乐教学还可以培养学生的创新思维，提高他们的社会情感能力，帮助他们更好地适应和参与社会生活。

建立良好的教育理念是音乐教师提高教学质量，实现教育目标的关

键。只有当教师对教育的理解和信念与他们的教学实践紧密相连，才能真正做到以学生为中心，实现音乐教育的最终目标——为学生的全面发展服务。

（二）加强各种理论知识学习

为提高自身综合素养，中学音乐教师应不断学习各种音乐理论知识，深入研究音乐的发展历史，关注音乐学科前沿的发展态势和最新成果。同时，音乐教师还需掌握现代教育教学理论，学习培养学生创造力的原理和方法，并将其合理运用到自己的教学实践当中。除此之外，音乐教师还应加强科学文化知识的学习，加强与其他学科之间的联系，广博的知识储备可以丰富音乐教师的文化底蕴，开阔教师的艺术视野，有利于音乐新课程的教学。具体来看，中学音乐教师应加强以下几个方面的知识学习（如图 6-4 所示）：

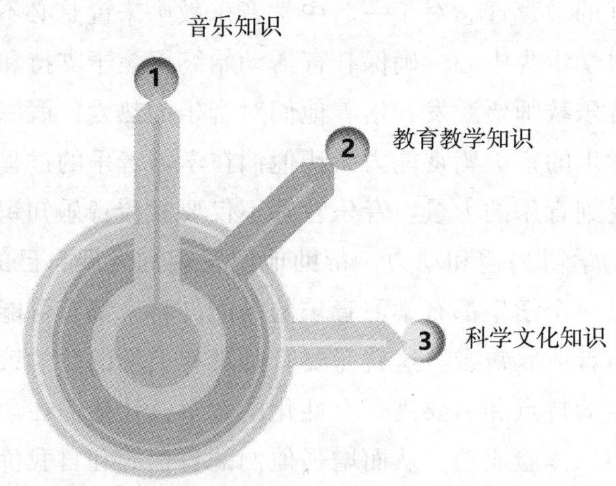

图 6-4　中学音乐教师应加强的知识学习内容

1. 音乐知识

音乐教师需要拥有全面而深入的音乐知识，因为只有这样才能充分发挥音乐教育的作用，激发学生的音乐热情，引导学生全面发展。理解和掌握音乐理论是教师教授学生音乐知识的基础，包括音乐的基本元素

（如旋律、节奏、和声、曲式等）和更深入的理论知识（如和声进行、配器技巧等）。通过对音乐理论的深入了解，教师能够清晰地解释和演示音乐的结构和形式，引导学生理解音乐的精髓。深入研究音乐历史，掌握各个时期的音乐风格和特点，是音乐教师的又一项重要职责。从古典时期到现代，音乐在各个时期都有其独特的语言和表达方式，理解这些不同的风格，能帮助教师更好地引导学生了解和欣赏各种类型的音乐。掌握乐器演奏技巧和声乐技巧，对于音乐教师来说也是不可或缺的。这不仅能增加教学的生动性和趣味性，也能帮助学生掌握实际的音乐技能，提高他们的音乐实践能力。

2. 教育教学知识

中学音乐教师在传授音乐知识和技巧的同时，也需要具备一定的教育教学知识。这是因为教师不仅仅是知识的传递者，更是教育的实施者和学生成长的引导者。有效的教育教学方法能够帮助学生更好地理解和掌握音乐知识，激发他们的学习兴趣，促进他们的全面发展。

音乐教师需要理解和掌握教育心理学知识，了解学生的学习心理和行为特征，了解不同年龄段学生的学习需求和兴趣，并制定出符合学生发展规律的教学策略，满足他们的学习需求，提高教学效果。教师也需要掌握各种教学方法和技巧，如直观教学、活动教学、讨论教学等，根据教学内容和学生的实际情况选择适合的教学方法。同时，教师需要能够根据教育目标和学生的学习水平，设计出既符合课程标准，又能系统地传授音乐知识，激发学生兴趣的课程内容。

3. 科学文化知识

中学音乐教师在担任音乐教育的职责时，还需要具备丰富的科学文化知识。这是因为音乐并不是孤立存在的，它与我们的生活、社会、文化、历史、科学等领域都有着千丝万缕的联系。音乐教师的科学文化知识能为音乐教育注入更为丰富和深远的内涵，也能帮助学生从音乐学习中得到更全面的教育。举例来说，了解历史文化知识的音乐教师能够把音乐作品放在特定的历史文化背景下进行解读，帮助学生了解作品的创作背景和历史价值，增强其对音乐的认知深度。掌握科学知识的音乐教师，例如生物学、心理学等，能更好地理解音乐对人体和心理的影响，从而以更科学的方式进行教学。熟悉文学的教师可以通过诗歌、小说等形式向学生讲解歌曲的词义和内涵，让学生对歌曲有更深的理解。了解艺术的音乐教师能够与学生分享音乐与绘画、舞蹈、电影等艺术形式的交融和影响，从而拓宽学生的艺术视野。由此可见，音乐教师需要具备丰富的科学文化知识，既可以提升他们的教学质量和层次，也有利于提升学生的全面素质，帮助他们构建广泛的知识结构，提高他们的综合素养。

（三）重视终身学习

重视终身学习对于中学音乐教师来说，是一种必要的职业态度和追求。音乐是一种富有生命力的艺术，它的创作、表现和欣赏方式都在随着社会的发展和科技的进步而不断变化。因此，音乐教师不能满足于已有的知识和技能，必须致力于持续的学习和进步，以保持对音乐教育的专业精神和热情。

在音乐教育领域，终身学习可以表现为教师持续更新和完善自己的音乐知识和技能，例如学习新的音乐理论，掌握新的演奏技巧，研究新的教学方法等。通过这种持续学习，教师不仅可以提高自己的教学质量，也可以为学生提供更丰富、更深入的音乐学习经验。同时，终身学习也意味着教师要时刻保持对新事物、新观念的开放态度和探索精神。音乐教师应该鼓励和引导学生接触与欣赏各种类型和风格的音乐，以丰富他们的音乐视野和审美体验。这就需要教师自己先对新的音乐形式和风格有深入的了解与欣赏，才能够引导学生理解与接纳不同的音乐观念和价值观。此外，终身学习还包括教师对教育理念和教学方法的持续反思与改进。教师应该定期评估自己的教学效果，反思自己的教学行为，探索更有效的教学策略。通过这种反思和改进，教师可以更好地满足学生的学习需求，提高教学的效果和质量。

重视终身学习是音乐教师不断提升自我，追求专业发展的重要途径。

只有始终保持对学习的热情和动力，音乐教师才能跟上音乐和教育发展的步伐，实现自我价值的提升和教育事业的成功。

第三节　中学音乐教师队伍的专业化发展

教师专业化发展是指教师在整个职业生涯中，通过终身专业训练，习得教育专业知识技能，实施专业自主，表现专业道德，逐步提高自身从教素质，成为一个良好的教育专业工作者的专业成长过程，即从一个“普通人”成长为一个“教育者”的专业发展过程[①]。从专业化角度出发，教师专业发展主要是指教师在实际教学过程中的教育思想、教育知识结构以及教学能力方面的持续性发展。教师专业化发展的目标是实现教师的职业发展，提升教师的专业素质，提高教育教学效果，推动教育改革和发展。重视中学音乐教师队伍专业化发展，可以使教师获得更大的职业满足感，进而提高对教育事业发展的推动作用。

一、教师专业化发展概述

教师是教育质量提升的关键，他们的专业素质直接影响着教学效果和学生的发展。因此，教师应不断提升自己的专业化水平，使自己具备更高的教育素质和更广阔的知识视野。教师专业化是现代教育发展的要求和必然趋势，不断提高我国教师专业化水平也是实现中华民族伟大复兴事业的现实需要。

（一）教师专业化发展的内涵

教师专业化发展的基本内涵主要包括以下几点（如图 6–5 所示）：

① 雷体南，汪家宝．现代教育技术教程[M]．3 版．武汉：华中科技大学出版社，2016：34.

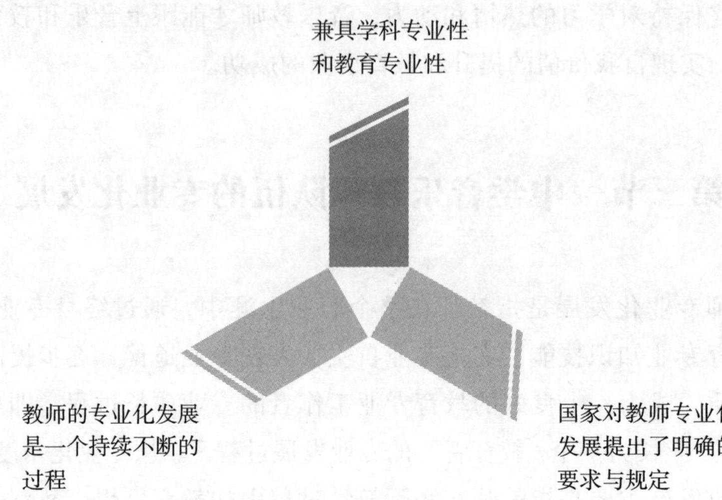

图 6-5　教师专业化发展的基本内涵

1. 兼具学科专业性和教育专业性

一名专业教师应不断深化自己的学科专业技能和教育教学能力。一名优秀的教师不仅要具备丰富的学科知识，还需要有教育他人的才能，对教育事业的忠诚和对学生的关爱。教师应尊重每一个学生，真心关爱每一个学生，公正无私地对待每一个学生，对教育事业要始终抱有献身精神。这些要求是教师专业化发展的重要组成部分，也是对教师角色的基本要求。

2. 教师的专业化发展是一个持续不断的过程

教师专业发展，从某种角度上理解，其实就是教师持续学习和成长的过程。作为教师，在面对不断发展变化的社会、科技以及教育环境，始终保持终身学习的态度并及时更新自己的知识和技能是十分必要的。这种学习和更新不仅包括学科知识，还包括教育理论、教学方法和教育技术等方面。

为实现专业化发展，教师同样需要不断反思和实践。教师应通过对自身教学实践的反思，以及对教育研究的参与，不断提升自己的教育理念和教学能力。这种反思和实践应成为教师日常工作的一部分，而不仅仅是偶尔进行的活动。此外，教师的专业发展还离不开与他人的互动和合作。通过与同事、家长、社区和其他教育工作者的互动与合作，教师可以从不同的角度和层面对自己的教学进行反思和提升，这对于教师的专业发展也是非常重要的。因此，教师的专业发展并非一蹴而就，也不是一种固定的状态，而是一个持续不断、全方位、多维度的过程。只有通过不断学习、反思、实践和合作，教师才能适应社会和教育的发展，提升自己的专业素养，最终更好地服务于学生和教育事业。

3. 国家对教师专业化发展提出了明确的要求与规定

国家从学历层次到教育知识、教育能力以及职业道德的规范等多个方面对教师的专业化发展提出了明确的要求，充分体现了国家对教师专业化发展的重视。国家已经建立了一系列专门针对教师教育的机构，并制定了相应的教育内容和措施，以期提升教师的教育水平和教学效果。同时，国家还制定了一系列严格的认证体系和管理制度，用来确认教师的资格以及教师教育机构的水平。

（二）教师专业化发展的意义

教师专业化发展是提高教学质量的关键，是教育改革的原动力，是学生发展的前提，也是教师自身幸福的源泉。教师是教育的主体，他们的专业能力直接影响到教学的质量和效果。在音乐教学中，专业素养强的教师能更好地引导学生理解和欣赏音乐，激发他们的音乐兴趣和创造力。教师专业化发展促使他们在教学实践中积极探索，有效地推动教育方法和教学理念的创新，从而推动整个教育事业的发展（如图 6-6 所示）。

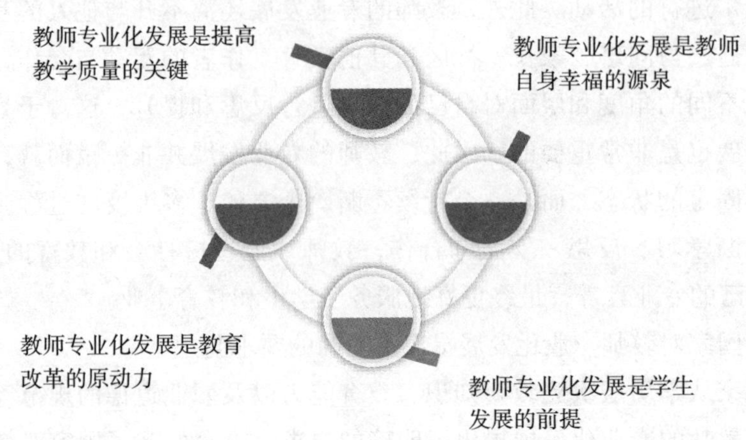

图 6-6　教师专业化发展的意义

1. 教师专业化发展是提高教学质量的关键

提高教学质量的任务重于泰山，教师专业化发展对此起着决定性的作用。教师作为教育的主体，他们的专业知识和教学能力直接影响着学生的学习效果和发展进程。在教师专业化发展的过程中，教师应不断提升自己的学科知识，深化对教育理念的理解，熟练掌握各种教学策略和方法，这些都是提高教学质量的重要保障。专业化的教师能够以扎实的学科知识为基础，将复杂的概念简单化，帮助学生更容易理解和掌握知识。专业化的教师能够运用丰富的教学策略，使得教学过程富有吸引力，激发学生的学习兴趣。同时，他们能够以深厚的教育理念为指导，关注学生的个体差异，注重培养学生的综合素质和创新能力，从而实现教学活动的最大效益。此外，教师专业化发展还意味着教师应具备较高的自我反思能力和自我学习能力，以便他们能够在教学实践中不断反思，修正自己的教学方法，提升教学质量。另外，他们还能够持续学习，更新知识，跟上社会发展的步伐，使得教学内容始终与时俱进。

2. 教师专业化发展是教育改革的原动力

教育改革在不断向前推进的过程中，对教师的要求也在逐步提高，教师不仅要具备坚实的专业知识，更需要具备创新精神和开拓性思维。

教师的专业化发展，无论是对专业知识的深化理解，还是对教育方法的创新使用，都为教育改革提供了源源不断的推动力。

在教育改革的大背景下，教师需要有足够的敏锐性，能够察觉教育环境的变化，把握教育改革的趋势，以适应不断变化的教育需求。同时，教师的专业化发展还体现在对学生个体差异的深入理解上，他们能够根据学生的具体情况，创新教育方法，为其提供个性化的教育方案，这种以学生为中心的教学方式是教育改革的重要方向。此外，教师专业化发展还带动了教师团队的协同发展，教师间的互助学习、教学经验的分享都将推动教育改革的进程。教师的专业发展不仅是自我提升的过程，更是与其他教师、学校、家长和社区等构建协作关系，形成教育共同体，这对于实施教育改革、实现教育的全面发展具有重要的推动作用。

3. 教师专业化发展是学生发展的前提

一个具有专业素养的教师，其深厚的专业知识、丰富的教育经验以及高效的教学策略都能为学生的学习提供有力的支撑，引导他们在学术上探求深入，而在情感、价值观以及社交能力等方面则可以给予他们正确的指导。教师的专业发展，尤其是在教育理念、教育策略以及与学生互动的方式上的进步，对于激发学生的学习兴趣，培养其学习动力，促进其自主学习具有非常重要的影响。教师专业化发展不仅仅是教师自身知识、能力的提升，更是教育方法、教育理念的革新和升华。专业化的教师能更好地理解学生的需求，采用合适的教学方法，以适应不同学生的学习风格和需求，这无疑对学生的全面发展是很重要的。

此外，教师专业化发展还关乎教育公平问题。教师通过持续的专业学习发展，能够更好地了解并适应各种类型的学生，无论是来自不同社会背景，还是具有不同学习需求和能力的学生，他们都能得到适合自己的教育。这种公平性在很大程度上依赖于教师的专业化发展。

4. 教师专业化发展是教师自身幸福的源泉

教师通过专业的发展，不仅能得到工作上的成就感，同时也能在学习和成长的过程中找到满足感。这种内在的满足和幸福感，是金钱和权力无法替代的。专业的发展也会给教师带来更多的社会尊重和认可，这对于教师来说，是一种极大的精神激励。一方面，教师专业化发展的过程是教师提升个人价值、丰富内心世界的过程。通过对教育理念、教学方法的深入研究和实践，教师能更好地理解和把握教育的本质和目标，从而提升个人的教育素养。同时，教师还能通过反思和自我调整，不断提高自己在教育实践中的问题解决能力，增强对自我价值的认同感。另一方面，教师专业化发展也能带给教师职业成就感。一个专业化的教师，其教学效果会得到显著的提升，他仅能够获得学生和家长的认可，也会在同行中得到认可和尊重。而这种认可和尊重，无疑会提升教师的职业成就感，从而给教师带来幸福感。再者，教师专业化发展使教师具备了更高的职业自主性和职业安全感。教师能主动参与到课程设计、教学实践和教育改革等活动中，使自己的专业技能和教育理念得到实现，会使教师在工作中感到更加满足和快乐。同时，随着专业素养的提高，教师的职业地位和职业安全性也得到了增强，这无疑也是教师幸福感的重要来源。

（三）教师专业化发展的一般阶段

教师的专业发展具有阶段性，各阶段专业发展有着不同的侧重点。早在20世纪60年代，美国学者傅乐对教师专业化的发展过程进行了深入的研究。他从事物变化的角度出发，将教师的专业发展划分为四个阶段：教学前关注阶段、早期生存关注阶段、教学关注阶段和关注学生阶段。他的观点是，一个专业教师的成长是一个逐渐递进的过程，这个过程先从关注自身开始，然后是关注教学任务，最后是关注学生的学习和自己对学生的影响。傅乐的这一理论为专业化教师发展研究奠定了基础。

在傅乐之后，许多学者也提出了他们自己关于教师专业化发展阶段的理论。其中，最著名有三种观点：三阶段论、四阶段论和五阶段论。三阶段论将专业教师的成长过程分为求生存阶段、调整阶段和成熟阶段。四阶段论则将教师的专业成长划分为求生、巩固、更新和成熟四个阶段。

而五阶段论则认为教师的专业成长经历了新手、已入门者、胜任者、熟练者和专家五个阶段。

虽然对于教师专业发展阶段的划分存在着不同的观点，但是也有许多的共同之处。首先，教师都会经历一个由不成熟到成熟的发展过程，其教学艺术、态度和能力也都在不断变化，并且在不同的阶段，教师展现出的教学水平也各不相同。其次，教师专业化水平的提升主要表现在从教学关注到学生关注的转变，这是教师专业化发展的必经之路。最后，教师的成长需要理论的引导和实践经验的积累。理论与实践相结合，互相促进，如果理论脱离实践积累，或者实践积累脱离理论学习，都无法真正推动教师专业发展目标的实现。

二、中学音乐教师队伍专业化发展的必要性

音乐教育是教育的重要组成部分，它对于培养学生的全面素质具有非常重要的作用。音乐教育不仅能丰富学生的精神世界，提高学生的审美能力，还能培养学生的创新思维和团队协作能力。因此，音乐教师的专业素质直接关系到音乐教育的质量。

在现代社会中，音乐教育的内容和形式都在不断更新和发展，这就要求音乐教师不断提升自身的专业水平，以适应教育改革的需求。音乐教师需要有深厚的音乐理论知识，扎实的音乐表演技能以及丰富的音乐教育经验。因为只有这样，音乐教师才能在教学过程中引导学生进行有效的学习，提高学生的音乐素养。此外，音乐教师的专业化发展也有利于提升教师的职业满意度和幸福感。音乐教师如果能不断提升自己的专业水平，不仅能提高教学效果，还能增强自己的职业成就感，从而提升职业满意度和幸福感。

三、中学音乐教师队伍专业化发展的策略

（一）专业培训

专业培训，对于中学音乐教师来说是提升综合素养的重要手段。音乐是一个不断发展的领域，音乐教师需要通过培训来跟上音乐理论、音乐技术以及教育技术的最新发展。通过这种培训，教师们能深入了解与学习各种音乐风格和技巧，这对于提高他们的教学质量以及扩大他们的音乐视野非常有帮助。

培训内容并不仅限于音乐专业知识，还包括了如何更好地教育学生、如何理解和关注学生的需要、如何设计有效的教学活动等。这些都是音乐教师在教学过程中不可或缺的技能，也是他们在教学中能够有效引导学生、提高学生学习积极性的关键。与此同时，如今教育环境的变化速度非常快，尤其是技术的应用在教育中起到了越来越重要的作用。因此，音乐教师还需要通过培训来学习和掌握新的教学工具和技术，例如数字化工具和在线教学平台等。这些新技术的应用能够让教学变得更加多元、更加有效，也有助于提高教学质量。因此，专业培训在提升中学音乐教师综合素养的过程中起着至关重要的作用。通过系统的、持续的培训，音乐教师可以持续提升自己的专业知识和技能，以便更好地适应和应对教育环境的变化，以更高的教学水平去教育和培养学生，充分发挥他们在教育中的重要作用。

（二）同伴互助

通过与同事的交流、合作和相互学习，音乐教师可以不断提升自己在教育理念、教学方法和专业素养等方面的能力。

在日常教学活动中，音乐教师可以通过讨论教学案例、交流教学经验、参加教学研讨会等方式，学习他人的优秀教学实践，吸取他人的教学经验和教学智慧，从而提升自己的教学水平。这种方式可以激发教师

的教学创新精神，促使教师反思自己的教学方法，寻找更有效的教学策略，从而更好地满足学生的学习需求。

在教师的专业发展过程中，同伴互助教学方式还可以营造一种良好的职业氛围，使教师感受到自身价值的认可和尊重。这种教学方式对于激发教师的工作热情，维持教师的职业激情，提高教师的工作满足感有着重要的作用。此外，同伴互助还可以培养音乐教师的团队协作精神，增强教师的团队合作能力。在教学过程中，教师往往需要与同事共同完成一些教学任务，如音乐会的筹备、音乐剧的编排等。这样的合作经历，可以锻炼教师的团队协作能力，提高教师的团队工作效率。

（三）自我反思

自我反思是一种对个人行为、思想、态度、信念进行内省和分析的过程，它能够帮助音乐教师提升教学质量，提高个人素养的重要途径。在角色定位上，中学音乐教师需认识到自己应做一名称职的教育者，将推动音乐教育事业作为自己的核心任务，而非过分关注个人艺术技能的提升或者专注于培育少数艺术特长学生。但这并不是说艺术技巧和个别学生的特长发展无关紧要，而是强调中学音乐教师要坚守教育家的初心，将个人心血献给音乐教育事业。

具体来看，中学音乐教师应注重以下反思（如图 6-7 所示）。

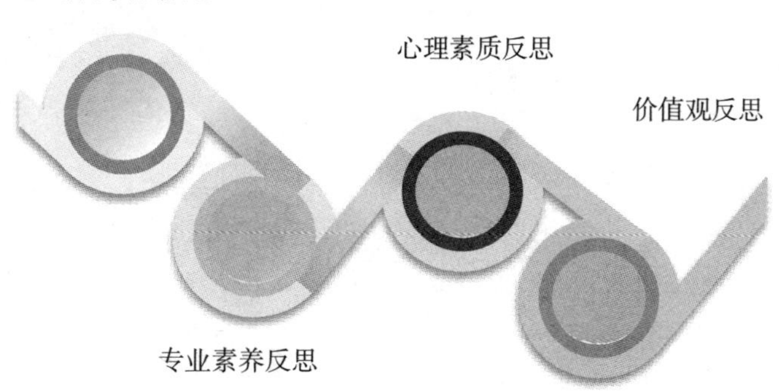

图 6-7　中学音乐教师自我反思的主要内容

1. 教学实践反思

教师应审视自己的教学方法和策略，反思自己的教学是否达到了预期的目标。例如，教师可以反思自己的课程设计是否充分激发了学生的兴趣，自己的教学方式是否合适，是否能够满足不同学生的学习需求。此外，教师也可以反思自己的课堂管理技巧是否有效，课堂氛围是否良好，这些都可以帮助教师更好地理解自己的教学效果，并找出可能的改进之处。

2. 专业素养反思

教师需要反思自己的音乐专业知识和技能是否足够丰富，是否有助于自己的教学。这可能涉及对自己音乐理论知识的掌握程度、演奏技巧、音乐欣赏能力等方面的反思。若在某些方面有所欠缺，教师需要寻找提升这些专业素养的方式。

3. 心理素质反思

教师应审视自己的情绪管理能力和心理承受能力。音乐教学常常需要处理复杂的人际关系和教学压力，教师需要反思自己是否具有健康的心理状态，是否能以积极的态度应对教学中的困难和挑战。

4. 价值观反思

教师需要反思自己的教育理念和价值取向，看看它们是否与当前教育的目标和要求相吻合，自己的行为是否与自己的价值观相一致。反思自己的教育理念，是否能够尊重学生的个性，提供一个积极、开放的学习环境等。

第七章　中学音乐教育的创新实践与未来展望

在当今这个日新月异的时代，中学音乐教育也正在经历着从传统模式到创新实践的变革。科技的发展为教学资源的获取和利用提供了广阔的空间。网络和数字化技术的运用，使得丰富的音乐教学资源可以方便地获取和使用，且音乐创作和演奏的方式也因此得到了一定程度的革新。此外，民族音乐在中学音乐教育中的传承实践具有十分重要的价值，因为它是培养学生民族自豪感和文化认同感的重要途径，也是推动文化多元性发展的关键因素。因此，如何在中学音乐中传承与发展民族音乐也是中学音乐教师需要关注的重要问题。展望未来，人工智能和虚拟现实等前沿技术有可能在音乐教学中发挥更大的作用，同时也为中学音乐教育带来了更大的挑战。无论如何，我们都期待中学音乐教育能够培养出更多具有创新精神和艺术素养的人才，为社会和个人的发展做出贡献。

第一节　现代技术在中学音乐教育中的创新应用

随着信息时代的快速发展，以互联网为核心的现代技术对各行各业都有着前所未有的影响，教育行业也不例外。互联网具有便捷性、高效性等特点，能够为音乐教学提供广阔的舞台和丰富的资源，因此，音乐教育逐渐发展出许多新的教育模式，如翻转课堂、微课、网络课堂等。中学音乐教师可以结合实际情况，将现代音乐教育理论与信息技术融合起来，并对多元教学资源和课程进行合理的开发与应用，从而进一步提升中学音乐教育的质量和影响力。

一、微课在中学音乐教育中的创新应用

（一）微课概述

微课，也称为微型课程或微型学习，是近年来在互联网教育大背景催生出的一种新的教学形式。微课的主要特点是时长短，通常在几分钟到十几分钟，内容聚焦，只关注某一特定的知识点或技能，形式生动活泼，采用多媒体形式如视频、音频、动画等来进行教学。微课一般由微课视频、进阶练习、学习任务单三部分组成（如图 7–1 所示）。

图 7–1　微课的组成部分

微课视频是微课的主要部分，通常是指一段时间短的、专注于某一特定主题或知识点的视频讲解。它以生动有趣、形象直观的方式，帮助学生理解和掌握知识。

进阶练习则是指学生在观看微课视频后，进行的相关知识点的练习活动。进阶练习与微课视频相互配合，通常包括问答、小测试、实践

操作等形式，采用在线测试的方法，测试学生对微课视频内容的理解和掌握情况，也为学生提供反馈，帮助他们调整学习策略。与常规的模拟测验不同，进阶练习是基于课程标准的查漏补缺的学习过程，突出的是“学”。学习者在练习阶段可以通过视频反复进行学习——训练——再学习——成长，直到实现掌握知识点和提升能力的目标。

学习任务单则是微课的延伸部分，通常是指更深层次的理解和应用，或者和生活、社会实际相结合的任务，引导学生将所学知识应用到实际情境中，实现知识和能力的转化。学习任务单是教师精心策划的一份指南，为学生的自我教育明确学习的目标和方法，主要包括任务设定、学习路径规划、学习策略提议以及相关学习资源的引介等。学习任务单强调以任务和问题为驱动，将学习任务转变为能引发学生深度思考的问题，让学生在思考与解决问题的过程中，完成学习任务，实现预定的学习目标。

微课时间短，根据学生的认知特点和规律，一般设置为 5 ～ 8 分钟，最长不超过 15 分钟。相较于传统的 45 分钟教学，微课充分考虑了学生的注意力集中的时间段，学习时长更符合认知心理学的规律。微课教学内容的精练和直击要点，充分体现了教学的高效性。由于时间和内容的限制，微课往往需要将复杂的教学内容浓缩为易理解的关键知识点，使学生能够在短时间内学会最重要的知识，提高学习效率。此外，微课针对性强、反馈及时，为教师和学生的互动带来了便利。学生在完成微课后，可以及时通过网络平台提问或者进行反馈，教师也可以对学生的学习情况进行实时的监控和指导，及时调整教学策略，提高教学效果。

微课资源的应用极其广泛，能够灵活地应用于各类教学场景。无论是传统的课堂教学，还是现代的在线教育，甚至是两者相融合的混合型教学，教师都可以根据教学需求进行微课资源的适配，实现最优的教学效果。在课堂教学中，教师可以利用微课引导学生学习新的知识点，或者对已学的知识进行复习和巩固。微课以其生动的形式，能够帮助学生更好地理解和记忆知识，同时能节省教师的教学时间，让教师有更多的时间去做其他的教学活动，如提问、讨论等。在网上学习中，学生可以根据自己的学习进度和难易程度自主选择微课。微课能够为学生提供及时的反馈，帮助学生发现自己的学习问题，并及时解决。此外，微课通常会配备一些互动环节，使在线学习不再枯燥乏味。而混合型教学就是课堂教学和网上学习的有机结合，教师可以根据教学需要灵活地使用微课，既能在课堂上引导学生共同学习，又能在课后为学生推荐适合的微课，让学生自主学习。

根据不同的划分标准，微课可分为多种不同的类型。如果按照教学方法的不同，微课可分为讲授类、问答类、启发类、讨论类、演示类、练习类、实验类、表演类、自主学习类、合作学习类、探究学习类等，见表 7–1。

表7–1　微课的几种类型

微课类型	说　明
讲授类	教师以直接、系统的方式向学生传授知识和信息。教师借助视听效果，将抽象或复杂的知识概念清晰直观地展示给学生，使得学生可以在短时间内快速理解和掌握
问答类	以问题为引导，鼓励学生自主思考，让学生在寻找答案的过程中主动获取知识，增强学生的主动学习和解决问题的能力
启发类	主要通过设置情境，引发学生的兴趣和思考，激发他们的创新思维，有利于培养学生的自主学习能力和探究精神
讨论类	通过设立专题，引导学生进行小组讨论，使学生在交流和互动中，深化对知识的理解和应用，同时也培养了他们的沟通协作能力
演示类	通过视频展示一种操作流程或者实验过程，使得学生能够更直观地理解和掌握一项技能或者概念。这种微课有助于改善抽象概念的理解，也更适合于具有观察性质的学习
练习类	侧重于知识的应用，提供各种实践练习的机会，让学生通过实践来提升理论知识的掌握程度和技能的运用能力

续　表

微课类型	说　明
实验类	以实验为主，将理论知识与实际操作相结合，通过实验演示和操作指导，帮助学生更好地理解理论知识和实践技能
表演类	这类微课通常涉及角色扮演、剧情模拟等，是以情境表演的方式来达成特定的学习目标，增强学习的趣味性和生动性
自主学习类	提供学习资源和学习指导，鼓励学生自我学习和自我探索，帮助他们形成独立思考和解决问题的能力
合作学习类	注重团队合作，通过小组合作完成特定的学习任务，有助于提高学生的合作精神和团队协作能力
探究学习类	注重引导学生通过探究活动，主动发现问题、分析问题和解决问题，有利于培养他们的探究能力和创新精神

其中，讲授类微课是中小学教学中一种常见的微课类型。一般情况下，一节微课主要对应一种微课类型，但它也可能融合两种或更多的微课类型，如将提问与讲授相结合，或者采用合作与探究相融合的方式。但是这种分类并不是固定的，而是应具有一定的灵活性和开放性。随着现代教育教学理论的持续发展和教学方法的不断创新，微课的类型也会随之变化和适应。因此，广大教师在实际教学中，需要积极探索并不断优化微课的应用方式，以更好地满足教学需求。

（二）微课在中学音乐教育中的应用价值

微课，在中学音乐教育中具有较高的应用价值。微课中高度集中和精连的教学内容能够更好地引起学生的注意力并提升学习效率，因此，无论是在理论知识的学习还是在乐器演奏的技巧掌握上，微课都能为学生提供有针对性的指导和训练。微课可以帮助教师在短时间内迅速识别学生的理解程度和掌握状况，进而及时调整教学策略和方法。例如，教师可以根据学生的学习反馈，设计出更符合学生学习需求和水平的微课，如讲授音乐理论知识的微课，展示乐器演奏技巧的微课等。学生可以根据自己的学习进度和时间安排，选择合适的微课进行学习，这样既可以保证学习的深度和质量，也能提高学生的主动性和自我控制力。更重要的是，微课的普及和应用破解了时间和空间的束缚，使得更多学生有机会接触和学习音乐，从而提高了音乐教育的普及度和影响力。例如，那些由于地理位置等原因无法接受正规音乐教育的学生，也可以通过学习微课，获取音乐知识和技能。

从音乐教师的角度来看，微课作为一种教学工具，不仅能帮助教师提高教学效率和效果，还能提升教师的专业能力和教学水平。首先，教师在制作微课的过程中，需要对教学内容进行深入研究和精细化设计，这对教师的专业知识和技能是一种挑战和锻炼。其次，微课的反馈机制能帮助教师及时了解学生的学习进度和理解程度，从而进行有针对性的教学调整，这将有利于提高教师的教学敏感度和反应速度。最后，微课的应用也有助于教师充分利用和发挥信息技术的优势，进一步提升教学创新能力和教学效果。

从学生的角度来看，微课可以满足他们个性化和自主化的学习需求，从而提升学习效果和学习兴趣。微课的灵活性和便利性，使得学生可以根据自己的学习进度和时间安排进行学习，这将有利于提高学生的自主性和自我控制力。同时，微课以视听方式呈现教学内容，这更符合学生的学习习惯和认知特点，可以提高学习的趣味性和吸引力。此外，微课还能为学生提供更丰富和多元的学习资源，如名师讲解、经典演奏等，这将有助于拓宽学生的视野，激发学生的学习热情和创新思维。

（三）微课在中学音乐教育中的创新应用策略

音乐教学与传统的文化课程教学有着显著的差异。文化课程常常可以用固定的教学模式进行，得到良好的学习效果。然而，音乐教学则不能完全依赖这种模式，过分强调理论性知识可能会磨灭音乐本身的独特魅力。因此，中学音乐教师必须寻求新的、有创新性的音乐教学方式。微课作为一种教学工具，能够帮助学生更有效地理解音乐的内涵，使他们更深入地感受音乐的丰富情感。微课的视听结合方式，能够把理论知识与实际操作有机结合起来，将抽象的音乐知识形象化，使得学生在观看和听取的过程中既能了解音乐知识，又能感受音乐的魅力。因此，使用微课是提升中学音乐教学质量的有效策略（如图 7–2 所示）。

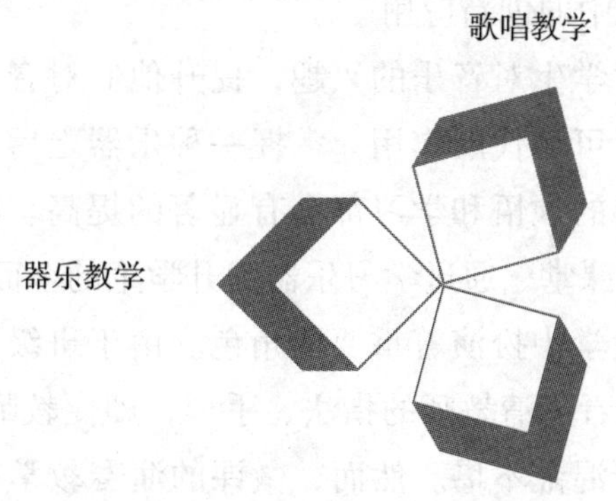

图 7–2　微课在中学音乐教育中的应用方向

1. 微课在歌唱教学中的创新应用

在传统的歌唱教学模式下，教师常以一首歌曲为主线，通过讲述歌曲背景、练声及演唱等方式引导学生学习。比如，情感基调掌握得不精确，教师在示范高音方面无法达到预期效果，学生在高音练习中困难重重等，都可能阻碍学生达到理想的演唱效果。此时，微课便能弥补这些教学过程中的不足。微课能够激发学生的内在学习动力。对于许多学生来说，尽管他们喜爱音乐，但对课堂上的歌曲缺乏热情，甚至认为这些歌曲跟不上潮流。因此，教师可以借助微课，展示歌曲的美，包括歌词的韵律美、创作背景的故事美以及和弦节奏的美。教师通过微课将歌曲的美展示给学生，可以培养他们的内在学习动机，并提升他们的审美能力。

此外，教师也可以利用微课示范各种唱法。例如，在教唱高音时，教师可能无法完全展现出正确的唱法，从而导致学生在练习时遇到困难。因此，教师可以通过拍摄微课或者在网络上找到正确的高音唱法的示范，让学生模仿并掌握正确的唱法。这不仅能改变以教师示范为主、学生被动接受的教学模式，还能让学生快速地融入动态的教学环境，及时受到启发，真正掌握唱歌的要领，同时解决歌唱教学中的难题。

2. 微课在器乐教学中的创新应用

乐器演奏对于激发学生对音乐的兴趣，提升他们对音乐的理解、表达以及创新能力具有无可替代的作用。掌握一种乐器之后，许多学生对歌曲整体的理解、节奏的领悟和学习都会有显著的提高。因此，新的课程标准倡导将乐器带入课堂，通过学习乐器提升学生的全面素质。

微课在乐器演奏教学中扮演着重要的角色。由于班级人数众多，教师在示范时，学生可能看不清教师的指法、手形，即便教师示范得再好，学生在自己演奏时仍会混乱不堪。然而，微课的演奏教学就是用直观的视频展示，让学生清楚地看到指法、手形与乐器的结合，掌握演奏的要领，然后进行单独的练习。当学生成功掌握乐器的演奏，他们学习音乐的积极性将会得到极大的激励，课堂氛围也将更为活跃，他们对学习乐曲的热情也会有所提高。教师还可以通过微课拓宽学生的乐器演奏知识。教师应当有步骤地为学生制作微课，将演奏的礼仪知识和其他相关知识融入视频。微课不仅能提升学生的演奏水平，也能让学生掌握许多演奏礼仪知识。虽然礼仪知识是音乐附属的一部分，但其重要性不容忽视，尤其是在学生可能会参加文艺汇演的情况下，掌握礼仪知识能让学生的整体形象得到提升。

3. 微课在节奏练习中的创新应用

音乐的节奏往往包含了一些抽象的概念，比如时值、节拍和同步，对于中学生来说，这些都可能是难以直接理解和把握的。而微课的视觉元素和动态演示，可以将抽象的节奏知识转化为更易理解和接受的形式，例如通过动画或实时演示来解释不同的节拍和时值。传统的课堂教学中，教师示范过的节奏一旦演示过去，学生就无法再次重温，而微课则可以反复播放，学生可以根据自己的需要反复观看、练习，直到掌握。同时，微课的分段设计使得学生可以在掌握基础节奏知识后，逐步挑战更复杂的节奏，既能保证学习的连贯性，又能适应不同学生的学习进度。微课还可以将节奏练习与实际的音乐表演紧密结合起来。教师可以录制各种乐器的节奏演奏，让学生在模仿的过程中体验和理解节奏。同时，学生也可以将自己的节奏练习录制成微课，分享给同学或教师，获取老师的反馈，这样既可以提高学习的互动性，也可以增强学生的学习动力和乐趣。

二、网络课堂在中学音乐教育中的创新应用

（一）网络课堂的含义与特点

网络课堂是使用互联网技术，实现教师和学生在线实时或非实时互动的教学环境。它是数字化技术和网络通信技术与教育教学相结合的产物，可以使学习者不受地点、时间的限制，随时随地进行学习。

网络课堂的主要特点包括以下几方面（如图 7-3 所示）。

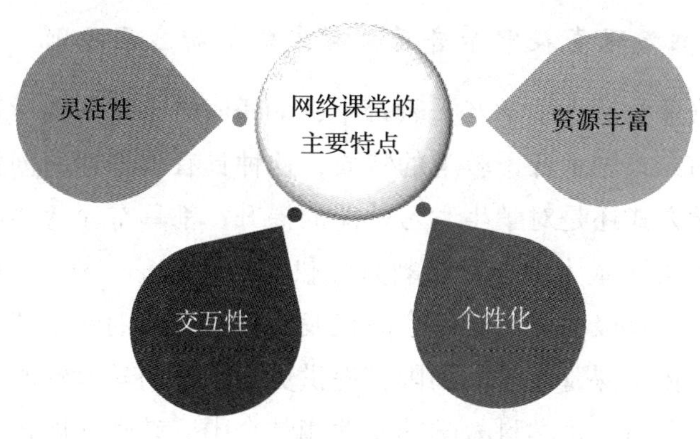

图 7-3　网络课堂的主要特点

1. 灵活性

网络课堂具有时间和空间的弹性，学生可以根据自己的学习节奏和时间灵活性选择合适的学习时间和地点。同样，教师也可以根据实际情况，灵活安排教学进度和内容。

2. 交互性

通过线上的讨论区、聊天室、电子邮件等方式，教师和学生之间、学生和学生之间可以进行实时或者非实时的互动，实现信息的共享和交流。

3. 个性化

网络课堂可以提供个性化的学习资源和学习路径，满足不同学生的个性化学习需求。教师也可以根据学生的学习情况，进行个性化的教学指导。

4. 资源丰富

网络课堂可以汇集丰富的网络教育资源，如电子书、视频讲座、模拟实验等，提供多元化的学习方式。

网络课堂的出现改变了传统教育的教学模式，为学生提供了一个全新的、多元化的教学平台，有助于促进教育教学的发展。

（二）网络课堂在中学音乐教育中的创新应用原则

将网络课堂融入中学音乐教育中，依托网络丰富的教学资源，以鲜活、形象的方式展示音乐教学的特质，这种具有前瞻性的创新无论对于教师的教学方式还是对学生学习效能的提升，都具有深远的影响和重大的意义。网络课堂为中心音乐教育提供了一种新颖、活跃的教学方式，使音乐教学更具吸引力，更符合时代发展需求。借助网络课堂，音乐教学可以打破传统课堂教学的局限，提供更为丰富的学习资源和更多元的学习方式。在与音乐学科教学的实践相结合中，教师开展音乐网络课堂需要遵循以下核心原则（如图 7-4 所示）。

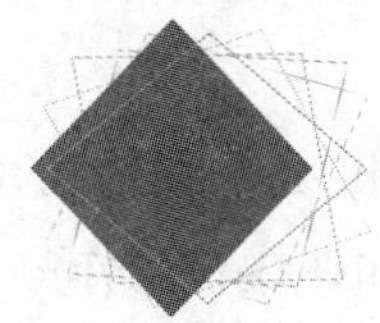
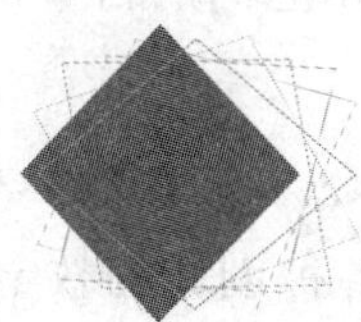
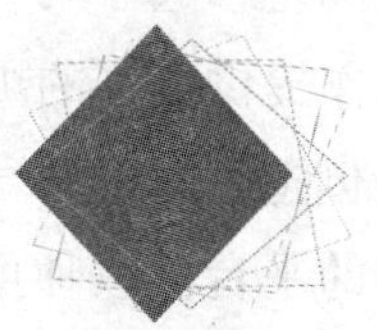

教学内容应富有丰富性、直观性	教学方法应富有自主性、创造性	教学过程应富有交互性、协作性

图 7-4　网络课堂在中学音乐教育中的创新应用原则

1. 教学内容应富有丰富性、直观性

音乐网络课堂的教学过程不应只局限于单一的音乐知识传递，而应涵盖音乐的各个方面，如音乐理论、乐器演奏、声乐练习、作曲创作等。这样的多元化教学内容能满足学生的不同学习需求，不仅能丰富学生的音乐知识，也能激发他们对音乐的热爱，从而提高学习的积极性和效率。此外，由于音乐本身具有视听性的特点，音乐的节奏、旋律、和声等元素都可以通过直观的方式呈现出来。因此，在网络课堂上，教师应利用多媒体资源，如图像、音频、视频、动画等，生动形象地展现音乐的魅力。比如，在讲解一首歌曲的演唱技巧时，教师可以通过视频展示正确的唱法，让学生更直观地了解和学习；在教授乐器演奏技巧时，教师可以通过动画演示正确的指法和手形，帮助学生更好地掌握音乐知识。

2. 教学方法应富有自主性、创造性

在开展音乐网络课堂时，音乐教师要鼓励学生主动参与学习过程，激发他们的创造力，从而培养他们的音乐素养和技能。音乐学习不仅仅是学习理论知识，更重要的是培养实践技能和提升审美情趣。在网络课堂上，教师应引导学生根据自己的兴趣和能力，选择合适自己的学习路径，进行自主学习。比如，学生可以根据自己的兴趣选择学习声乐、器乐、音乐理论等不同的课程。同时，学生也可以根据自己的学习节奏，自由安排学习时间，提高学习的效率。这样的自主性，不仅能让学生更加主动地参与学习，也能培养他们的自学能力，为他们的音乐学习和音乐创作提供更多的可能性。

创造性是音乐学习的核心。网络课堂为学生提供了展示自我、创新实践的平台。教师可以设计各种创新的教学活动，如在线音乐作品创作、音乐剧制作等，让学生在实践中体验音乐创作的乐趣，发挥他们的想象力和创造力。同时，学生也可以通过在线分享、评论等方式，欣赏和学习他人的作品，从中获得新的灵感和启示。这样的创造性教学，不仅能培养学生的音乐技能，也能提升他们的审美素养，激发他们对音乐的热爱。同时，教师也需要充分发挥自己的创造性，利用网络课堂的灵活性和开放性创新教学方式，如利用多媒体资源，设计丰富多样的教学活动，以适应学生的学习需求和兴趣。通过这样的教学方式，教师不仅能激发学生的学习热情，也能提高教学的效果和效率。

3. 教学过程应富有交互性、协作性

交互性是网络教学的一大特色。在网络课堂中，教师与学生、学生与学生之间可以通过在线讨论、问答、互评等方式进行有效的交互。例如，教师可以通过提问引导学生思考，通过在线讨论激发学生的思维活跃度，通过互评让学生从他人的观点中得到启发，而学生也可以通过在线提问、讨论、分享等方式，表达自己的观点，交流自己的想法。这种互动性的教学方式，不仅能增加学生的学习动机和学习兴趣，也能锻炼学生的批判性思维和问题解决能力，有利于形成深度学习。

协作性则体现在网络课堂能够提供一个平台，让学生可以协同完成一项任务或者项目。音乐创作、音乐表演等活动，往往需要多人协作才能完成。通过网络平台，学生可以分工合作，共同创作音乐作品；可以互相学习，共同提升技艺；也可以通过协同演奏，体会团队合作的乐趣。这样的协作学习，既可以提升学生的社交技能和团队协作能力，也可以培养他们的音乐素养和技能。音乐教师应在网络课堂中鼓励学生积极互动，了解学生的学习需要，调整教学策略，并通过组织协作学习，促进学生的互助学习，提升教学效果。

（三）网络课堂在中学音乐教育中的创新应用策略

1. 加强师资培训，提升应用能力

网络课堂与传统的面对面教学模式有所不同，对教师的教学技能和技术能力有着更高的要求。教师是网络课堂的主导者，他们的教学理念、教学能力和技术熟练度，直接影响到网络课堂的教学效果。因此，教师要对学生进行全方位的培训，帮助他们更新教学观念，提高网络教学的技术技能，增强网络教学的自信和热情。培训内容应该包括网络教学理念、网络教学方法、网络教学技术和工具等，让教师能够熟练掌握网络教学的整体流程，将来能够独立设计和实施网络音乐课程。而且，对于音乐教师而言，他们不仅需要掌握一般的网络教学技能，还需要深入了解音乐网络教学的特点和需求，比如，如何利用网络教学工具进行音乐创作教学，如何利用网络资源进行音乐欣赏教学，如何通过网络实现音乐的互动教学等，这些都是音乐教师在网络教学中需要面对的问题。而师资培训是网络课堂成功实施的关键环节，只有当教师具备了相应的网络教学技能和素质，才能真正发挥网络课堂的优势，提高音乐教育的质量和效果。

2. 注重教学设计，提高教学质量

音乐教学是一门富有创意和表现力的学科，因此教师需要在设计网络音乐课程时，注重理论知识与实践技能的结合，以及课程内容与学生实际需求的结合。教学设计需要根据学生的学习需求和认知水平来设计教学内容与教学活动。网络教学并非简单的知识传递，而是需要激发学生的学习兴趣，提供与学生生活经验相联系的教学内容，使学生在互动和实践中提高音乐技能和理论知识。此外，教学设计还需要考虑到网络环境的特点，如时空的灵活性、信息的丰富性以及学生的自主性等。教师可以利用网络环境的优势，设计出符合音乐学科特点的教学活动，如在线音乐作品欣赏、音乐创作等，使学生在互动和实践中感受到音乐的魅力，提高他们的学习效果。

网络教学的成功与否，很大程度上取决于教学设计的科学性和适用性。优秀的网络音乐课堂，需要的是高效的教学设计，以此来引导和激发学生的学习兴趣，帮助他们提高音乐技能和理论知识，最终实现音乐教育的目标。

3. 增加课程资源，增强课堂实效

网络课堂具有开放性和拓展性的特点，使得音乐教学不再局限于传统的教科书和教室，教师可以引入更多的现实生活中的音乐素材和音乐案例。例如，音乐教师可以将全球不同地区、不同文化背景的音乐素材引入教学，以此拓宽学生的视野，提高他们对多元文化的理解和认同。同时，网络课堂的音乐教学资源也可以包括各种教学视频、音频文件、互动软件等。这些形式多样的教学资源可以满足不同学生的学习需求，适应他们的学习风格，以此激发他们的学习兴趣，提高学习效果。此外，音乐教师可以利用网络平台的互动性，建立学生之间、学生和教师之间的沟通和讨论。教师可以通过线上的音乐论坛、社区等，让学生在学习音乐的同时锻炼他们的社交能力，增强他们的团队合作精神。因此，音乐教师可以通过增加课程资源，有效地拓宽网络音乐教学的内容，丰富学生的学习体验，从而提高音乐教育的效果，增强课堂实效。

三、翻转课堂在中学音乐教育中的创新应用

（一）翻转课堂概述

翻转课堂是一种创新的教学模式，它的核心理念是将传统的教学模式“翻转”过来。在传统的教学模式中，老师在课堂上讲授新的知识，学生在课后进行练习和作业；而在翻转课堂模式中，这个过程正好相反。在翻转课堂中，学生在课前通过阅读教材、观看视频、访问在线课程等方式，自主学习新的知识。然后在课堂上，教师引导学生进行讨论、解决问题，深化学生对知识的理解。这种模式让学生在课前就已经掌握了新的知识，课堂时间可以用来进行深入讨论和理解，而不是仅仅接收信息。

翻转课堂的优势在于，它更加注重学生的主动性和参与性，旨在提高他们的学习效率和效果。同时，翻转课堂还可以让教师在课堂上有更多的时间进行个性化教学，满足不同学生的学习需求。

与传统课堂相比，翻转课堂的特点见表 7–2。

表7–2　翻转课堂与传统课堂的比较

比较维度	传统课堂	翻转课堂
教学形式	课堂讲解 + 课后练习	课前自学 + 课堂练习
教学内容	知识传授	知识内化
技术应用	内容讲解与展示	自主学习、交流反思、协作讨论
评价方式	传统的纸质测评	多角度、多方式的评价方式
教师	课堂教学的主导者和知识的传授者	课堂教学的指导者、促进者
学生	知识的接收者	知识的主动建构者，信息加工和理解的主体

翻转课堂与一般的线上教学也并不完全相同，翻转课堂并不只是单纯的线上视频学习，而是将之前的“课上学知识，课下做作业”的教学模式转变为“课上掌握新知识，课下学习新知识”，让学生能够有更多的实践与交流的时间。

（二）翻转课堂在中学音乐教育中的创新应用意义

1. 培养学生自主学习的能力

在翻转课堂的教学模式下，学生需要在课前进行预习，如独立研究乐曲，听取音乐讲解，甚至尝试自己去演奏乐器。这种方式挑战了传统的教学模式，使得学生从被动接受知识变为主动地探索和理解音乐，这有助于提高他们自主学习的能力。

自主学习能力是指学生在学习过程中主动掌握和运用知识、技能，独立分析解决问题，自我调节和控制学习进度与效果的能力。这是一种非常重要的能力，它不仅在学习过程中起着关键的作用，而且对于学生的未来职业生涯和生活也有着深远的影响。培养这种能力的关键在于创造一个可以让学生主动参与的环境，并提供他们可以探索、试验和挑战的机会。音乐是一种非常需要实践和体验的艺术形式，学生只有亲自去尝试，去感受，才能真正理解和领悟音乐的魅力。而翻转课堂就为学生提供了这样的环境，它让学生有足够的时间和空间去自我探索、实践，从而提升他们的自主学习能力。同时，在翻转课堂模式下，学生的每一次尝试、每一次进步都可以得到教师的及时反馈和鼓励，这将极大地提升他们的学习积极性和自信心，进一步推动他们的自主学习。

2. 提高学生的学习效率

在传统的课堂教学中，教师的讲解和示范通常占据了大部分的课堂时间，而学生的实践和操作机会相对较少。而音乐学习，尤其是乐器学习是一个需要大量实践、尝试和体验的过程。只有通过亲自动手去做，学生才能真正地理解与掌握知识和技能，从而提高学习的效率。在翻转课堂的模式下，学生在课前就可以通过观看视频、阅读教材等方式，对课程的主要内容有一定的了解和预习。而在课堂上，教师的主要职责就是引导和辅助学生进行实践操作，解答学生的问题，给学生提供及时的反馈，帮助他们解决在实践中遇到的困难。这样，学生在课堂上的主要任务就是进行实践和操作，大多数时间被用于亲自动手去做，去体验，去实践，从而极大地提高了学习的效率。此外，翻转课堂使得学生在课堂上有更多的机会来直接面对和解决问题，这对他们的问题解决能力、批判性思维能力、甚至是创新能力等方面也有所提高，而且对他们的整体发展与未来的学习和生活都有着深远的影响。

3. 增进师生之间的交流

翻转课堂在增进师生之间的交流方面的意义是很明显的。在传统的课堂中，教师作为主导者，主要在传递知识，而学生的角色更倾向于接收者，两者之间的交流常常在一定程度上受到限制。然而，音乐教育的真正价值在于学生能够主动参与、理解和体验音乐的深度与广度。

翻转课堂通过让学生在课前自主学习，把课堂的主要焦点放在学生的实践和探索上，使得教师的角色由主导者转变为指导者和促进者。教师可以针对学生的问题，为其提供更具针对性的解答，帮助他们更好地理解和应用音乐知识，这样的交流更具针对性和实效性。同时，学生也有更多的机会提出自己的疑问和观点，表达自己的想法和感受，积极主动地参与到课堂讨论中来。这样的互动让学生在提问、思考、讨论的过程中，可以与教师进行更深入的交流，从而深化理解，扩展视野。翻转课堂还为学生提供了一个鼓励他们表达自我、分享学习体验的空间。音乐不仅是一门技能，更是一种表达方式，一种感知世界的方式。学生在分享他们的学习体验、音乐感受时，教师也有机会更深入地了解他们的学习需求，以及他们对音乐的理解和感受，从而更好地引导他们的学习，帮助他们发现和追求自己对音乐的热爱。

（三）翻转课堂在中学音乐教育中的创新应用策略

1. 实现从“学”到“教”的教学过程翻转

翻转课堂中的先学后教模式，强调的是学生在音乐教师的指导下，对教学单元的要求、乐曲（或歌曲）的背景、作者信息、基本元素和技法等进行自主学习，教师再将学生提出的问题进行整合，有针对性地开展音乐翻转课堂教学。这种模式改变了传统教学的顺序，将课堂塑造成解决学生学习困难和问题的场所。在学习音乐知识的过程中，学生真正地处于主体地位，教师则转变为他们学习的指导者、辅助者和监督者。这种“学生先学，教师后教”的教学顺序使教师更能针对学生自主学习中的个体差异进行教学指导，如图 7-5 所示。

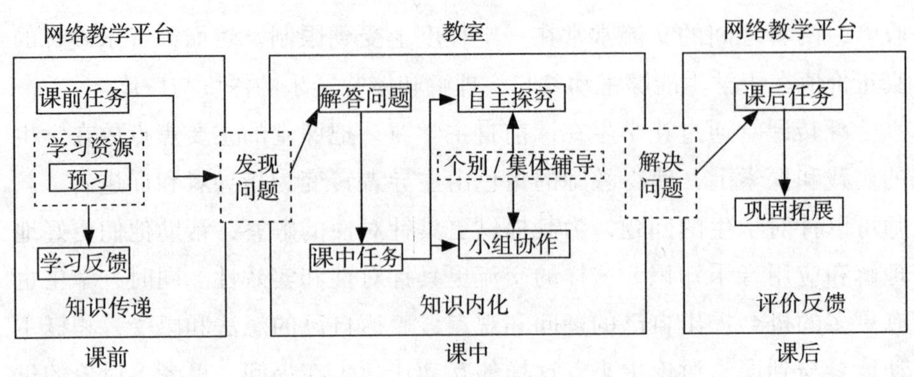

图 7-5　从“学”到“教”的教学过程翻转

翻转课堂的课上教学模式是教师播放短视频，而在音乐教学实践过程中遇到的问题和自主学习过程中遇到的困难，需要回到课堂上，通过与教师和同学们的讨论，共同找出解决办法。完成学习任务后，学生可以录制短视频（不超过 5 分钟）作为作业提交，教师可以根据学生提交的作业进行学业成绩评价，同时帮助学生反思、总结前期的学习成果，并归纳出符合个人特色的、有效的音乐学习方法。此外，学生还可以通过各种网络交互平台，如班级 QQ 群、微信、邮箱等与同伴和教师进行及时的交流。

2. 实现从“学”到“思”的课程结构翻转

音乐教师要在前期对教学内容深思熟虑和精心设计。教师可以采用支架式教学法来设计教学内容，即根据中学阶段学生的音乐理论知识和认知水平，基于教学内容和目标来录制每节课的音乐微课。教师设计课程时需将每节课的核心问题精确拟定，语言需简洁明了、通俗易懂，内容丰富，设计吸引人，以便尽可能激发学生的学习兴趣。完成音乐教学内容的初步确定后，音乐教师需要广泛收集相关资料，并拟定教学方案，设计出适合本节课学习的导学案，这将有利于学生深入理解本节课的理论知识点和难点。在音乐翻转课堂的教学过程中，教师的任务是引导学生对预先录制好的微课视频进行整理和概括，并深入分析存在的疑难问题，使知识真正内化。课堂教学实施阶段，教师主要通过问题导向的互动交流，包括学生小组协作学习、个别辅导等方式，进行本节课的理论讨论，教师在场解答疑问，有针对性地解决学生在音乐翻转课堂教学过程中遇到的问题。结束翻转课堂后，教师利用网络教学平台布置任务，学生按照要求提交视频作业，教师进行评估并提供反馈，以此完成音乐教学效果的评价。

3. 实现从“教”到“评”的教学角色翻转

音乐翻转课堂能够体现新课程标准所倡导的互动、交流、合作和探究的基本教学原则，这主要表现在两方面：个性化的学习方式和有深度的互动机制。在翻转课堂的初始阶段，即课前知识传递环节，学生掌握着音乐学习的主动权和决定权。此时，教师的角色应从传统教学中的教学组织者变为教学环境的设计者和问题探索的引导者。学生根据教师提供的相关学习资料进行学习，从教师提供的支持性学习内容中选择，并熟悉歌曲的旋律和歌词，自主安排学习进度。学习能力强的学生还可以收集相关资料，进行本节音乐课程的扩展练习和学习，如通过提问答疑、合作展示、小型音乐会、音乐实践和视频作业等方式。在翻转课堂的第二阶段，即课堂学习环节，教师要开展学习活动，帮助学生巩固和掌握新知识。在此过程中，教师应变为学生身边的观察者和指导者，为其提供个性化的帮助，随时准备解答学生在学习过程中遇到的问题。

在课前，学生可以通过观看教师提前录制的微课，或是下载网络上与音乐课程相关的教学视频和拓展学习材料进行自我学习。课堂时间则被用来验证学生的学习成果，教师要纠正他们在学唱歌曲或乐曲过程中的误区，肯定他们的学习效果，辅助他们进一步理解和运用音乐知识或技巧，并体验乐曲的情感表达和审美体验。借助课下自我学习、练习、实践和信息收集等方式，学生能有效地察觉自身存在的不足、问题和难点，再结合课堂上教师的纠正和交流，他们能够深度理解和掌握音乐。这种翻转式的教学方式让学生成为音乐活动的主导者，这在传统的音乐教学中是难以实现的。此外，家长也能随时通过网络教学平台了解孩子在音乐课程中的学习情况，甚至能对孩子的音乐学习态度进行及时有效的引导。

第二节　民族音乐在中学音乐教育中的传承实践

我国是一个拥有着五千多年悠久历史文化底蕴的文明古国，有着浓厚的文化传统和博大精深的民族民间音乐文化。民族音乐是中华民族的主要灵魂，也是中华民族精神的具体表现，更是民族力量的精神支柱。

一、我国民族音乐的特点

民族音乐是民族文化和民族精神的集中体现，世界上不同国家、不同民族有着不同的文化特点，因此，其民族音乐也都各具特色。我国是由 56 个民族构成的统一的多民族国家，有着悠久的发展历史。随着历史长河的发展，我国民族音乐积淀了深厚的文化内涵和精神气质，反映着中华儿女独特的审美情趣和艺术追求。具体来看，我国民族音乐的特点主要有丰富性、传承性、包容性等。

（一）丰富性

民族音乐包含了众多的音乐形式，如民歌、戏曲、器乐、说唱等。每一种形式都融入了不同民族、不同地区的独特元素，反映了各自的社会风俗和文化特色，使得整个音乐风格呈现出一定的丰富性。此外，音乐题材的广泛性也是我国民族音乐丰富性的一种体现。音乐创作既取材于生活，也汲取了丰富的历史文化内涵。无论是表达自然景色，还是描绘人民生活，或是讴歌英雄事迹，都能在我国民族音乐中找到相应的表达，这使得我国民族音乐具有了更高的艺术价值和人文价值。

（二）传承性

传承性是我国民族音乐最为丰富且深厚的基本特征。从创作手法来看，我国民族音乐，特别是民间音乐，新曲大多是在原有曲目基础上进行的改编或演变，也就是说，新曲总是或多或少地保留着原有曲目的某些特征，比如旋律、结构、调式等。这种传承性既是我国民族音乐创作源于群众基础的必然结果，也是民族专业创作家审美意识的反映。很多优秀民族音乐在历史发展进程中，逐渐被人们所接受、传播，并随着代代相传而得以保存，最终成为我国承载传统文化的宝贵财富。

（三）包容性

从民族音乐的发展历程来看，我国民族音乐在保持着自身民族特色的同时，始终向世界敞开博大的胸怀，展现着强大的包容性。比如汉代音乐艺术包容了先秦雅乐的创作形式和各民族乐器的表现形式，为后期各民族民间艺术的交融创造了有利条件。再如，近现代时期中西方音乐之间的相互碰撞和融合，促使了我国民族音乐的进一步发展，体现着传统风格与时代气息共存的特点。

二、我国民族音乐在中学音乐教育中的传承意义

作为民族文化的重要组成部分，民族音乐往往是一个民族文化思想的外在表现，蕴含着丰富的情感内涵和精神理念。因此，在中学音乐教育中，传承与发展民族音乐具有十分重要的现实意义。

我国民族音乐形式多样，内容丰富，具有深刻的传承意义。在中学音乐教育中开展民族民间音乐的传承，有利于加强学生的民族意识，振奋民族精神。民族音乐对于每个国家和民族而言，都有着深刻的人文内涵和教育作用。通过学习民族音乐，学生可以加深对本民族音乐文化、历史发展、民风习俗等的了解，认识到民族音乐在传统音乐文化中的重要地位，进而培养传承民族音乐的信心和兴趣，树立爱国主义精神，培养民族自豪感和民族自信心。具体来看，民族音乐在中学音乐教育中的传承意义主要包括以下几个方面（如图 7–6 所示）。

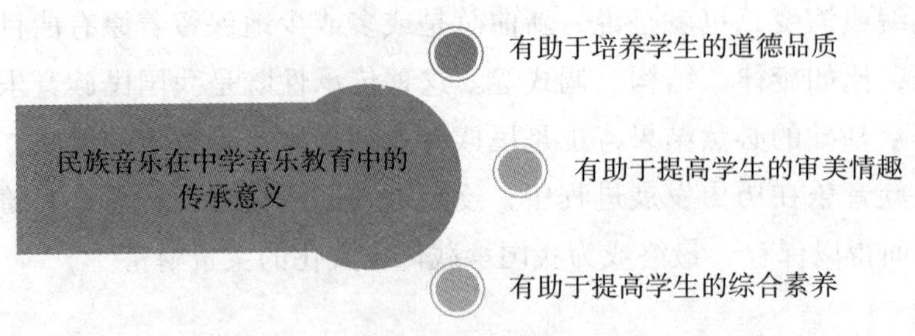

图 7-6　民族音乐在中学音乐教育中的传承意义

1. 有助于培养学生的道德品质

道德是中华民族的传统美德，是随着人类的发展而逐渐形成的一种特殊的社会意识形态，是人们共同生活的行为准则和规范。道德往往代表着社会的正面价值取向，是衡量人们行为得当与否的准绳。民族音乐有着十分悠久的发展历史，它在发展过程中融入了许多道德观念和思想意识，如热爱祖国、热爱自然、热爱家人等。在中学音乐教育中传承这种优秀的民族音乐，能够帮助和引导学生树立正确的道德标准和道德观念，使学生养成良好的道德品质和行为习惯。比如，瑶族民歌中就有许多反映道德伦理、民族团结、感恩长辈等内容的歌曲，如《壮瑶是兄弟》《进山全靠树遮阴》《聚我身旁听嘱咐》等。让学生在课堂中欣赏或聆听这些题材的民歌，可以提高学生的思想道德、心理素质，陶冶学生的良好品行、情操情趣乃至养成良好的行为习惯。

2. 有助于提高学生的审美情趣

在音乐教育活动中，学生可以通过聆听和赏析民族音乐切身体会和感受到民族音乐的独特魅力，并产生心灵上的共鸣，进而养成良好的审美情趣。我国民族音乐种类繁多，不同时期有不同风格的经典音乐作品，这些作品具有很高的艺术性、可欣赏性和教育性。学生可以从民族音乐中获得形式美、韵味美、风格美、意境美等多种美感体验，进而形成正确的审美观。比如，很多民族器乐作品并不刻意追求真实的再现客观事物的形象，而是在“似与不似之间”塑造一种审美意境，这种模糊的、隐含的意境往往能够给人们带来一种美感。学生们可以通过聆听深入分析这种意境美，了解民族音乐所蕴含的深层含义，体会到民族音乐的内在美。

3. 有助于提高学生的综合素养

将民族音乐纳入中学音乐教育体系当中，可以使学生在学习乐理知识的同时，接触到民风习俗、历史发展、生活方式等与民族音乐有着紧密联系的社会文化，这在一定程度上有助于扩宽学生的知识面和眼界，提升学生的综合素养。

三、我国民族音乐在中学音乐教育中的传承策略

在中学音乐教学实践中，传承民族音乐文化具有显著意义。民族音乐文化，展示了不同种族、不同地域，不同历史的各个民族的情感世界，表达了深刻的人文精神，承载了历史赋予他们的独特文化印迹[①]。民族音乐通过学校教育传承是一种有效的、系统性的传播和保护方式。学校教育是社会文化传承的重要途径，将民族音乐纳入学校教育当中，有利于在广大学生中传播和普及民族音乐文化，培养学生对民族音乐的兴趣和热爱。对此，学校和教师应从以下几点入手，传承与弘扬民族音乐文化。

（一）营造民族音乐文化的传承氛围，提高重视程度

中学应积极创设民族音乐文化传承的环境，引导教师深入理解民族音乐文化教育的核心价值和内涵，让他们在音乐教学实践中能自发地致力于民族音乐文化的传播与教育。因此，学校可以积极打造充满文化气息的校园环境。例如，利用校园内的公共空间如宣传栏、展示墙等，展示具有地方特色和典型性的民族音乐文化信息和音乐作品。这些信息和作品不仅可以反映本地区民族音乐的发展状况，也可以以视觉艺术的形式，常态化地向学生传达民族音乐文化的知识，以此来提升师生对民族音乐文化的认识和理解。同时，教师也要定期更新这些展示内容，保证

① 韩彦婷，尹爱青. 在学校音乐教育中传承民族音乐文化的思考 [J]. 东北师大学报（哲学社会科学版），2018（4）：241-246.

信息的新鲜度和吸引力，从而营造出充满活力的民族音乐文化氛围。学校也可以结合各类文化节日，举办富有民族特色的音乐文化活动。在活动设计上，教师要注重主题的设定，让学生在参与活动的过程中能够以具体主题为引导，深入理解和感受民族音乐的内涵。经过一段时间的实践，师生更能欣赏民族音乐的独特魅力，对民族音乐文化教育有了更深的理解，从而在浓厚的音乐文化氛围中提升自己的民族文化意识和音乐素养。此外，学校还可以与本地民族音乐团队建立合作关系，让学生有更多的机会接触和学习具有地方特色的民族音乐曲目。比如，学校可以邀请当地优秀的民族音乐演奏者来校进行音乐表演，或参观音乐工作坊等形式的互动活动。让学生在实践过程中，深刻感受民族音乐文化的独特魅力，并积极参与到民族音乐文化的传承、创新和发展工作中去。

（二）充分挖掘民族音乐文化元素，开发教学资源

为更好地传承民族音乐，中学音乐教师必须深入理解各种民族音乐文化，从中发掘独特的音乐元素，为音乐教学提供丰富而又有深度的教学资源。这个过程需要教师具备深入研究和理解民族音乐的能力。教师可以通过参观音乐博物馆，阅读相关书籍，观看音乐纪录片，甚至直接参与民族音乐活动等方式，探索并理解各个民族的音乐文化。这种深入的研究和学习，使得教师对各种民族音乐有更深入的理解，也能帮助他们从中挖掘出独特的音乐元素。挖掘出这些音乐元素后，教师需要将其融入音乐教学中。例如，他们可以将特定民族的音乐元素引入课堂，作为教学示例，让学生在具体的学习过程中感受这些元素的特性。同时，教师还可以结合现代教学技术，比如数字音乐制作软件，将这些音乐元素转化为可以直接应用于教学的资源。通过这种方式，教师不仅可以使音乐课程更具有吸引力，也能让学生更深入的了解和体验各种民族音乐，从而更好地理解和欣赏音乐的多元性。同时，这种教学方法也可以让学生在实践中学习和掌握音乐知识，提高他们的音乐技能和对音乐艺术的审美欣赏能力。

（三）科学优化音乐课堂教学过程，提高自身水平

音乐教师在授课之前，需要深度研读教材，全面地理解和掌握其中的民族音乐文化内容。在此基础上，教师可借助各种创新性的手段，设计出富有吸引力的教学活动，这样就能把理论知识和实践活动巧妙地结合起来。对于音乐教师而言，关键的一点是认识到学生是课堂的中心。优化教学过程，需要考虑学生的学习现状和特性。教师通过这样的方式，可以推动每个学生的个性化发展，同时也能为民族音乐文化的传承、创新和发展提供支持。在教学实践中，音乐教师需要持续选择、改进和创新教学内容与方法，以确保民族音乐文化能够在新的时代背景下得以传承和发展。以《茉莉花》为教学案例，教师应深入研究这首歌曲，设定明确的教学目标。再通过演唱和比较不同地区的民歌版本，帮助学生认识各种民歌的特点，进而激发他们对民族音乐的热爱，增强他们对家乡的情感。教师在教授学生基本的演唱技巧后，可以利用多媒体资源播放来自不同地区的民歌。或者教师可以改编乐曲的旋律，例如将一些现代音乐节奏融入传统的民族音乐中，使得传统音乐更具现代感，更能引起学生的兴趣。这种方式可以提高民族音乐教育的效果，同时也可以为民族音乐文化的传承和发展提供支持。此外，音乐教师还应主动开发和利用多元化的教学资源，如通过多媒体播放不同地区的民歌，引导学生对比和分析各类民歌的风格特点。这样可以增强学生对民歌的认识，使他们更深入地感受到民族音乐文化的魅力，从而激发他们对学习民族音乐的热情，并鼓励他们自发地投身于民族音乐文化的传承、创新和发展之中。

为实现这一目标，音乐教师应不断加强自身知识与技能水平，认真研究民族音乐的风格特点与创作方式。音乐教师的职责不只限于课堂教学，他们还需要进行终身学习，以持续更新和扩宽自己的知识视野。在了解新的教学策略、技术和方法的同时，他们还应积极参与专业培训和研讨会，以便获取最新的教育理念和技术。这种持续学习的态度将有助于教师了解最新的教学法，进一步优化教学过程，提高教学效果。除此

之外，音乐教师还需坚持实践，提升自己的教学实施能力。他们可以通过观察和反思自己的教学，不断探索、尝试新的教学方法和技巧，以找出最符合学生需求的教学策略。同时，教师还可以通过与同行交流，学习和借鉴他人的成功经验，不断提升自身的教学水平。音乐教师应当是学习者、研究者实践者，因为只有通过不断地学习、研究和实践，才能实现优化音乐课堂教学过程的目标，提高自身的教学水平。

第三节　中学音乐教育的未来发展趋势与应对策略

中学音乐教育，作为艺术教育的重要组成部分，一直以来都在不断探索和尝试新的教育理念和教学方法，以适应时代的发展和学生的需求。随着科技的发展和全球化进程的推进，我们可以预见，未来的中学音乐教育将会迎来更加广阔的发展空间和更加丰富的教育形态。对此，教育者需要及时调整自身的教学策略，以适应新的挑战和机遇。只有这样，教师才能真正做到以学生为中心，为学生提供高质量的音乐教育，满足学生全面发展的需要。

一、中学音乐教育的未来发展趋势

随着人们对音乐需求的不断增加和音乐教育的不断发展，中学音乐教育在未来将面临更多的机遇和挑战。未来，在中学音乐教育中，跨学科教学将更为普遍化，技术的应用将更为广泛化，教学内容将更为多元化。未来的中学音乐教育具有以下特点（如图 7–7 所示）。

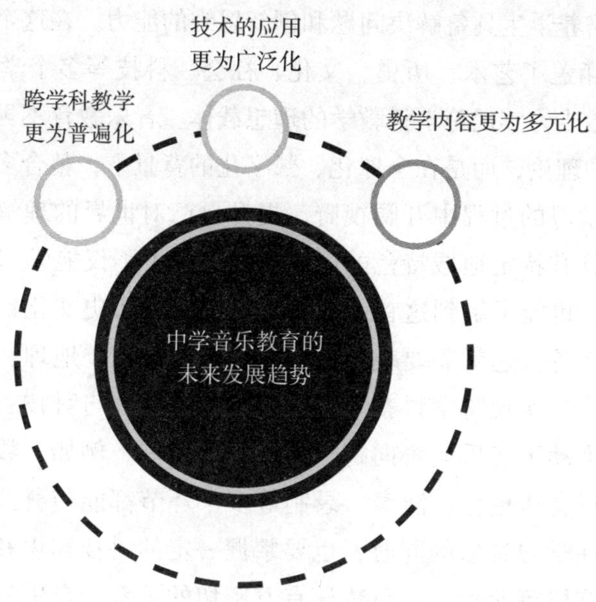

图 7-7　中学音乐教育的未来发展趋势

（一）跨学科教学更为普遍化

跨学科教学涉及两个或更多的学科领域，是更全面、更深入地探讨和理解特定的主题或问题的一种教学方法。这种教学方法鼓励学生在不同学科间建立联系，以便学生将来在更宽广的视野中看待和理解世界。在跨学科教学中，教师需要把来自不同学科的知识、技能和概念整合到一起，以解决真实的问题或深入探讨复杂的主题。例如，一个关于气候变化的跨学科项目可能会涉及地理、生物、物理、历史和政治等多个学科的知识和观点。跨学科教学有助于学生建立丰富和多维度的知识结构，提高他们的批判性思维能力，以及解决问题的能力。同时，跨学科教学也能激发学生的学习兴趣和积极性，使他们能够在实践中看到学习的价值和意义。

随着教育事业的快速发展和社会对教育的期待不断变化，在未来的音乐教育中，跨学科教学将更为普遍。教育的目标正在从单纯地传授知识，转变为培养学生具备解决问题和创新思维的能力。在这个过程中，音乐作为一种涵盖了艺术、历史、文化、社会、科技等多个学科的复合学科，自然而然成为实现跨学科教学的理想载体。音乐教育不再是单纯地教授音乐技术和理论，而是在全球化、数字化的背景下，整合多元文化，让学生在音乐学习的过程中开阔视野，提升自己对世界的理解。比如，通过学习一首具有特定地域特色的民族歌曲，学生不仅能学习到这首歌曲的演唱技巧，也能了解到这首歌曲背后所蕴含的历史文化，以及这个地区的社会风俗等。这就需要教师将音乐教育与历史、地理、社会学等其他学科相结合，实现跨学科教学。同时，音乐教育与科技、数学等学科的结合，也推动了音乐教育向跨学科教学的发展。例如，数字音乐技术的发展，使得音乐创作、演奏、录制等多个环节都能与科技相结合，这就需要学生在学习音乐的同时，也要掌握一定的科技知识和技能。而音乐的节奏、旋律等元素，也与数学有着密切的关系，音乐教育与数学教育的结合，不仅能提升学生对音乐的理解，也能使学生更深入地理解和掌握数学知识。因此，跨学科的教学方式是音乐教育发展的必然趋势。

值得注意的是，跨学科教学的实施需要搭配适合的评价方式。传统的评价方式只关注单一学科的学习成果，而忽视了跨学科学习的整体效果。因此，音乐教师在进行跨学科教学时，应当设计出可以反映学生整体学习成果的评价方式，如项目评价、综合表现评价等。虽然跨学科教学有其独特的优势，如可以培养学生的综合思维能力和创新精神等，但它并不能替代传统的单一学科教学。在进行跨学科教学时，教师仍需要保持对单一学科深度学习的重视，避免出现“广而不深”的现象。

（二）技术的应用更为广泛化

随着科技的不断发展，越来越多的先进技术将被融入中学音乐教育之中，如虚拟现实（VR）和增强现实（AR）技术、人工智能（AI）、大数据和云计算等。这些技术不仅能够丰富教学手段，提升教学效果，也能够帮助教师更有效地进行教学管理和评价，实施个性化教学。

1. 运用现代技术构建音乐学习情境

技术为音乐教师创造了更加丰富和生动的音乐学习环境，也为教学效果提供了更多的可能性。中学音乐教师的任务不仅是传授音乐知识和技能，而是要通过音乐的艺术魅力，引导学生在审美体验中自然而然地塑造完整的个性，以及提升自己的艺术素养。音乐教学并非单向的知识传递，而是一场师生共同参与的探索过程，也是对音乐创作、表现和欣赏的不断尝试和体验。在中学音乐课堂中引入现代技术，能够有效激发学生的学习热情，有力地提升他们对音乐的审美理解。音乐作为情感的艺术，其真实的内涵和深远的影响，只有通过反复聆听和深入体验，才能得以真实呈现和深刻理解。因此，音乐教师在进行教学时，应善用现代视听工具，为学生提供一个能更加直观、深入理解音乐作品的环境。利用多媒体教学，教师可以帮助学生在轻松愉快的氛围中理解音乐的内涵，感受音乐的美感，进而激发他们对音乐创作的热情。这样的教学方式，不仅能提升音乐教学效果，更能在潜移默化中培养学生对音乐艺术的热爱，提升他们的审美情操，为他们在未来的生活和学习中注入更多的艺术灵感和创新思维。

虚拟现实技术的引入将为学生提供一个独特的学习平台，它可以使学生身临其境地参与音乐演出，感受音乐的魅力和气氛。想象一下，学生戴上虚拟现实头盔，仿佛立刻来到音乐会的现场，这种亲身经历无疑将增强学生对音乐的理解和感知。此外，虚拟现实技术也可以帮助学生更好地理解音乐表演的各个环节，例如舞台布置、乐器摆放、音乐人的服装等，从而深化他们对音乐演出的认识。另外，数字化音乐软件可以让学生在创作和修改音乐的过程中，深入掌握音乐的结构和创作过程，提高自己的音乐创作能力。例如，学生可以在数字平台上进行音乐创作，自由选择乐器、编辑旋律和节奏，甚至可以进行混音和制作音乐视频。这种互动性和创新性强的学习方式，无疑会极大地激发学生的学习兴趣，也能让他们在创作中深入理解音乐，从而更好地把握音乐的内在韵律和情感表达。因此，运用现代技术构建音乐学习情境，使得音乐教学更加丰富多元，既满足了学生的学习需求，也激发了他们的学习热情，有利于培养学生的音乐技能和审美情趣，更有助于推动中学音乐教育的发展。同时，对于教师来说，现代技术也为其提供了更多的教学策略和方法，让音乐教学变得更加生动和有效。

2. 运用现代技术加强与学生的互动

在中学音乐课堂中，教师可以运用现代技术加强与学生的互动交流，创造出一种多元化的交流环境，构建一种平等、民主、和谐的师生关系。例如，借助在线协作平台，教师可以发布课堂活动，学生可以通过音乐软件创作自己的音乐并上传分享。这样的平台不仅让学生有机会展示自己的作品，也让教师有更多机会了解学生的思考过程和创作方法。更重要的是，这样的方式可以鼓励学生积极参与到音乐创作过程中，给学生带来了全新的学习体验。运用智能设备，例如平板电脑，教师可以实时监测学生的学习进度，并随时调整教学策略。这种即时的反馈和调整可以更精准地满足学生的学习需求，也可以让教师更有效地引导学生深入学习音乐知识。此外，虚拟现实和增强现实技术的引入，可以让学生亲身体验音乐创作或音乐表演的全过程。例如，通过虚拟现实技术，学生可以“亲自”指挥一个交响乐团，感受到每一种乐器在乐团中的位置和作用，帮助学生理解音乐的结构和表现方式。这些现代技术的应用，使音乐教师与学生之间的互动更为丰富和有效，使学生对音乐的理解更深刻，对音乐的热爱更加深厚。

3. 运用现代技术培养学生的审美能力

培养学生的审美能力，是中学音乐教育的核心任务之一。音乐作为一种审美对象，主要的呈现方式是听觉，而这种听觉的呈现方式可以被现代技术所拓宽和丰富。现代技术可以用更直观的方式展现音乐的多样性和复杂性。例如，数字音乐创作软件能够清晰地显示音乐的结构和旋律线条，让学生能够在视觉上对音乐有更深入的理解。这种视听结合的方式，能够使学生对音乐的构造和形式有更清晰的认识，从而培养他们的审美理解能力。现代技术还可以让学生在音乐创作过程中体验到美的实现。学生可以通过音乐创作软件进行音乐创作，这种亲身参与的过程能够提高他们对美的感知和理解。通过自我创作，学生可以更好地理解音乐的内在逻辑和美学意义，从而提高他们的审美能力。此外，现代技术可以让学生更好地理解音乐的社会文化背景。例如，通过网络，学生可以了解到世界各地的音乐风格和音乐背后的文化故事，这种跨文化的学习可以帮助学生从更广阔的视角去理解和欣赏音乐，进而提升他们的审美视野和审美能力。

具体来看，现代技术可以在培养学生想象美、创作美等方面发挥出重要作用。在音乐教学中，发掘学生对音乐艺术的想象力及创造力，无疑是他们挖掘自己的创新思维，展示个性和智慧的一种方式。在此环境下，教师可以巧妙地运用多媒体技术，通过声音和视觉的综合表现，实现情境化教学，这样才能获得良好的教学效果。例如，根据福建民歌《采茶灯》改编的重奏乐曲《采茶扑蝶》就是一个典型的例子。它是由长笛、大提琴和竖琴三种乐器一同演奏的独特乐曲，在保留了原民歌韵味的基础上，通过让旋律在不同乐器上的轮流演奏，多样化的伴奏形式、调性的变换以及旋律的加花等手法，使得乐曲的表现力更为丰富多彩。对于中学生而言，理解“重奏曲”这一演奏形式无疑有些挑战性，然而，教师的教学意义就在于将深奥的知识讲解得生动易懂。在这个过程中，教师可以运用计算机技术，展示民歌《采茶灯》的音乐主题，并通过多媒体动画，引发学生的学习兴趣。学生可以尝试唱这首歌曲，体会其独特的音乐风格。之后，他们可以哼唱或演奏乐曲的主题片段，深入感受民族音乐的韵味，将音乐的尝试与多媒体的演示有机地结合。在此过程中，教师可以利用计算机演示乐曲的曲谱，用三种不同类乐器的演奏，以形象生动的方式，将抽象的知识具象化，深奥的知识易懂化，从而有效地解决教学难点。此外，教师也可以让学生模仿音乐作品中的形象，让音乐的画面感“跳跃于课堂之上”，这种方式无疑让音乐课堂变得轻松活泼。这样的课堂环境不仅可以有效激发学生的想象力，而且会激起他们对音乐作品的创造力。总的来说，现代技术的运用，为我们打开了一扇培养学生创造力和想象力的大门，也使得音乐教学的可能性得以无限扩大。

为了塑造学生正确的审美观，并提高他们的音乐鉴赏能力，音乐教师在教学过程中必须积极引导学生对音乐的欣赏，同时也要激发学生的想象美和创造美。以《新疆之春》为例，在教学过程中，教师可先利用多媒体展示新疆的自然风貌，让学生有身临其境的感觉；之后，引导学生自然地随着音乐轻轻哼唱，快速地投入音乐作品的欣赏中，这无疑会加深他们对乐曲的理解和印象。

现代教学手段的运用，尤其是多媒体技术，可以积极推动学生演唱能力和音乐创造能力的发展。这样的课堂氛围，不仅使得教师在教学过程中乐在其中，也使得学生在学习过程中能乐趣盎然。更重要的是，这种教学方式还能促使学生锻炼自身的音乐思维创设能力。总的来说，运用现代教学技术和手段，将大大提升音乐教学的效果，使得学生在轻松愉快的氛围中，不断提升自身的音乐审美和创造能力。

（三）教学内容更为多元化

受全球化和科技发展的影响，中学的音乐教学内容将呈现出更为多元化的发展趋势。通过多元化的教学内容，教师可以引导学生从不同的角度和层面理解和享受音乐，也能帮助他们更深入地发掘音乐的魅力。同时，更多元化的内容也有利于激发学生的兴趣，培养他们的创新思维和批判性思考能力。

在未来的中学音乐教育中，音乐与地域特色的融合将会更加凸显，从而进一步丰富多元化教学内容。具体来看，每个地区都有其独特的音乐文化和艺术表现形式，这些都是音乐教育的重要资源。例如，教师在教授关于江南水乡的音乐作品时，可以设计含有江南丝竹音乐元素的课程；在西北地区，可以引入民族口弦乐、板鼓舞等元素。这样做，既可以让学生更好地理解和欣赏本地的音乐文化，也可以激发他们对音乐学习的热情和兴趣。同时，开发校本课程还可以帮助学生了解和掌握音乐的基本知识和技巧。比如，通过学习一首具有地方特色的民歌，学生可以了解歌曲背后的文化背景，学习歌曲中使用的音乐技巧，提升他们的音乐理解和欣赏能力。而且，将地域特色音乐融入教学，还能促进学生对于本地文化的认同感和归属感。音乐既是艺术的表达，也是文化的传承。学习和欣赏具有地域特色的音乐，可以让学生更深入地理解与感知自己所在的社区和文化，也有利于他们形成开放和多元的世界观。

此外，在未来的中学音乐教育中，教学内容将与其他领域联系得更为紧密。音乐作为一种艺术形式，本身就融合了丰富的文化、历史、哲学等元素，同样，音乐也可以和其他艺术领域，如文学、绘画、舞蹈、影视、建筑等进行交叉和结合。音乐与文学、历史的结合，可以通过创作和解析歌词，引领学生深入理解歌曲背后的故事和历史文化背景。音乐与绘画的结合，可以让学生在听到某种音乐时，运用绘画的方式表达出音乐带给他们的情感和想象。音乐与舞蹈的结合，则可以让学生通过编舞，表达他们对音乐的理解和体验。与此同时，音乐与影视的结合可以让学生通过创作音乐短片，理解音乐在影视中的运用和表现。音乐与建筑的结合，可以帮助学生研究不同的建筑风格是如何影响音乐的创作和演奏的，比如歌剧院的设计与音响效果之间的关系。通过将音乐与不同领域进行融合，教师可以开发出新的教学内容和形式，以音乐为载体，开展综合艺术教学，从而让音乐教学的内容更为多元化，更具活力。

二、应对策略

面对日益增长的社会变革和技术革新，中学音乐教师亦需及时调整和更新其教学策略，以适应这种变化的节奏。未来的音乐教育将面临一系列的发展趋势，对此，中学音乐教育必须积极应对，寻找新的教学模式和策略，以便更好地适应和引领未来的教育变革。

（一）转变教学观念

音乐教育的本质不仅仅是传授音乐知识和技能，更是通过音乐教育

的方式激发学生的想象力和创新思维，培养他们的审美观和人文精神。因此，教师需要将传统的教学方法改为更加生动、直观的教学方式，例如实践操作、项目学习等。教师需要理解，每个学生都是独一无二的个体，他们有着不同的学习方式、兴趣和能力。因此，教师需要摒弃“一刀切”的教学方式，而应尽可能地满足每个学生的个性化需求，调整教学策略，例如使用不同的教学材料，或者根据学生的需求调整教学进度。

在音乐教学的过程中，教师应该摒弃过度强调权威的旧有观念，而且更注重与学生间的互动合作和沟通交流。理论知识的传授虽然重要，但教师更应强调知识的实践运用，让学生以感性的方式深入理解和领悟所学的音乐知识。教师要意识到，学生在课堂上所学到的知识与生活的各个方面，乃至于学生内心世界的丰富情感，都有着广泛而深入的联系。然而，历来的教学模式过分重视抽象的概念、判断和推理，却常常忽视了尊重和关注学生作为独立个体的感受、理解和想象。因此，在一个真正开放和创新的音乐课堂中，教师应该注重知识与生活实际情境的紧密联系，更加关心学生的感悟和精神世界的发展。教师应该努力培养学生拥有一颗敏锐而明智的心灵，以及对生活微妙变化的敏锐感知，让音乐课堂融入生活的实践中。这样，教师不仅可以使音乐教学变得更加生动和有趣，而且能使学生在参与和体验过程中更好地理解音乐，更深入地感受音乐给他们带来的乐趣和价值。

（二）拓宽教学内容

随着社会和文化的快速变迁，音乐教师在中学的角色也正在经历变化。音乐教师不再只是传授技术性的音乐知识，他们需要将各种不同的音乐元素和文化融入教学中，更好地引导学生在探索音乐世界时获得全面和深入的学习经验。多元化的音乐教学内容可以丰富学生的音乐体验，而音乐自身就是跨文化和跨时代的，可以连接不同的文化和历史背景。音乐教师可以在教学中引入各种音乐类型，如古典音乐、民族音乐、流行音乐等，让学生通过体验和欣赏各种音乐形式来开拓视野。同样，教师也可以将来自不同地域和历史时期的音乐元素融入课程中，帮助学生理解音乐与社会、文化、历史的紧密联系。同时，音乐教师也需要整合音乐与其他学科的关系，以实现跨学科的教学目标。例如，音乐与文学、历史、艺术和科学等学科的结合可以使学生在更大的范围内理解音乐。通过深入研究音乐作品背后的历史和文化背景，或者探讨音乐与数学、物理等科学的关系，教师能帮助学生更全面地理解和欣赏音乐。

拓宽教学内容的目的是让学生在探索音乐世界的过程中，能够获得更丰富、更深层次的学习体验，从而提高他们的音乐欣赏和创作能力，帮助他们建立音乐与其他学科、文化和社会的广阔联系。

（三）推进艺术整合

中学音乐教师在推进艺术整合方面有着重要的责任和使命。艺术整合不仅可以创新教学方法，提高学生的学习兴趣，也可以深化学生对音乐的理解和体验。通过将音乐与其他艺术形式结合，教师可以引导学生从多个维度、角度去感受和理解音乐。比如，教师可以通过将音乐与绘画结合，让学生在听音乐的同时进行绘画创作，这样可以让学生更好地理解音乐的节奏、旋律和情感表达。再比如，教师可以将音乐与舞蹈结合，让学生通过身体的动作去体会音乐的节奏和力量，这样可以让学生更深刻地感受音乐的韵律美。艺术整合还能帮助学生建立音乐与其他艺术形式之间的联系，引导学生对音乐有一个更全面的理解。音乐不再是孤立的存在，而是与其他艺术形式一同构成一个完整的艺术世界。这种对音乐的全面理解，能够丰富学生的艺术视野，提高他们的艺术鉴赏能力，激发他们的艺术创造力。通过艺术整合，教师不仅能改善教学方法，提高教学效果，也能提高学生的艺术素养，为他们的全面发展打下坚实的基础。

整体来看，音乐教育不仅在塑造学生艺术修养，丰富他们情感世界中发挥着不可替代的作用，同时也是提升国民素质的关键。而音乐教师作为推动中学音乐教育事业不断发展的中坚力量，必须不断提升自身知识和素养水平，为促进学生的全面健康发展贡献力量。然而，随着社会的发展和技术的进步，中学音乐教育也面临着一些新的挑战和机遇。现代技术的创新应用，如个性化教学和多元化的教学内容，为音乐教育开辟了新的道路，同时也对教师提出了更高的要求。值得深思的是，如何将这些理论观点和实践策略转化为有影响力的行动，以便更好地满足中学音乐教育的需求，推动其健康和持续的发展。在这一过程中，我们需要对音乐教育的本质进行深度的思考，借鉴和吸纳各种有效的教育模式和方法，同时也要有创新的勇气和决心，以及始终追求教育的理想。无论未来的音乐教育将面临怎样的挑战，音乐教师都应有信心和决心，通过持续的探索和努力，为音乐教育注入新的活力，使其更好地服务于社会，服务于学生的全面发展，这也正是研究和实践音乐教育的最终目标。

参考文献

[1]陈向蕊 . 中学音乐教育的创新魅力：基于上海中学的实践与思考 [M]. 上海：上海科学技术文献出版社，2016.

[2]孙丹青 . 音乐教育新探 [M]. 上海：上海社会科学院出版社，2021.

[3]杨和平，郑茂平 . 音乐教育学教程 [M]. 上海：上海音乐出版社，2019.

[4]陈泓茹 . 中学音乐课程与教学论 [M]. 长春：东北师范大学出版社，2006.

[5]彭小虎 . 有效教学：中学音乐教学中的问题与对策 [M]. 长春：东北师范大学出版社，2007.

[6]盛丽慧，常立颖 . 歌唱教学在中学音乐教育中的作用研究 [J]. 戏剧之家，2023（10）：187–189.

[7]朱迅 . 多元文化音乐教育观在中学音乐教育中的探究与实践 [J]. 民族音乐，2023（1）：74–77.

[8]白玉琪 . 在中学音乐课堂中有效培养学生音乐学科核心素养的策略 [J]. 戏剧之家，2022（33）：190–192.

[9]成佳华 . 中学音乐教育对学生创新能力培养的方法 [J]. 戏剧之家，2022（13）：175–177.

[10]高卫东 . 改进中学音乐课堂教学的思考与实践 [J]. 戏剧之家，2021（27）：182–183.

[11]李小娥 . 中学音乐教育中学生审美能力培养策略分析 [J]. 新课程导学，2021（23）：71–72.

[12]陈春旺 . 中学音乐教学高效课堂构建 [J]. 北方音乐，2020（12）：152–153.

[13]李玲 . 音乐课堂如何培养学生的核心素养 [J]. 北方音乐，2020（7）：154+164.

[14]刘永花 . 音乐课堂中情感教育和美育教育的渗透策略 [J]. 北方音乐，2020（5）：146–147.

[15]林荣娇 . 审美情趣在中学音乐教育中存在的问题及对策分析 [J]. 黄河之声，2019（22）：70–71.

[16]杨红梅 . 中学音乐教学中学生创新思维能力培养 [J]. 黄河之声，2019（7）：93.

[17]张雅玲 . 核心素养下的中学音乐欣赏教学探究 [J]. 家庭生活指南，2019（3）：231+234.

[18]古宵 . 微课在中学音乐课堂教学中的整合实践研究 [J]. 北方音乐，2018，38（12）：133–134.

[19]李阳 . 中学音乐歌唱课教学方法实践与对策 [J]. 大众文艺，2018（9）：192–193.

[20]郭晓波 . 多元文化视域下中学音乐教育的革新路径 [J]. 教育现代化，2018，5（18）：351–352.

[21]王小玲 . 多元文化视域下中学音乐校本课程建设的思考 [J]. 教学与管理，2018（3）：95–97.

[22]王晨宇 . 论中学音乐教育课程改革与创新 [J]. 艺术科技，2017，30（3）：394.

[23]代绍英 . 中学音乐教学中情感教育的研究 [J]. 知识文库，2017（9）：141–143.

[24]韦珍雅 . 略谈中学音乐教学中学生创新能力的培养 [J]. 艺术评鉴，2017（2）：137–140.

[25]曾晖 . 刍议中学音乐教学中的审美教育 [J]. 音乐天地，2016（12）：47–49.

[26]杨小强 . 试论乐感培养在中学音乐教育中的重要性 [J]. 大众文艺，2016（19）：221.

[27]丁亚文 . 浅谈中学音乐“审美教育”的重要性 [J]. 北方音乐，2016，36（15）：129.

[28]马继红 . 多元化教学评价在中学音乐教学中的应用 [J]. 科技展望，2016，26（12）：222.

[29]应亚琴 . 优化中学音乐课堂教学设计初探 [J]. 亚太教育，2015（16）：42.

[30]李炜 . 中学音乐教育的审美性研究 [J]. 北方音乐，2015，35（2）：213.

[31]高丽芬 . 新课标下中学多元化音乐教学模式的探究 [J]. 科学大众（科学教育），2013（10）：62.

[32]何杏军 . 中学音乐情感教学目标的实施策略研究 [J]. 音乐时空，2013（6）：144.

[33]陈文林 . 中学音乐教学设计之我见 [J]. 才智，2012（8）：90.

[34]姚佳艺 . 中学音乐教学中乐感的培养 [J]. 才智，2011（16）：163.

[35]周怡 . 多元智能视野下的中学音乐教学 [J]. 海南师范大学学报（社会科学版），2011，24（2）：156–158.

[36]魏祥 . 浅谈音乐教学中乐感的培养 [J]. 新西部，2010（5）：222.

[37]毛翔宇 . 论多元音乐文化背景下的中学音乐教育 [J]. 乐府新声（沈阳音乐学院学报），2009（4）：221–224.

[38]谈梓涛 . 浅析中学音乐教学的发展性评价 [J]. 科技信息，2009（32）：269.

[39]裴士举．中学音乐教学评价的方法 [J]. 中国教育技术装备，2009（16）：110.

[40]徐冬艳．中学音乐教学评价内容和方法探析 [J]. 教学与管理，2008（3）：118–119.

[41]桑潇．中学音乐教育现状的分析与思考 [J]. 当代教育科学，2007（8）：61.

[42]彭逸伟．浅析中学音乐教育对教师素质的要求 [J]. 沈阳教育学院学报，2004（3）：95–97.

[43]刘翠珍．浅谈中学音乐教学中的审美教育 [J]. 江西教育科研，2003（7）：45–46.

[44]阚文荣．初探优化中学音乐课堂的教学结构 [J]. 云梦学刊，2003（3）：90–91.

[45]李焕之．谈谈中学的音乐教育 [J]. 人民音乐，1951（1）：29–32+28.

[46]吴秉旭．指向核心素养的初中音乐欣赏教学策略研究 [D]. 长春：东北师范大学，2021.

[47]王文婷．初中音乐课堂有效教学的实践研究 [D]. 桂林：广西师范大学，2012.

[48]王文澜．素质教育视野中的中学音乐课程实施研究 [D]. 兰州：西北师范大学，2007.

[49]钮小静．初中音乐课程资源的开发与利用 [D]. 武汉：华中师范大学，2007.

[50]孙淑佳．中小学音乐课堂教学模式的研究的运用 [D]. 上海：上海师范大学，2003.

[51]犹元林．现代信息技术在初中音乐教学中的运用 [D]. 重庆：西南大学，2020.